出る順 宅建士

2024年版

Deru-jun Takkenshi

合格のLEC

合格テキスト
① 権利関係

＜はしがき＞

　本書では、はじめて**宅地建物取引士試験**の受験勉強をする方がスムーズに受験対策に入れるように、試験に「**出る順**」に解説し、無駄のない勉強方法を提供しています。また、難解な法律用語は**日常生活で使う用語に置き換えて**、わかりやすく解説することで、これまで多くの方のご支持をいただいてまいりました。

　宅建士試験の範囲は非常に広くかつ難解です。ただ何となく字面を暗記するのではなく、**理解し正確に暗記する**必要があります。本書ではその理解のために、ページを割いて、言葉を尽くして、制度の趣旨目的まで解説し、試験に合格する知識が身に付くよう編集しています。このようなコンセプトから、「**権利関係**」・「**宅建業法**」・「**法令上の制限・税・その他**」の３分冊で展開しております。是非３冊をお手元に揃えていただき、試験合格のための座右の書としていただければ幸いです。

＜本書の特長＞

①合格に必要な知識をまとめた「合格ステップ」

　各項目の解説の最後に「合格ステップ」として、知識を正確に覚えることが出来るノウハウを掲載しています。「合格ステップ」は数学の公式と同じです。是非暗記して解法の武器にしてください！

②「宅建試験に出る！問題」ですぐに復習

　「合格ステップ」を読んだら、すぐにその下に掲載している「宅建試験に出る！問題」を解いてみてください。知識の確認が出来ると共に、**実際に試験問題でどう出題されるのか**を把握することで、試験問題の言い回しに少しずつ慣れることが出来ます。

　さらに本書の姉妹本である『出る順宅建士ウォーク問過去問題集』と完全リンクしているので、該当問題番号を確認し、すぐに本番形式での問題練習が出来るようになっています。

③ LEC の My ページ登録で読者をバックアップ

　本書の目次の次ページにて、My ページ登録のご案内を掲載しています。ご登録いただくことで、「**法改正情報**」や試験対策に欠かせない「**最新統計情報**」を My ページ上で公開いたします。是非登録していただき、ご活用ください。

　上記のような点から、LEC の『**出る順宅建士合格テキスト**』は、正確な理解と暗記による知識を以って、真正面から宅建士試験合格へ突き進む方のための**本格派テキスト**と言えます。本書を利用して、是非 2024 年度の宅建士試験合格を勝ち取りましょう！

2023 年 11 月吉日

　　　　　　　　　　　　　　　株式会社　東京リーガルマインド
　　　　　　　　　　　　　　　LEC 総合研究所　宅建士試験部

本書の使い方

本書は、近年の宅建士試験の出題傾向をおさえ、合格に欠かせない万全の実力が身につくよう配慮したテキストです。

◆章のはじまり

重要度ランク

試験で問われやすい頻度を、ランク表記しています。

Aランク
最も重要。超頻出分野です。

Bランク
重要。合格点に繋がる分野です。

Cランク
重要度低。深入りしすぎに注意。

学習のポイント

過去10年間の本試験データをもとに、出題された学習項目と、その傾向・対策をまとめました。本試験に向けて、各項目の出題傾向をつかみ、学習計画を立てましょう。

この章で学ぶこと

各章冒頭に、「何を学ぶのか？」「どこに着目すべきか？」を掲載。また、わかりやすいQ＆A形式で、本章学習内容の概要をまとめています。勉強前のウォーミングアップに！

◆本文

過去の出題問題数

過去10年間の本試験で出題された、この項目に関する問題数を表記しています。出題数が多い項目は、要チェックです!

ケーススタディ

これから学習する内容を元に、「もしこんなときにはどうなるのだろう?」という例を提示しています。意識しながら学習していくことで、知識の定着をより強固なものにしていきます。ケーススタディの答えの表記場所は、文末を参照してください。

重要条文

近年の本試験において、条文に規定があるかを問う出題や、判決文を読ませて解答させる出題があります。これらの傾向に対応すべく、解説に関連があり、中でも重要な条文を掲載しています。なお、判例につきましては、説明文中に記載しています。

合格ステップ

「ここだけはおさえてほしい!」という重要事項をまとめ、重要度もランク付けしています。

A	最も重要な項目
B	合格点のためにはずせない項目
C	重要度低の項目

宅建士試験に「出る!」問題

合格ステップの知識が、本試験ではどのように出題されているかがわかるように、過去問を掲載しています。さらに『ウォーク問過去問題集』に掲載されている"関連過去問"の問題番号と肢を記載していますので、本書と併用していくことで効率的に学習することができるようになっています。

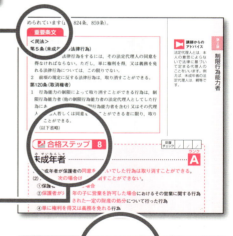

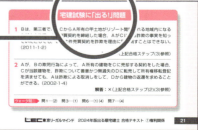

出る順 宅建士 第1巻 権利関係

目次

はしがき ……………………………………………… iii
本書の使い方 ………………………………………… iv
インターネット情報提供サービス ……………… xii

序章── 超合理的合格法ガイダンス ……… 1
1：宅建士試験とは ………………………………… 1
2：超合理的宅建士合格法 ………………………… 2
3：試験情報 ………………………………………… 6
4：権利関係の全体構造 …………………………… 8

第1章── 意思表示 …… 11
1：契約の成立 …………………………………… 13
2：詐欺 …………………………………………… 17
3：強迫 …………………………………………… 22
4：虚偽表示 ……………………………………… 24
5：錯誤 …………………………………………… 29
6：心裡留保 ……………………………………… 34
7：公序良俗に反する契約 ……………………… 35

第2章── 制限行為能力者 ……………… 39
1：制限行為能力者制度とは …………………… 41
2：未成年者 ……………………………………… 43
3：成年被後見人 ………………………………… 46
4：被保佐人 ……………………………………… 49
5：被補助人 ……………………………………… 51

第3章——時効 … 53

1：時効制度とは … 55
2：取得時効 … 55
3：消滅時効 … 61
4：時効の更新・時効の完成猶予 … 65
5：時効の援用・放棄等 … 70

第4章——代理 … 73

1：代理制度とは … 75
2：代理行為のトラブル … 78
3：代理人の行為能力 … 81
4：代理権の発生・消滅 … 83
5：無権代理 … 89
6：復代理 … 100

第5章——債務不履行・解除 … 103

1：債務不履行とは … 105
2：履行不能・履行遅滞・同時履行の抗弁権 … 107
3：損害賠償請求 … 112
4：金銭債務 … 114
5：契約の解除 … 116
6：手付解除 … 123

第6章——危険負担 … 129

1：危険負担とは … 131
2：危険負担の内容 … 131

第7章——弁済 … 133

1：弁済とは … 135
2：受領権者としての外観を有する者への弁済 … 136
3：第三者の弁済 … 138
4：弁済の場所 … 141
5：代物弁済 … 142
6：弁済による代位 … 143

第8章 — 契約不適合責任 ... 145

1：売買契約の効力 ... 147
2：売主の契約不適合責任 ... 147

第9章 — 相続 ... 153

1：相続とは ... 155
2：相続人 ... 156
3：相続分 ... 159
4：相続の承認・放棄 ... 162
5：遺言・遺留分 ... 165
6：配偶者居住権 ... 170

第10章 — 物権変動 ... 173

1：所有権の移転時期 ... 175
2：対抗問題 ... 177
3：取消しと登記 ... 186
4：解除と登記 ... 188
5：取得時効と登記 ... 189
6：相続と登記 ... 190

第11章 — 不動産登記法 ... 195

1：登記の仕組み ... 197
2：表示に関する登記 ... 202
3：権利に関する登記 ... 206
4：登記の手続き ... 214

第12章 — 抵当権 ... 219

1：抵当権とは ... 221
2：抵当権の成立・目的物 ... 222
3：抵当権の性質 ... 223
4：抵当権の効力 ... 225
5：第三者との関係 ... 230
6：抵当権の処分 ... 240
7：根抵当権 ... 242

第13章 — 保証・連帯債務 245

1：保証とは 247
2：保証債務の成立・範囲等 247
3：保証債務の性質 250
4：連帯保証 258
5：個人根保証契約 261
6：連帯債務 262
7：分割債務・不可分債務 266

第14章 — 共有 269

1：共有とは 271
2：共有物の管理等 273
3：共有物の分割 277

第15章 — 建物区分所有法 281

1：建物区分所有法の全体構造 283
2：専有部分と共用部分 283
3：敷地利用権と敷地権 289
4：管理組合の管理者と管理組合法人 290
5：規約 292
6：集会 294
7：義務違反者に対する措置 299
8：復旧及び建替え 299
9：区分建物の登記 305

第16章 — 賃貸借 311

1：賃貸借契約とは 313
2：賃貸人・賃借人の権利・義務 315
3：賃貸借の存続期間等 319
4：賃借権の対抗力等 320
5：転貸・賃借権の譲渡 322
6：敷金 327

第17章 —— 借地借家法① —— 借家 331

- 1：借地借家法の適用範囲 333
- 2：建物賃貸借契約の存続期間等 334
- 3：建物賃借権の対抗力 336
- 4：造作買取請求権 338
- 5：転借人等の保護 340
- 6：借賃増減額請求権 344
- 7：特殊な建物賃貸借契約 346

第18章 —— 借地借家法② —— 借地 351

- 1：借地借家法の適用範囲 353
- 2：借地契約の存続期間等 354
- 3：借地権の対抗力 358
- 4：借地権の転貸等と建物買取請求権 360
- 5：その他の内容 363
- 6：定期借地権等 364

第19章 —— 不法行為 367

- 1：不法行為とは 369
- 2：使用者責任 371
- 3：共同不法行為 375
- 4：工作物責任 376

第20章 —— 請負 379

- 1：請負とは 381
- 2：請負人の契約不適合責任 382
- 3：注文者の解除権 383

第21章 —— 委任 385

- 1：委任契約とは 387
- 2：委任者と受任者の権利・義務 387
- 3：委任契約の終了 388

第22章 — 債権譲渡 ……………………………… 391

1：債権譲渡とは ……………………………… 393
2：債権譲受人の債権行使の条件 ……………… 393
3：債権譲渡制限の特約 ……………………… 396

第23章 — 相殺 ……………………………………… 399

1：相殺とは ………………………………… 401
2：相殺の要件 ……………………………… 402
3：相殺の方法 ……………………………… 404
4：相殺の効果 ……………………………… 404

第24章 — 民法 — その他の問題点① ………… 405

1：地役権 …………………………………… 407
2：地上権 …………………………………… 409
3：相隣関係 ………………………………… 410
4：留置権 …………………………………… 412
5：先取特権 ………………………………… 413
6：質権 ……………………………………… 414

第25章 — 民法 — その他の問題点② ……… 417

1：買戻し …………………………………… 419
2：贈与契約 ………………………………… 420
3：交換契約 ………………………………… 421
4：使用貸借 ………………………………… 422
5：消費貸借・寄託 ………………………… 423
6：債権者代位権 …………………………… 424
7：詐害行為取消権 ………………………… 427
8：不当利得 ………………………………… 429

重要項目索引 ………………………………… 431
合格ステップ索引 …………………………… 436

インターネット情報提供サービス（登録無料）

お届けするフォロー内容

- 法改正情報
- 宅建NEWS（統計情報）

アクセスして試験に役立つ最新情報を手にしてください。

登録方法

情報閲覧にはLECのMyページ登録が必要です。

LEC東京リーガルマインドのサイトにアクセス
https://www.lec-jp.com/

「Myページログイン」をクリック

MyページID・会員番号をお持ちの方	Myページお持ちでない方 LECで初めてお申込頂く方
Myページログイン	**Myページ登録**

必須

Myページ内 希望資格として を選択して、 をクリックしてください。

ご選択頂けない場合は、情報提供が受けられません。
また、ご登録情報反映に半日程度時間を要します。しばらく経ってから再度ログインをお願いします（時間は通信環境により異なる可能性がございます）。

※サービス提供方法は変更となる場合がございます。その場合もMyページ上でご案内いたします。
※インターネット環境をお持ちでない方はご利用いただけません。ご了承ください。
※上記の図は，登録の手順を示すものです。Webの実際の画面と異なります。

注目 本書ご購入者のための特典

① 2024年法改正情報（2024年8月下旬公開予定）
② 2024年「宅建NEWS（統計情報）」（2024年5月中旬と8月下旬に公開予定）

〈注意〉上記情報提供サービスは，2024年宅建士試験前日までとさせていただきます。予めご了承ください。

お得情報！
LECの講座が無料で受講できます！

LECの講座に興味があるけど、なかなか受講料が高くて始めるのに迷っている方にオススメの制度です。

【対象講座】

2024年合格目標

スーパー合格講座

【通学講座】各科目（「権利関係」・「宅建業法」・「法令上の制限・税・その他」）の1回目、各2.5時間
【通信講座】「権利関係」の1回目、2.5時間

通学講座 無料体験入学

LEC各本校で上記の講座を無料で体験できます。実施校・スケジュール等の詳細につきましてはLECコールセンターへお問い合わせいただくか、LEC宅建士ホームページをご覧ください。

通信講座 お試しWeb受講

（2023年12月上旬から順次UP予定）

【受講方法】 https://www.lec-jp.com/

インフォメーション一覧

おためしWeb受講制度

対象講座・対象クラス一覧

宅地建物取引士

おためしWeb受講利用申込

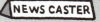

序章 超合理的合格法ガイダンス

1 宅建士試験とは

　宅建士試験とは，正確には，「宅地建物取引士資格試験」といいます。この宅建士試験は，2023年度では**28万9,096人の申込み**があった非常に人気のある資格です。では，なぜ宅建士試験がこれほど多くの人に受験されているのか，その秘密を探ってみましょう。

（1）受験しやすい出題形式

　宅建士試験は，4つある選択肢のなかから正しいもの，あるいは誤っているものなどを1つ選ぶ**「四肢択一」**式の問題が**50問**出題されています。記述式の問題や論述式の問題と違って，時間配分さえ注意すれば，後は正解肢を選択することに専念できますので，比較的受験しやすい出題形式といえます。

（2）誰でも受験できる

　宅建士試験を受験するにあたっては，学歴や年齢といった制約がありませんので，誰でも受験することができます。例えば，過去には，**最年長で90歳，最年少で12歳**の人が合格を勝ち取っています。

（3）就職や転職の武器となる

　宅建士試験は，不動産を取引するにあたって必要な基礎知識が身に付いているかどうかを試す試験です。このような知識は不動産会社のみならず，金融機関や建築関係，また，店舗の取得を必要とする企業など，さまざまな業種で必要とされています。このため，**就職や転職にあたって宅建士の資格をもっていることは，自分をアピールするための強い武器**となります。

LEC東京リーガルマインド　2024年版出る順宅建士 合格テキスト ①権利関係

（4）他の資格試験を受験する足がかりとなる

　これらの他に，宅建士試験が，他の難関資格にチャレンジする足がかりとなるという点も見逃せません。例えば，**マンション管理士試験，管理業務主任者試験，賃貸不動産経営管理士試験**は出題形式や内容が非常に似ています。宅建士試験は**民法が毎年10問以上出題される**ことから，民法に関する出題の多い**司法書士試験**や**司法試験**，また民法の他に行政法規とも内容が重複する**不動産鑑定士試験**を受験するにあたっての基礎固めとすることもできます。さらに，**土地家屋調査士試験**や**行政書士試験**などの試験とも内容が一部重なります。

2 超合理的宅建士合格法

（1）宅建士試験の現状と対策

　「近年の宅建士試験は，年々難しくなっている」と言われています。実際，宅建士試験の**出題範囲は非常に広く**，**試験会場で初めて目にする問題**や，**ひっかけ問題**も多く出題されるようになっています。たしかに，宅建士試験は簡単には合格させてもらえない試験です。しかし，合格者の多くが不動産会社，建設会社や金融機関に勤務しており，**限られた学習時間のなかで合格を勝ち取っている**のも事実です。

【過去の合格ライン】

出題年度	'14	'15	'16	'17	'18	'19	'20 (10月)	'20 (12月)	'21 (10月)	'21 (12月)	'22	'23
合格ライン	32点	31点	35点	35点	37点	35点	38点	36点	34点	34点	36点	

　このデータから，宅建士試験に合格するためには，**7割程度の点数を取れるかどうかが目安となる**ことが分かります。宅建士試験の難易度が上がっているといっても，すべての問題が難問で埋めつくされているわけではありません。また，本試験で満点を取る必要はないのです。そこで，対策の立て方について検討します。宅建士試験に合格するためには，「**合格に必要な知識を身に付ける**」必要がありますが，その知識は，**実はかなり限られています**。そして，それは，**過去の本試験問題を見れば一目瞭然**です。つまり，**重要な知識は，かたちを変えて何度も繰り返し出題されている**のです。

（2）科目ごとの対策の立て方

　次に，科目ごとの対策の立て方について検討します。年によって多少差はありますが，**各科目ごとに問題の出題のされ方が異なるのです**。そこで，各科目の特徴について説明します。

〔権利関係〕

　権利関係の分野では，民法を中心に，借地借家法や不動産登記法，建物区分所有法から出題されています。

　近年の本試験では，かなり難易度の高い問題も多く出題されるようになっています。内容的には非常に面白く，ついつい時間をかけて勉強したくなる科目ではありますが，かけた時間のわりに点数に結びつきにくいことが多いのです。そこで，権利関係については，**試験でよく出題される分野で，かつ，点数の取りやすい項目を優先的に押さえ**，あまり深入りしないほうが無難です。

　なお，**事例式の問題**が出題されることも多いので，**図を描くクセをつける**必要があります。

〔宅建業法〕

　狭い範囲から多く出題されている科目です。というのも，出題数が20問と多く，他の科目と異なり，宅建業法（及び住宅瑕疵担保履行法）という法律だけが出題されているからです。

　そして，宅建士試験は，**宅建業法でどれだけ点数を稼げたかで勝負が決まる**と言っても過言ではありません。実際，合格者は8〜9割（16〜18点）程度得点しています。

　なお，**宅建業法はひっかけ問題が多く出題されている**という点にも注意する必要があります。

〔法令上の制限〕

　法令上の制限の分野では，都市計画法，建築基準法，国土利用計画法，農地法，土地区画整理法，盛土規制法，その他の法令が出題されています。

　出題される法律の数が多く，内容も技術的・専門的で，初学者にとっては非常にとっつきにくい科目といえます。そのため，**合格者と不合格者との間の正答率に差がつきやすい**のも法令上の制限の特徴です。なぜなら，この科目は守備範囲がかなり広く，**いかにポイントをしぼって正確な知識を身に付けられるかどうかで勝負が決まる**科目だからです。

〔税法・価格の評定〕

　税法の分野では，不動産取得税，固定資産税，所得税，印紙税，登録免許税，贈与税などから２問が出題されています。

　まず税法の分野の特徴として，**難しい問題と基本的な問題との差がはっきりしている**という点があげられます。専門用語が多くとっつきにくい分野ですが，**本試験では基本的な問題が出題されることも多い分野**です。

　次に，価格の評定の分野では，①地価公示法と②不動産鑑定評価基準のいずれかから１問出題されています。**地価公示法は守備範囲が狭く，本試験でも基本的な問題が出題されますので，確実に１点を取るべき分野です。**これに対し，**不動産鑑定評価基準は，本試験で出題されるところはかなり限られていますが，正誤の判断がつきにくく，正答率は低い場合が多くなっています。**

〔免除科目〕

　免除科目とは，宅建業に従事している人が登録講習を受講し修了してから３年以内に実施される試験について免除される科目をいいます。

　免除科目では，住宅金融支援機構法，不動産の需給・統計，景品表示法，土地，建物に関する問題が出題されています。

　税法の分野と同様，**難しい問題と基本的な問題との差がはっきりしています。**本試験で初めて目にするような細かな知識が問われることがある一方，何度も繰り返し出題されているおなじみの問題も出題されます。また，常識で正解を導き出せる問題が出題されることもあります。

　あまり時間をかけるべき科目ではありませんが，**何度も繰り返し出題されている項目**については，しっかりと押さえておく必要があります。

〔まとめ〕

　以上，各科目の特徴について見てきましたが，各科目ごとの出題数と得点目標を次の表にまとめておきます。まずは，宅建業法を徹底的に学習し，得点源としましょう。

【各科目ごとの出題数と得点目標】

出題科目	テキスト構成	出題数	得点目標
権利関係	出る順宅建士①	14問	9点
宅建業法	出る順宅建士②	20問	18点
法令上の制限	出る順宅建士③	8問	7点
税法・価格の評定	出る順宅建士③	3問	2点
免除科目	出る順宅建士③	5問	4点

（3）知識の身に付け方（インプット）

　まずは『出る順宅建士 合格テキスト』（以下『出る順宅建士』）を最初から最後まで目を通し，試験に必要な内容に一通り触れることが大切です。ただ，一気にすべてのページを読み通すのは大変ですので，１つの章ごとに本文を読みます。あわせて，「重要条文」を使って本文の内容を確認してください。その後，「合格ステップ」を使って本文の内容を整理してください。そのうえで，「宅建試験に『出る！』問題」を必ず解いてください。そうすれば，**合格ステップに掲載されている知識が本試験でどのようなかたちで出題されているかを確認すること**ができます。テキストを読んで理解できなかったところでも，問題に目を通すことで初めて理解できることも多いです。知識を身に付ける段階でも，問題を検討することは重要なのです。

　次に，その知識を身に付ける作業（＝インプット）に取り組みます。『**出る順宅建士**』を熟読し，「宅建試験に『**出る！**』問題」の下部に記されているウォーク問番号を参考にしながら，項目ごとに『ウォーク問 過去問題集』（以下『ウォーク問』）**の問題を時間を計って解いてみる**ことが効率的です。『ウォーク問』を解いてみて間違ったときに，自分がどの部分を理解できていなかったかを確認するのです。

　後は，ひたすら「『**出る順宅建士**』を読む→『**ウォーク問**』を解く」という作業を繰り返していきます。そうすることで記憶が強化され，応用力が身に付くのです。

【インプット学習の仕方】

3 試験情報

(1) 試験概要

〔受験資格〕　年齢，性別，学歴等に関係なく，誰でも受験することができる
〔願書配布〕　7月上旬(予定)
〔願書受付〕　郵送による申込み：配布日から7月中旬まで(予定)
　　　　　　　インターネットによる申込み：配布日から7月下旬まで(予定)
〔受験手数料〕8,200円(予定)
〔試験日〕　　10月第3日曜日　午後1時～3時(予定)
〔合格発表〕　11月下旬～12月上旬(予定)
〔問い合わせ先〕(一財)不動産適正取引推進機構　試験部
　　　　　　　〒105-0001　東京都港区虎ノ門3-8-21　第33森ビル3階
　　　　　　　https://www.retio.or.jp

(2) 出題形式

〔出題数〕　　50問四肢択一
〔解答方法〕　マークシート方式
〔解答時間〕　2時間(午後1時～3時)
　　　　　　　ただし登録講習修了者は，午後1時10分～3時
〔出題内容〕　次の7つの項目について出題されます

【出題項目】

①**土地**の形質，地積，地目及び種別ならびに**建物**の形質，構造及び種別に関すること（土地・建物）

②土地及び建物についての**権利及び権利の変動**に関する法令に関すること（民法・借地借家法・建物区分所有法・不動産登記法）

③土地及び建物についての**法令上の制限**に関すること（都市計画法・建築基準法・農地法・国土利用計画法・土地区画整理法等）

④宅地及び建物についての**税**に関する法令に関すること（固定資産税・不動産取得税・所得税等）

⑤宅地及び建物の**需給**に関する法令及び実務に関すること（統計・需給・独立行政法人住宅金融支援機構法・景品表示法）

⑥宅地及び建物の**価格の評定**に関すること（地価公示法・不動産鑑定評価基準）

⑦**宅地建物取引業法**及び同法の関係法令に関すること（宅建業法・住宅瑕疵担保履行法）

（3）受験者数・合格率・合格点

過去10年間の宅建士試験の状況は下記の表のとおりです。

【過去10年間の試験状況】

年度	申込者数(人)	受験者数(人)	合格者数(人)	合格率	合格点
'14	238,343	192,029	33,670	17.5%	32点
'15	243,199	194,926	30,028	15.4%	31点
'16	245,742	198,375	30,589	15.4%	35点
'17	258,511	209,354	32,644	15.6%	35点
'18	265,444	213,993	33,360	15.6%	37点
'19	276,019	220,797	37,481	17.0%	35点
'20(10月)	204,163	168,989	29,728	17.6%	38点
'20(12月)	55,121	35,258	4,609	13.1%	36点
'21(10月)	256,704	209,749	37,579	17.9%	34点
'21(12月)	39,814	24,965	3,892	15.6%	34点
'22	283,856	226,048	38,525	17.0%	36点
'23	289,096	233,300			

※2023年は速報値

（4）試験当日に注意すべき点

試験当日は混雑が予想されますので，早目に試験会場に到着するほうがよいです。また，①**受験票**，②**BかHBの硬さの黒鉛筆又はシャープペンシル**，③

プラスチック製の消しゴム，の3つを持参する必要があります。そして，鉛筆削り，腕時計や，温度調節ができるよう**上着も用意したほうがよいでしょう。**その他に注意すべき点として，出題の根拠となる法令は試験が実施される年の4月1日現在施行されているものとなること，法令集・計算機類の使用は禁止されること，試験時間中の途中退出は禁止されることという点があげられます。

4 権利関係の全体構造

(1) 出題傾向

　権利関係の分野は，**14問**出題されています。その内訳は，例年，①民法9～10問，②借地借家法2～3問，③建物区分所有法0～1問，④不動産登記法1問となっています。民法等の分野は内容的には面白く，ついつい時間をかけて勉強してしまいがちですが，あくまで**守りの分野**と割り切って，あまり時間をかけすぎないように注意する必要があります。

　なぜなら，権利関係の分野は難度の高い問題が出題されやすく，他の分野に比べて点数が伸びにくいという傾向が強いからです。試験では，過去の裁判例（＝判例）などの**細かな知識を問う**問題が出題されることがあります。また，複雑な事例問題が出題されることがあり，その場合，**丁寧に図を描いて問題に取り組まなければなりません。**

　そこで，宅建業法や法令上の制限の分野で高得点が取れるようにしっかりと勉強したうえで，権利関係の分野は本書で扱っている基本事項をしっかりとマスターしておくことが試験対策的には有効です。

【過去10年間の出題傾向】

学習項目	'14	'15	'16	'17	'18	'19	'20(10月)	'20(12月)	'21(10月)	'21(12月)	'22	'23
1 意思表示		★	★	★	★	★	★	★		★		
2 制限行為能力者	★		★		★				★	★	★	★
3 時効	★	★		★	★	★	★	★	★		★	★
4 代理	★			★	★	★						
5 債務不履行・解除	★	★		★	★	★	★	★	★		★	
6 危険負担										★		
7 弁済						★						
8 契約不適合責任	★		★	★		★			★	★		
9 相続	★	★	★	★		★	★	★		★	★	★
10 物権変動		★	★	★						★	★	★
11 不動産登記法	★		★	★	★	★	★	★	★	★	★	★
12 抵当権	★	★	★	★	★	★					★	★
13 保証・連帯債務		★		★				★		★		
14 共有				★	★			★				
15 建物区分所有法	★	★	★	★	★	★	★	★		★	★	★
16 賃貸借	★	★	★	★	★	★	★	★		★	★	★
17 借地借家法①――借家	★	★	★	★	★	★	★	★	★		★	★
18 借地借家法②――借地	★		★	★	★	★	★	★	★		★	
19 不法行為	★		★			★			★	★		
20 請負	★			★		★						★
21 委任								★		★	★	
22 債権譲渡	★		★		★					★		
23 相殺			★		★							★
24 民法―その他の問題点①				★				★		★	★	★
25 民法―その他の問題点②	★	★						★	★	★	★	

（2）民法の全体像

　宅地建物取引士は，その名のとおり，宅地や建物の取引に立ち会うのが仕事です。そして，宅地や建物といった取引では，大金が動くにもかかわらず「**買った物に欠陥があった**」とか，「**お客さんが代金を支払ってくれない**」といった深刻なトラブルが発生することも少なくありません。

トラブルが発生した場合，当事者同士で話し合いがつけばそれでよいですが，話し合いがつかないような場合には，**民法**という法律で決着をつけることになります。**民法とは，市民の間で起きたトラブルを解決するために作られた法律なのです。**

(3) 借地借家法の全体像

借地借家法は，土地や建物を借りる場合に適用される法律です。例えば，アパートを借りて1人暮らしをしているときに，大家さんから突然，「どうしてもその部屋を使いたいから，今日中に出て行ってくれ！」と言われても困ります。困るどころか，路頭に迷う危険すらあります。**借りる側の立場は弱いの**です。そこで，生活をするために建物を借りている人や，土地を借りてそこに家を建てて住んでいる人を保護するために，借地借家法という法律が作られたのです。

(4) 建物区分所有法の全体像

建物区分所有法は，マンションのように，1つの建物を区分けして所有するにあたり必要となる**共同生活のルール**を定めた法律です。マンションの場合，大勢の人が同じ建物のなかで生活しているわけですから，さまざまな問題が生じます。このような際に，そのマンションの所有者のどの程度の賛成があれば，これらの内容を決定することができるのか，といったルールを定めた建物区分所有法が必要となるのです。

(5) 不動産登記法の全体像

不動産登記法は，読んで字のごとく，不動産登記の申請ルールについて定めた法律です。例えば，土地を購入した場合，購入者名義で登記を申請するのが通常です。登記をしておけば，その土地が自分のものであると主張できるからです。

権利関係の分野は，あまり深入りせず，時間をかけすぎないようにすることが大切じゃ。

第1章 意思表示

学習のポイント

学習項目	'14	'15	'16	'17	'18	'19	'20(10月)	'20(12月)	'21(10月)	'21(12月)	'22	'23
1 契約の成立					★					★		
2 詐欺			★		★	★						
3 強迫				★								
4 虚偽表示		★			★							
5 錯誤					★		★	★	★	★		
6 心裡留保												
7 公序良俗に反する契約												

「意思表示」の分野は，過去10年間で8回出題されています。

意思表示の分野では，詐欺や強迫，虚偽表示といったさまざまな原因で契約を結んだ場合の取扱いについて勉強します。ここでは，

①契約当事者間における契約の効力（取消しか無効か）

②その効力を当事者以外の第三者に対抗することができるか

の2点が大きなポイントとなりますので，その点はしっかりと押さえておきましょう。

また，事例式の問題が出題されることがほとんどですので，簡単な図を描いて，登場人物の関係をしっかりと把握するクセをつけておきましょう。

何を学ぶか？　どこに着目するか？

 何を学ぶか？

民法は社会生活のルールです。社会生活をしているときに生じるさまざまなトラブルを予防・解決するのが民法の役割です。宅建士試験では契約に関するトラブルをどのように解決するか，という点が出題されます。この章では，だまされるなどして交わした契約がどうなるか考えましょう。

だまされて土地を安く売ってしまった。契約は有効なの？

講師のコメント　有効か無効かでいうと「有効」となります。売買契約は，「買う」気持ちを相手に伝え，その相手も「売る」気持ちを伝えることによって，成立します。だまされたにせよ「売る」気持ちを伝えていますよね。

大事な土地なので，戻ってきてほしいんですけど……

講師のコメント　交わした契約は有効ですが，このままだと，だました者勝ちになるので，民法は，後で契約を取り消すことができるとしています。契約を取り消すとその契約は，はじめからなかったものとなり，返してもらうことができます。

では，安心していいのですね？

講師のコメント　あなたをだました相手が，誰かに転売していたりする場合は，戻ってこないこともあります。

合格への着眼点は？

講師のコメント　契約が，最初から無効なものもあります。問題ある契約を交わしたとき，その当事者間ではどうなるのかということと，契約当事者以外の者との関係を整理しましょう。

1 契約の成立

2問/10年

（1）契約の成立

口約束の場合，契約と言えるのか？

Aさんは、自分の持っている家をBさんに売ってお金を手に入れたいと考えました。Aさんは「僕の家を1,000万円で売ります」とBさんに言ったところBさんは「いいよ」と言いました。しかし契約書は取り交わしていません。契約は成立したといえるでしょうか。（→解答は15頁）

宅建士試験では，「売買契約」や「賃貸借契約」を結んだ場合のルールが毎年出題されています。そこで，まず，契約とはどのようなものなのか考えてみましょう。

契約とは、一言で言えば、**約束**のことです。一度契約を結ぶと、原則として、その**契約で決めた内容を守る必要があります**。

では，そもそも契約はどのようにして結ばれるのでしょうか。

ケーススタディのような場合，AさんはBさんとの間で「**売買契約**」を結ぶ必要があります。

【契約の成立】

売買契約
売主　　　　　　　　　　　　　　　　　買主

①「この家を1,000万円で売ります」　申込み
↓
②「この家を1,000万円で買います」　承諾
↓
③契約書作成
↓
④代金支払い，登記，引渡し

　ここで，AさんとBさんとの**売買契約**は，「**申込み**」と「**承諾**」の２つの意思表示が合致することによって成立します（民法522条１項及び555条，これを「**諾成契約**」といいます）。通常，契約書を作成しますが，**法律上，売買契約が成立するためには契約書の作成は必要ありません**。「申込み」と「承諾」の２つの意思表示さえ合致すれば，AさんとBさんとの間で約束を結んだと言えるからです。**契約書の作成は，口頭で成立した契約の内容を**「**証拠**」**として残しておくために行っているにすぎません**。

（２）定型約款による契約

　現代社会においては，保険契約，インターネットのサイトやソフトの利用上の契約等，詳細で画一的な取引条件等と定めた約款を用いて，大量の取引を迅速に行うことが多くあります。

　しかし，約款の定義が曖昧なこと，約款をすべて認識していなければ契約内容とできないのか等様々な問題が生じます。

　そこで，ある特定の者が不特定多数の者を相手方として行う取引であって，その内容の全部又は一部が画一的であることがその双方にとって合理的な「**定型取引**」における各条項を「**定型約款**」としました。

　定型約款は，その細部まで読んでいなくても，**定型約款を**

契約の内容とする旨の合意，又は定型約款を準備した者があらかじめその**定型約款を契約の内容とする旨を相手方に表示**していた場合には，定型約款の**個別の条項についても合意したものとみなされます**(民法548条の2第1項)。

ただし，定型約款を準備した者が定型取引合意の前に定型約款の内容の表示請求を拒んだときは，定型約款の条項の内容は，契約内容となりません。また，相手方の権利を制限したり，義務を加重する定型約款で，その定型取引の態様及びその実情並びに取引上の社会通念に照らして信義則に反して相手方の利益を一方的に害すると認められるものについては，合意をしなかったものとみなされます(民法548条の2第2項)。

ケーススタディ1-1の答え

契約は成立したといえます。

(3) 条件と期限

契約が成立すれば，原則として，所有権の移転や代金の支払義務などの契約の効力が直ちに生じます。しかし，契約の効力の発生又は消滅を将来における一定の事実の成否に係らせることとする内容の契約をすることもできます。

契約の効力を発生の不確定な将来の一定の事実に係らせるために特に付加する制限のことを**条件**といいます。

海外転勤の辞令が出たら自らが所有する家屋を売却するという場合，海外転勤の辞令が出るかどうかは将来の不確定な事実なので，条件付きの売買契約となります。そして，このように将来の一定の不確定な事実が実現したら契約の効力が生じることになるという内容の条件のことを**停止条件**といいます(民法127条1項)。条件が成就することによって，いったんは生じた契約の効力が消滅するという内容の条件を付けることもあります。この条件のことを**解除条件**といいま

講師からのアドバイス

停止条件付きの契約は，条件の成否が未定のうちは効力は発生せず(つまり，売買契約であれば所有権は移転しません。)，原則として停止条件が成就した時から効力を生じます。

す(民法127条2項)。

　条件の成否が未定である間は，条件付法律行為の各当事者は，条件が成就した場合にその法律行為から生ずべき相手方の利益を害することができません(民法128条)。

　条件の成否が未定である間における当事者の権利義務は，処分，相続，保存又は担保を供することができます(民法129条)。また，条件が成就することによって不利益を受ける者がその条件の成就を故意に妨げた場合，条件が成就したものとみなすことができます(民法130条1項)。

　条件が成就することによって利益を受ける当事者が不正にその条件を成就させたときは，相手方は，その条件が成就しなかったものとみなすことができます(民法130条2項)。

　契約の効力を将来発生の確実な一定の事項に係らせるために特に付加する制限のことを**期限**といいます。期限には始期と終期があります。法律行為に始期を付したときは，期限が到来するまで，法律行為の履行を請求することができません(民法135条1項)。法律行為に終期を付したときは，期限が到来した時に，法律行為の効力が消滅します(民法135条2項)。また，期限は**確定期限**と**不確定期限に分ける**ことができ，**期限を定めない**こともあります。

（4）無効と取消し

　契約の締結時に意思表示や契約の内容に問題が生じていて，意思表示や契約の効力を否定する場合があります。意思表示や契約について取り消すことにより効力を否定する場合や無効として効力を否定する場合がそれにあたります。

　取消しと無効は，意思表示や契約の効力を否定するにあたって異なる取扱いを受けますので，区別することが必要です。

　取消しの場合は，既になされた意思表示は取り消す旨の意思表示をするまで一応有効であり，**取り消す旨の意思表**

示がなされることにより初めから無効であったものとみなされます（民法121条）。

無効の場合は，あえて契約を無効とする旨の意思表示をするまでもなく当然に無効となります。

合格ステップ 1

契約の成立 ランク A

契約は，原則として，意思表示の合致によって成立し，契約の成立には，書面の作成は必要ではない。

2 詐欺

3問/10年

（1）詐欺による意思表示の取消し

だまされて転売された土地を取り戻すためには？

Aさんは，Bにだまされて自己所有の土地をBに売却し，さらにBは，何も事情を知らず，かつ，知らないことにつき過失がないCさんにその土地を売却しました。その後に，Aさんが，詐欺を理由にBとの契約を取り消した場合，Cさんは，この土地をAさんに返さなければならないのでしょうか。（→解答は19頁）

ケーススタディ 1-2

人をだまして意思表示をさせることを詐欺といいます。

詐欺によって契約を結んだ場合でも，必ずその内容を守らなければならないというのでは，あまりにもかわいそうです。

そこで，民法は，詐欺による意思表示は，取り消すことができることとしています（民法96条1項）。

そして，意思表示が取り消されると，その契約は初めからなかったことと扱われ，契約当事者は，互いに相手方を契約前の状態に戻さなければなりません（原状回復義務。民法

121条の2第1項)。

したがって，Bにだまされて契約を結んだAさんは，売買契約を取り消して，Bに売った土地を返せと主張することができます。

(2) 詐欺による意思表示の取消しと第三者
【詐欺による取消しと取消し前の第三者】

　Bの詐欺により，意思表示をしたAさんは，その意思表示を取り消すことができますが，Aさんが契約を取り消す前に，BがCさんにこの土地を売却していた場合，取り消したAさんはCさんに対して土地を返せと主張できるでしょうか。

　この場合，Cさんが詐欺の事情を知ってBから土地を買ったかどうかで結論が異なります。

　まず，Cさんが詐欺の事情を知ってBから土地を買っていた場合，AさんはCさんに対して土地を返せと主張することができます。なぜなら，Cさんは詐欺の事情を知って土地を手に入れたのだから，Aさんを保護する必要の方が高いからです。

　このように，**ある事情を知っていることを法律上，悪意**といいます(「悪意」には，「悪い」という意味はありません)。つまり，**詐欺による意思表示の取消しは，悪意の第三者に対抗(主張)**することができるのです。

　次に，Cさんが詐欺の事情を知らずにBから土地を買っていた場合，AさんはCさんに対して土地を返せと主張することができません。なぜなら，詐欺の事情を知らずに土地を手

に入れたCさんを保護する必要性が高く，また，だまされたAさんに一定の落度があるといえるからです。

ただし，この場合でも詐欺の事実を知らないことにつきCさんに注意義務違反つまり不注意があるならば，Cさんの保護よりもAさんの保護を優先するべきでしょう。

そこで民法は，詐欺による意思表示の取消しは，詐欺の事情を知らず，かつ，知らないことに注意義務違反がない第三者に対抗することができないとしました。

このように，**ある事情を知らないことを**法律上，善意といいます（「善意」には，「良い」という意味はありません）。

また，注意義務違反のことを過失と呼び，過失がない場合を無過失といいます。

つまり，**詐欺による意思表示の取消しは，善意かつ無過失の第三者に対抗することができない**のです（民法96条3項）。

ケーススタディ1-2の答え

Cさんは，土地をAさんに返さなくても構いません。

（3）第三者の詐欺

仲介業者にだまされて売った土地は取り戻せるのか？

Aさんは，仲介業者であるCに「その土地のそばに近々ゴミ焼却場が建設されるからその土地の値が下がりますよ」とだまされて，Bさんに安く売ってしまった場合，Bさんとの契約を取り消すことができるでしょうか。（➡解答は20頁）

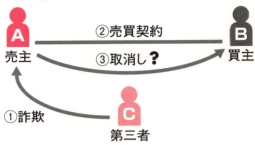

　通常の詐欺の場合，契約の相手方が人をだましているので，一度結ばれた契約を取り消されても，文句は言えません。

　それに対して，**第三者の詐欺の場合**，契約の相手方が人をだましているわけではありませんので，相手方の立場も考えてあげる必要があります。

　そこで，民法は，**第三者の詐欺の場合，相手方が詐欺の事情につき善意かつ無過失であったかどうかで，契約の取消しを認めるかどうかを決めることとしています**（民法96条2項）。

　まず，**相手方が詐欺の事情につき悪意である場合，又は善意でも過失がある場合には，契約を取り消すことができます**。詐欺の事実を知っていたり，知らないにしろ有過失ならば相手方は契約を取り消されても，仕方がないからです。

　それに対して，**相手方が詐欺の事実につき善意かつ無過失の場合には契約を取り消すことはできません**。相手方は詐欺の事情を知らずに契約を結び，かつ不注意もないのに，たまたま詐欺があったからといって契約がくつがえされるのではあまりにもかわいそうだからです。

ケーススタディ1-3の答え

　CさんがAさんをだましたことにつきBさんが善意かつ無過失の場合には，Aさんは取り消すことができません。これに対し，Bさんが悪意の場合又は善意かつ有過失の場合には，Aさんは取り消すことができます。

重要条文

<民法>
第96条　(詐欺又は強迫)
1　詐欺又は強迫による意思表示は，取り消すことができる。
2　相手方に対する意思表示について第三者が詐欺を行った場合においては，相手方がその事実を知り，又は知ることができたときに限り，その意思表示を取り消すことができる。
3　前2項の規定による詐欺による意思表示の取消しは，善意でかつ過失がない第三者に対抗することができない。

合格ステップ 2

詐欺による意思表示　ランク A

(1) **詐欺**による意思表示は，**取り消すことができる**。
(2) 詐欺による意思表示の取消しは，**善意かつ無過失の第三者には対抗することができない**。
(3) 第三者が詐欺を行った場合，**相手方が詐欺の事実につき悪意の場合又は善意有過失の場合に限り**，その意思表示を**取り消すことができる**。

宅建試験に「出る!」問題

1 Bは，第三者であるCからA所有の甲土地がリゾート開発される地域内になるとだまされて，Aと売買契約を締結した場合，AがCによる詐欺の事実を知っていたとしても，Bは本件売買契約を詐欺を理由に取り消すことはできない。(2011-1-2)

　　　　　　　　　　　　解答：×(上記合格ステップ(3)参照)

2 Aが，Bの欺罔行為によって，A所有の建物をCに売却する契約をした場合，Cが当該建物を，詐欺について善意かつ無過失のDに転売して所有権移転登記を済ませても，Aは詐欺による取消しをして，Dから建物の返還を求めることができる。(2002-1-4)

　　　　　　　　　　　　解答：×(上記合格ステップ(2)(3)参照)

ウォーク問①　問1…(2)　問3…(1)　問6…(1)(4)　問7…(4)

3 強迫

（1）強迫による意思表示の取消し

人をおどして意思表示をさせることを強迫といいます。

詐欺の場合と同様に，強迫によって契約を結んだ場合でも，必ずその内容を守らなければならないというのでは，あまりにもかわいそうです。

そこで，民法は，詐欺の場合と同様に，**強迫による意思表示は，取り消すことができる**こととしています（民法96条1項）。

（2）強迫による意思表示の取消しと第三者

おどされて手放し，転売された土地を取り戻すためには？

AさんがBにおどされて，自分の持っている土地を不当に安くBに売却する契約を結びました。そして，Aさんが契約を取り消す前に，BがCさんにこの土地を売却していた場合，AさんはCさんに対して土地を返せと主張できるでしょうか。（解答は23頁）

【強迫による取消しと取消し前の第三者】

この場合，Cさんが強迫の事情を知っていたか否かにかかわらず，AさんはCさんに対して土地を返せと主張すること

ができます。なぜなら，おどされて契約を結んだAさんを保護する必要性が非常に高いからです。

つまり，**強迫による意思表示の取消しは，悪意の第三者にも，善意無過失の第三者にも対抗することができる**のです。

ケーススタディ1-4の答え

Aさんは土地を返せと主張できます。

（3）第三者の強迫

第三者が強迫を行った場合，第三者の詐欺の場合とは異なり，**相手方がその事実を知っていたか，過失なく知らなかったかを問わず，その意思表示を取り消すことができる**ことになっています。

なぜなら，おどされて契約を結んだ者を保護する必要性が非常に高いからです。

【第三者の強迫】

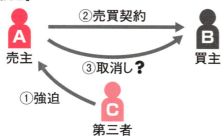

合格ステップ 3

反復チェック / / /

ランク A

強迫による意思表示

(1) 強迫による意思表示は，取り消すことができる。
(2) 強迫による意思表示の取消しは，第三者の善意・悪意を問わず，対抗することができる。
(3) 第三者が強迫を行った場合，相手方がその事実を知っていたか否かを問わず，その意思表示を取り消すことができる。

宅建試験に「出る！」問題

1 A所有の甲土地につき，AとBとの間で売買契約が締結され，BがEに甲土地を転売した後に，AがBの強迫を理由にAB間の売買契約を取り消した場合には，EがBによる強迫につき知らなかったときであっても，AはEから甲土地を取り戻すことができる。(2011-1-4)

解答：○（上記合格ステップ(2)参照）

2 Aが第三者Cの強迫によりBとの間で売買契約を締結した場合，Bがその強迫の事実を知っていたか否かにかかわらず，AはAB間の売買契約に関する意思表示を取り消すことができる。(2007-1-3)

解答：○（上記合格ステップ(3)参照）

ウォーク問① 問1…(4) 問5…(3) 問64…(2) 問66…(4)

4 虚偽表示

2問/10年

(1) 虚偽表示による無効

差押えを逃れるために，友人と口裏を合わせて，自分が持っている土地を友人に売却したように見せかける架空契約を結んだ場合のように，相手方と通じて虚偽の意思表示をすることを，虚偽表示といいます。

この場合，両当事者ともに契約をする意思はありませんので，**虚偽表示による契約はそもそも無効**となります（民法94条1項）。

（2）虚偽表示と第三者

■ 虚偽の売買契約の売主は，転売された土地を取り戻せるのか？

　Aは，返済期日の過ぎた多額の借金を負っています。そして，その返済のために自己の唯一の財産である土地を差し押さえられそうになってしまいました。そこで，土地を手放したくないAは，友人Bに頼んでAがBに土地を売却したことにして登記をBに移しました。その後，BはB自己に登記があるのをいいことにこの土地をCに売り渡しました。AはA・B間の売買の無効をCに主張できるでしょうか。（➡解答は26頁）

【虚偽表示と善意の第三者】

　虚偽表示による契約は，当事者間では無効ですが，この無効を当事者以外の第三者にも主張することができるでしょうか。
　この問題は，虚偽表示により契約を結んだ者と第三者を比べてどちらをより保護すべきかということにかかっています。
　つまり，第三者が虚偽表示の事実を知っていたのであれば，原則どおり，この第三者に契約の無効を主張できるとすればよく，第三者を保護する必要はありません。
　これに対し，第三者が善意である場合にこの第三者に契約の無効を主張できるとするのはバランスを欠くことになり

ますので、**虚偽表示の無効は、善意の第三者に対抗することができない**ことになっています（民法94条2項）。善意であるか否かは契約の時を基準に判断し、その時に善意であれば、その後に悪意となっても保護されます（判例）。なお、この場合における第三者とは、当事者及び相続人などの一般承継人以外の者で、虚偽の法律関係を前提として新たな利害関係に入った者（例：仮装で譲り受けた不動産を差し押さえた債権者、仮装債権を譲り受けた者）のことです。

さらに、虚偽表示における第三者は、善意でありさえすれば保護されます。つまり、**善意の第三者は、たとえ知らないことに過失（落ち度）があっても、また、登記を備えていなくても保護される**のです（判例）。

逆に、第三者が虚偽表示であるという事情を知りつつ、土地を買った場合は、土地を取得できなくても仕方ありません。したがって、虚偽表示の無効は、悪意の第三者には対抗することができることになっています。

ケーススタディ1-5の答え

Aは、CがA・B間の売買が虚偽であることについて悪意ならCに無効主張できますが、善意ならできません。

（3）転得者との関係
（a）第三者が悪意で転得者が善意の場合

【善意の転得者】

転得者とは、第三者からさらに目的物を買い受けた者をい

います。転得者が善意の場合には，善意の第三者のときと同じように考えればよいです。つまり，虚偽表示の無効は，転得者が**善意**であれば，その者に対して**対抗することができない**のです(判例)。

(b)第三者が善意で転得者が悪意の場合

【善意の第三者と悪意の転得者】

この場合，転得者は虚偽表示の事実を知っていた(悪意)のであるから，保護する必要はないようにも思えます。しかし，虚偽表示により契約を結んだ者は，善意の第三者には対抗することができないが，悪意の転得者には対抗することができるとすると，法律関係が複雑になってしまいます。そこで判例は，一度善意の第三者が現れた場合は，その者が完全な権利を取得するのであるから，その後の取得者も完全な権利をそのまま譲り受けることができるとしています。

つまり，**一度善意の第三者が現れた場合**には，その者から取得した者に対しても，その者の善意・悪意を問わず，虚偽表示の無効を**対抗することができない**のです(判例)。

重要条文

＜民法＞
第94条(虚偽表示)
1 相手方と通じてした虚偽の意思表示は，無効とする。
2 前項の規定による意思表示の無効は，善意の第三者に対抗することができない。

⤴ 合格ステップ 4

反復チェック ／ ／ ／

虚偽表示 ランク A

(1) 虚偽表示による契約は無効である。

(2) 虚偽表示による無効は，善意の第三者に対抗することはできない。

(3) 善意の第三者は，知らないことに過失があっても保護される。また，登記を備えていなくとも保護される。

(4) 善意の第三者から取得した者は，善意・悪意を問わず保護される。

宅建試験に「出る!」問題

1 ＡＢ間の売買契約が，ＡとＢとで意を通じた仮装のものであったとしても，Ａの売買契約の動機が債権者からの差押えを逃れるというものであることをＢが知っていた場合には，ＡＢ間の売買契約は有効に成立する。(2007-1-2)

解答：×（上記合格ステップ(1)参照）

2 Ａが，その所有地について，債権者Ｂの差押えを免れるため，Ｃと通じて，登記名義をＣに移転したところ，Ｃはその土地をＤに譲渡した。この場合，ＡＣ間の契約は無効であるから，Ａは，Ｄが善意であっても，Ｄに対し所有権を主張することができる。(1993-3-1改題)

解答：×（上記合格ステップ(2)参照）

ウォーク問① 問4…(1)　問5…(2)　問7…(3)　問64…(4)　問66…(2)

5 錯誤

(1) 錯誤による取消し

勘違いで売った土地は，取り戻せるのか？

Aが自分の所有する土地を5億円で売るつもりが，うっかり勘違いして5,000万円で売ってしまいました。Aは契約の取消しを主張できるでしょうか。（➡ 解答は30頁）

勘違いして意思表示をすることを**錯誤**といいます。

勘違いしていたとはいえ契約を結んだ以上，きちんと約束を果たすべきだと思うかもしれません。

しかし，勘違いがなければ契約を結ばなかったと思われるような場合にまで約束を守らせるのは，勘違いしてしまった人があまりにもかわいそうです。

そこで民法は，法律行為の目的及び取引上の社会通念に照らして**重要な錯誤**があった場合，その意思表示を**取り消すことができる**としています（民法95条1項柱書・同項1号）。

ただし，いくら重要な錯誤があるとはいえ，勘違いをしたことについて大きな落ち度がある者まで保護する必要はありません。

そこで民法は，**表意者に重大な過失**があった場合には，次の2つの例外の場合を除き，**取り消すことができない**としました（民法95条3項）。なお，ここでいう表意者とは錯誤によって意思表示をした者のことを言います。ケーススタディでは代金5億円と言うつもりが5,000万円と言って土地を売ってしまったAが表意者となります。

取り消すことができる例外の1つめは，相手方が表意者に

錯誤があることを知り，又は重大な過失によって知らなかったときです（民法95条第3項1号）。ケーススタディで，Aが錯誤に陥って金額を言い間違えていることを，買主が知っていた場合，又は知らないことに重大な過失がある場合には，錯誤に陥ったことに重大な過失があるAは取り消すことができます。

2つめは，相手方が表意者と同一の錯誤に陥っていたときです（民法95条第3項2号）。ケーススタディで，Aのみならず相手方も5億円で買うつもりで「5,000万円で買う」と言ってしまった場合は，お互いに取り消すことができます。

ケーススタディ1-6の答え

錯誤による契約の取消しを主張できます。

（2）動機の錯誤

意思表示そのものではなく，**意思表示をする動機に勘違いがあること**（表意者が法律行為の基礎とした事情についてのその認識が真実に反すること）を動機の錯誤といいます。例えば，Aさんが「この建物のすぐ近くに新しい地下鉄ができる」と勘違いしてBさん所有の建物を購入するような場合が動機の錯誤です（民法95条1項2号）。この場合，実際には新しい地下鉄ができなかったとしても，「Bさんの建物を購入する」という意思表示そのものには勘違いはありませんので，**原則として取り消すことはできません**。しかし，Aさんが「この建物のすぐ近くに新しい地下鉄の駅ができるから買いたい」という動機をBさんに伝えている場合にまで，一切，取り消すことができないというのでは，Aさんがかわいそうです。そこで動機の錯誤であっても，その**動機が表示された場合には，取り消すことができます**（民法95条2項）。

なお，動機を明示的に表示した場合だけでなく，黙示的に表示した場合でも，錯誤を理由に取り消すことができます。

【動機の錯誤】

（3）第三者との関係

錯誤による取消しは，**善意かつ無過失の第三者に対しては対抗することができません**（民法95条4項）。

詐欺による取消しが善意かつ無過失の第三者に対しては対抗できないのと同じ理由です。

（4）相手方・第三者の取消しの主張

錯誤を理由に取り消すことができるのは，表意者（錯誤により意思表示をした者）又はその代理人もしくは承継人に限ります。すなわち，**相手方や第三者は取消しの主張をすることはできません**。

重要条文

<民法>

第95条　（錯誤）

1　意思表示は，次に掲げる錯誤に基づくものであって，その錯誤が法律行為の目的及び取引上の社会通念に照らして重要なものであるときは，取り消すことができる。

　一　意思表示に対応する意思を欠く錯誤

　二　表意者が法律行為の基礎とした事情についてのその認識が真実に反する錯誤

2　前項第2号の規定による意思表示の取消しは，その事情が法律行為の基礎とされていることが表示されていたときに限り，することができる。

3　錯誤が表意者の重大な過失によるものであった場合には，次に掲げる場合を除き，第1項の規定による意思表示の取消しをすることができない。

　一　相手方が表意者に錯誤があることを知り，又は重大な過失によって知らなかったとき。

　二　相手方が表意者と同一の錯誤に陥っていたとき。

4　第1項の規定による意思表示の取消しは，善意でかつ過失がない第三者に対抗することができない。

📝 合格ステップ **5**

反復チェック / / /

錯誤（さくご）
ランク **A**

(1) 法律行為の目的及び取引上の社会通念に照らして**重要な錯誤**があった場合，その意思表示を**取り消す**ことができる。

(2) 表意者に重大な過失があるときには，表意者は，原則として，錯誤を理由として，意思表示を取り消すことはできない。ただし，以下の場合は取消可能である。
  ① 表意者の錯誤につき相手方が悪意の場合，または善意かつ重過失の場合
  ② 相手方が共通錯誤に陥っていた場合

(3) 表意者が法律行為の基礎とした事情についてのその認識が真実に反する錯誤（動機の錯誤）の場合は，原則として，意思表示を取り消すことはできないが，その動機を意思表示の内容とし，**相手方に表示**した場合は，取り消すことができる。

(4) 錯誤による取消しは，善意かつ無過失の第三者に対しては対抗できない。

(5) 相手方や第三者は取消しの主張をすることはできない。

宅建試験に「出る!」問題

1 意思表示をなすに当たり，表意者に重大な過失があったときでも，表意者は，その意思表示を取り消すことができる。（2009-1-1改題）

解答：×（上記合格ステップ(2)参照）

---

2 AがBに対し土地の売却の意思表示をしたが，その意思表示は錯誤によるものであった。この場合，錯誤が，売却の意思表示をなすについての動機に関するものであり，それを当該意思表示の内容としてAがBに対して表示した場合であっても，Aは，この売却の意思表示を取り消すことはできない。（2005-2-2改題）

解答：×（上記合格ステップ(3)参照）

ウォーク問① 問1…(1) 問2 問7…(2)

LEC東京リーガルマインド 2024年版出る順宅建士 合格テキスト ①権利関係 33

6 心裡留保

その気がなく売った土地は取り戻せるのか？

Aは自分の持っている土地を，Bはまさか買わないだろうと思って，売る気も無いのに「僕の土地を5,000万円で売ってあげる」と言ったところ，Bがそれを承諾して5,000万円を用意してきました。Aの意思表示は有効でしょうか。（→解答は本頁下）

真意（本心）でないことを自分自身で知りながら意思表示をすることを**心裡留保**といいます。

この**心裡留保による意思表示は原則として有効です**（民法93条1項本文）。本心でないことを自分自身で知りつつ，あえて意思表示をしているのだから，自業自得といえるからです。

しかし，常に有効なわけではありません。冗談を真に受けるほうも軽率です。したがって，相手方が表意者の真意ではないことを知り，又は知ることができたとき（**悪意又は善意有過失のとき**）は，その契約は**無効**となります（民法93条1項但書）。

ケーススタディ1-7の答え

契約は原則として有効となります。ただし，Aの売る意思がないことにつきBが知っていたか，知ることができたなら，契約は無効となります。

心裡留保で意思表示が無効となっても，その無効を善意の第三者に対抗することはできません（民法93条2項）。Aの心裡留保につき悪意又は善意有過失のBが，土地を善意のCに転売した場合，AはBとの間の売買契約の無効を主張し

てCから土地を取り戻すことはできません。

合格ステップ 6

反復チェック ／ ／ ／

心裡留保

ランク B

(1) 表意者が**その真意ではないことを知って**意思表示をしたときであっても，原則として**有効**である。
(2) ただし，**相手方が表意者の真意ではないことを知り**，又は知ることができたときは，心裡留保による意思表示は，**無効**となる。
(3) (2)の無効は，善意の第三者に対抗することはできない。

宅建試験に「出る!」問題

Aは甲土地を「1,000万円で売却する」という意思表示を行ったが当該意思表示はAの真意ではなく，Bもその旨を知っていた。この場合，Bが「1,000万円で購入する」という意思表示をすれば，AB間の売買契約は有効に成立する。(2007-1-1)
解答：×（上記合格ステップ(2)参照）

ウォーク問① 問5…(1)

---

7 公序良俗に反する契約

0問 10年

賭けのカタにした土地は引渡しを拒絶できるのか？

AとBは賭けマージャンをして，Aは大負けしてしまいました。そこでAはBとの間で「賭けマージャンの返済に充てるために，Aの土地をBに引き渡す」という内容の契約を結びました。Aはこの契約を守らなければならないのでしょうか。（→解答は36頁）

ケーススタディ 1-8

契約を結ぶとき，どんな物を買うか，また，値段をいくら

にするのかは，原則として，当事者が自由に決めることができます。このように，**契約の内容は，当事者が自由に決められるということを**<ruby>契約自由の原則<rt>けいやくじゆうのげんそく</rt></ruby>といいます。

しかし，本ケースのような契約を結んだ場合に，その契約を守らなければならないとするのは不都合です。

このような反社会性を帯びた契約を**公序良俗（＝ 公の秩序又は善良の風俗）に反する契約**といいます。民法は，**公序良俗に反する内容の契約は，無効**としています（民法90条）。

そして，公序良俗に反する内容の契約を守るわけにはいきません。そこで，**公序良俗違反による契約の無効は，善意の第三者にも対抗することができる**のです。

ケーススタディ1-8の答え

契約は無効なので守る必要はありません。

【意思表示のポイント】

	当事者間での効力	善意の第三者に主張できるか
詐欺	取消し	✘ 第三者は善意のみならず無過失も必要
強迫	取消し	◯
虚偽表示	無効	✘
錯誤	取消し	✘ 第三者は善意のみならず無過失も必要
心裡留保	原則：有効 （例外：無効）	✘
公序良俗違反	無効	◯
意思能力を有しない	無効	◯
制限行為能力者	取消し	◯
債務不履行	解除	善意・悪意を問わず，第三者が登記を備えていれば第三者が勝つ

◯…できる　✘…できない

MEMO

第2章 制限行為能力者

学習のポイント

学習項目	'14	'15	'16	'17	'18	'19	'20 (10月)	'20 (12月)	'21 (10月)	'21 (12月)	'22	'23
1 制限行為能力者制度とは					★				★			
2 未成年者			★						★		★	★
3 成年被後見人	★	★								★	★	
4 被保佐人				★							★	
5 被補助人				★	★							

「制限行為能力者」の分野は，過去10年間で7回出題されています。

制限行為能力者に関しては，近年では，まるまる1問の形式で出題されるよりも，意思表示など他の分野の問題の選択肢の1つとして出題されることのほうが多いです。

ただ，未成年者や成年被後見人などといった言葉は民法の他に宅建業法の分野でも出てきますので，大まかなアウトラインはつかんでおく必要があります。そのうえで，

①制限行為能力者が単独で行った契約の効果はどうなるのか

②制限行為能力者とは直接かかわっていない第三者との関係はどうなるのか

という2点はしっかりと押さえておきましょう。

何を学ぶか？ どこに着目するか？

何を学ぶか？

経済的な判断をする能力が低い人を制限行為能力者といいます。本章では制限行為能力者を保護する制度を学習します。

制限行為能力者って，具体的にはどのような人がいるの？

制限行為能力者には，18歳未満の「未成年者」と，家庭裁判所の審判を受けた「成年被後見人」，「被保佐人」，「被補助人」がいます。未成年者以外の三者は，判断能力の低下の程度の違いで，状況に応じて審判されます。

どのように保護するの？

それぞれに，法定代理人（親），成年後見人，保佐人，補助人という保護者を付け，その者に保護させます。また，保護者の同意なく交わした契約を，後から取り消すことができるようにしています。

どんな契約でも取り消すことができるの？

取り消すことのできる範囲はそれぞれで異なります。未成年者や成年被後見人は取り消すことができる範囲は広く，被保佐人や被補助人は取り消すことができる範囲は限定的です。

合格への着眼点は？

制限行為能力者には4つの類型があります。保護の違い，取り消すことができる範囲の違いを明確にしておきましょう。

制限行為能力者制度とは

(1) 制限行為能力者制度とは

民法は，未成年者など，**通常の大人に比べて判断能力が不十分だと思われる者**に対しては**制限行為能力者**という制度を設けて，一定の者を保護者として，制限行為能力者の保護・監督にあたらせると同時に，**制限行為能力者が1人でした行為**（契約等をすることだと思えばよい）は，**取り消すことができる**としています（民法5条等）。

そして，保護者のみならず，制限行為能力者本人も，取消しを主張することができます。「取消し」は，制限行為能力者を保護するための手段だからです。なお，制限行為能力を理由とする取消しは制限行為能力者を保護するためのものですから，**善意の第三者に対しても対抗することができます**。

【制限行為能力者の種類】

	どのような者か	保護者
未成年者	18歳未満の者	親権者又は未成年後見人
成年被後見人	精神上の障害により事理を弁識する能力を欠く常況にある者 ＋ 後見開始の審判	成年後見人
被保佐人	精神上の障害により事理を弁識する能力が著しく不十分な者 ＋ 保佐開始の審判	保佐人
被補助人	精神上の障害により事理を弁識する能力が不十分な者 ＋ 補助開始の審判	補助人

（2）相手方保護の制度

　制限行為能力者と契約を結んだ相手方は，契約を取り消されるかどうか分からないから，不安です。また，いくら制限行為能力者が契約を結んだといっても，契約の取消しを認めるのが相手方にとって酷な場合もあります。

　そこで，以下，相手方を保護するための制度を２つまとめておきます（民法20条，21条）。

【相手方保護の制度】

催告権 さいこくけん	相手方は，１カ月以上の期間を定めて，その期間内にその取り消すことができる行為を追認するかどうかを確答すべき旨の催告をすることができる。 ①制限行為能力者の保護者や，制限行為能力者が行為能力者となった後に催告されたにもかかわらず，その期間内に確答を発しないときは，追認したものとみなされる。 ②被保佐人又は被補助人がその保佐人又は補助人の追認を得るべき旨の催告をされたにもかかわらず，その期間内にその追認を得た旨の通知を発しないときは，取り消したものとみなされる。
詐術	制限行為能力者が行為能力者であると信じさせるために詐術を用いたときは，契約を取り消すことができない。

（3）意思能力

　制限行為能力と似た言葉として，意思能力という言葉があります。

　意思能力とは，自分の行為の結果を予測・判断することができる能力のことです。意思能力があるかどうかは，その者が制限行為能力者であるかどうかを問わず，個別具体的に判断されます。そして，意思能力を有しない者のした契約は無効となります（民法３条の２）。例えば，泥酔して意思能力を有しない状態でマンションを購入する契約を結んでも，その契約は無効となります。

＋α プラスアルファ

制限行為能力，意思能力のほかに権利能力という言葉もあります。権利能力とは，権利を取得したり，義務を負ったりすることのできる能力で，人間又は法人であれば誰でも持っている能力です。例えば，幼児は意思能力はありませんが，権利能力はあるので，相続などすれば不動産の所有権者となることができます。

合格ステップ 7

制限行為能力を理由とする取消し等 …… ランク A

(1) 制限行為能力者が1人でした行為は、原則として、取り消すことができる。
(2) 制限行為能力を理由とする取消しは、第三者の善意・悪意を問わず、すべての第三者に対抗することができる。
(3) 制限行為能力者が行為能力者であると信じさせるために詐術を用いたときは、契約を取り消すことができない。
(4) 契約のときに意思能力を有しなかったときは、その契約は、無効とする。

宅建試験に「出る!」問題

意思能力を有しないときに行った不動産の売買契約は、後見開始の審判を受けているか否かにかかわらず効力を有しない。（2021(10月)5-4）

解答：○（上記合格ステップ(4)参照）

ウォーク問① ▶ 問5…(4) 問9…(1) 問10…(4)

2 未成年者

(1) 未成年者とは
18歳未満の人を未成年者といいます（民法4条）。

(2) 取り消すことができない行為
まず、保護者が「～してよい」と同意した行為は取り消すことができません（民法5条1項本文、2項）。この同意は、行為をする前に行うものです。この同意ができる権限を「同意権」といいます。
次に、保護者が未成年の子に営業（例：宅建業を営む）を

許可した場合，その営業に関する限りで成年者と同一の行為能力を有することになり，**たとえ未成年者が１人で行った行為でも，その営業に関する行為である限り，取り消すことができません**(民法６条)。その営業に関する行為全般について同意があったものと考えられるからです。例えば，営業を許可された未成年者が，その営業のための商品を仕入れる売買契約を有効に締結するためには，父母双方がいる場合，いずれの同意も不要です。

そして，**保護者から渡された一定の財産**(おこづかいなど)**の処分について行った行為も取り消すことができません**。これも，保護者の同意があったのと同じなので，取り消すことはできないのです(民法５条３項)。

さらに，未成年者が保護者の同意を得ないでした契約が取り消せるのは，損をしてしまう可能性があるからですが，物をもらったり，借金を棒引きにしてもらうような行為は，損をしません。そこで，**「単に権利を得又は義務を免れる行為」は取り消すことができない**のです(民法５条１項但書)。

(3) 保護者

未成年者の保護者は，「親」，すなわち，**親権者**です(民法818条)。親がいないような場合は，「**(未成年)後見人**」が保護者となります(民法838条１号)。

親権者や(未成年)後見人には，**取消権**が認められ，未成年者が１人でした契約を取り消すことができます(民法５条２項，120条)。

また，未成年者が有利な契約をした場合，**追認権**があり，契約を後で認めて確定的に有効にすることができます(民法120条，122条)。このように，追認とは契約を後から認めて確定的に有効にすることです。

さらに，**同意権**も有し(民法５条１項)，未成年者が契約をする前に同意を与えることができます。

プラスアルファ

未成年者が成年となった後に追認した場合も，契約は確定的に有効となります。また，成年となった後に，売却等の処分をすると，追認したことになり(法定追認)，契約は確定的に有効となります。

そして、未成年者の代わりに契約をする権限(**代理権**)も認められています(民法824条、859条)。

重要条文

<民法>
第5条(未成年者の法律行為)
1. 未成年者が法律行為をするには、その法定代理人の同意を得なければならない。ただし、単に権利を得、又は義務を免れる法律行為については、この限りでない。
2. 前項の規定に反する法律行為は、取り消すことができる。

第120条(取消権者)
1. 行為能力の制限によって取り消すことができる行為は、制限行為能力者(他の制限行為能力者の法定代理人としてした行為にあっては、当該他の制限行為能力者を含む)又はその代理人、承継人若しくは同意をすることができる者に限り、取り消すことができる。
2. (以下省略)

> **講師からのアドバイス**
> 法定代理人とは、本人の意思によらないで法律に基づいて定まる代理人のことをいいます。例えば、未成年者の法定代理人は、親等です。

合格ステップ 8

未成年者(みせいねんしゃ)

ランク

(1) 未成年者が保護者の**同意を得ないでした行為は取り消すことができる**。
(2) ただし、**次の場合は、取り消すことができない**。
　① 保護者の**同意がある場合**
　② 保護者が未成年の子に**営業を許可した場合**におけるその営業に関する行為
　③ 保護者から渡された**一定の財産の処分**について行った行為
　④ **単に権利を得又は義務を免れる**行為

宅建試験に「出る!」問題

古着の仕入販売に関する営業を許された未成年者は，成年者と同一の行為能力を有するので，法定代理人の同意を得ないで，自己が居住するために建物を第三者から購入したとしても，その法定代理人は当該売買契約を取り消すことができない。(2016-2-1)

解答：×（上記合格ステップ(1)(2)②参照）

ウォーク問① 問8…(2) 問10…(1)

3 成年被後見人

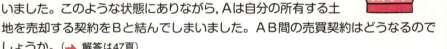

極度に精神状態が悪くなった者でも，契約を結ぶことができるのか？

Aは重度の認知症を患い，裁判所で後見開始の審判を受けていました。このような状態にありながら，Aは自分の所有する土地を売却する契約をBと結んでしまいました。AB間の売買契約はどうなるのでしょうか。（解答は47頁）

（１）成年被後見人とは
成年被後見人も制限行為能力者です。これは，**精神上の障害によって，事理弁識能力を欠く常況にある者で家庭裁判所による後見開始の審判を受けた者**です（民法７条）。事理弁識能力とは，判断能力という意味であり，常況とは「普段から」そのような状態であるという意味です。

（２）取り消せない行為
成年被後見人は，たとえ保護者の事前の同意があっても，

その同意どおりの行動がとれない可能性は十分にあります。そこで，**成年被後見人は，成年後見人の同意を得た行為や，単に物をもらうだけの行為であっても，これを取り消すことができます。**とはいえ，コンビニエンスストアで昼のお弁当を買う行為まで取り消すことができるとするのは不自然であり，行きすぎです。そこで，**日用品の購入その他日常生活に関する行為**は取り消すことができません(民法9条)。

(3)保護者

　成年被後見人には保護者として，**成年後見人**がつけられます(民法8条，838条2号)。

　成年後見人には，取消権・代理権・追認権が認められていますが，**同意権がありません。**これは，成年被後見人が同意を与えられていても，成年被後見人がその同意の内容どおりに行動できるとは限らないからです。したがって，例えば，成年被後見人が成年後見人の事前の同意を得て土地を売却する意思表示を行った場合でも，成年後見人は，当該意思表示を取り消すことができます。

　また，成年後見人が，成年被後見人に代わって成年被後見人が居住している建物又は敷地を売却するためには，家庭裁判所の許可が必要です(民法859条の3)。これは，成年後見人の権限濫用を予防し，より強く成年被後見人の利益を守るためです。

ケーススタディの答え

　成年被後見人A又は成年後見人は，契約を取り消すことができます。

第2章　制限行為能力者

重要条文

<民法>

第7条（後見開始の審判）

精神上の障害により事理を弁識する能力を欠く常況にある者については，家庭裁判所は，本人，配偶者，四親等内の親族，未成年後見人，未成年後見監督人，保佐人，保佐監督人，補助人，補助監督人又は検察官の請求により，後見開始の審判をすることができる。

第9条（成年被後見人の法律行為）

成年被後見人の法律行為は，取り消すことができる。ただし，日用品の購入その他日常生活に関する行為については，この限りでない。

第859条の3（成年被後見人の居住用不動産の処分についての許可）

成年後見人は，成年被後見人に代わって，その居住の用に供する建物又はその敷地について，売却，賃貸，賃貸借の解除又は抵当権の設定その他これらに準ずる処分をするには，家庭裁判所の許可を得なければならない。

合格ステップ 9

成年被後見人 ランクA

(1) 成年被後見人の法律行為は，原則として取り消すことができる。たとえ，成年被後見人が成年後見人の同意を得ていても取り消すことができる。

(2) ただし，日用品の購入その他日常生活に関する行為については，取り消すことができない。

(3) 成年後見人は，成年被後見人に代わって，その居住の用に供する建物又はその敷地について，売却，賃貸，抵当権の設定等を行う場合，家庭裁判所の許可を得なければならない。

宅建試験に「出る!」問題

成年被後見人が成年後見人の事前の同意を得て土地を売却する意思表示を行った場合，成年後見人は，当該意思表示を取り消すことができる。(2003-1-3)

解答：○（上記合格ステップ(1)参照）

ウォーク問① 問9…(3)

（1）被保佐人とは

「成年被後見人」ほどではないにせよ，**精神上の障害によって，事理弁識能力が著しく不十分な者で家庭裁判所による保佐開始の審判を受けた者**（被保佐人）も，制限行為能力者として保護が図られています。被保佐人も，家庭裁判所による「保佐開始の審判」があってはじめて被保佐人となります。

（2）取り消せない行為

被保佐人は，成年被後見人と比べ，単独でできる行為の範囲が広いです。

被保佐人は，以下の①～⑩の法律の定める「重要な行為」について保佐人の同意を得ないで行った場合には取り消すことができますが，その他の重要でない行為は取り消すことができません（民法13条1項，4項）。

また，日用品の購入その他日常生活に関する行為も取り消すことができません（民法13条2項但書，9条但書）。

【被保佐人が取り消せる行為】

①	元本を領収したり，担保に入れること
②	借金をしたり，保証人になること
③	不動産の売買，重要な財産の売買
④	訴訟（裁判）をすること
⑤	贈与したり，和解をすること
⑥	相続を承認したり，放棄すること，遺産分割をすること
⑦	贈与又は遺贈を受けることを断ったり，不利な条件付きで贈与又は遺贈を受けること
⑧	建物の新築・改築・増築・大修繕を頼むこと
⑨	土地について5年，建物について3年を超える賃貸借契約をすること
⑩	前各号に掲げる行為を制限行為能力者（未成年者，成年被後見人，被保佐人及び第17条第1項の審判を受けた被補助人をいう。以下同じ。）の法定代理人としてすること
⑪	その他，家庭裁判所が決めた行為

（3）保護者

　被保佐人に対しては，**保佐人**という保護者が選任されます（民法12条，876条の2）。被保佐人の保護者である保佐人も，**取消権・追認権・同意権**をもっています（民法13条1項，122条，120条）。また，一定の手続きを経れば，**代理権**も認められます（民法876条の4第1項）。

重要条文

<民法>

第11条（保佐開始の審判）

　精神上の障害により事理を弁識する能力が著しく不十分である者については，家庭裁判所は，本人，配偶者，四親等内の親族，後見人，後見監督人，補助人，補助監督人又は検察官の請求により，保佐開始の審判をすることができる。ただし，第7条に規定する原因がある者については，この限りでない。

5 被補助人

(1) 被補助人とは

「被保佐人」ほどではないにせよ、**精神上の障害により、事理弁識能力が不十分な者で、家庭裁判所の補助開始の審判を受けた者**(被補助人)も、制限行為能力者として保護が図られています(民法15条)。被補助人も、家庭裁判所による「補助開始の審判」があって初めて被補助人となるのです。

なお、後見開始の審判や保佐開始の審判の場合とは異なり、本人以外の者の請求により補助開始の審判をする場合には、本人の同意が必要です(民法15条2項)。

(2) 取り消せない行為

被補助人は、被保佐人よりも、経済的な判断能力が高い人です。そこで、前ページの「重要な行為」のうち、審判で決定された特定の行為については、補助人の同意を得ないで行った場合には取り消すことができ、その他の行為は取り消すことができないこととされています(民法17条4項)。

(3) 保護者

被補助人に対しては、**補助人**という保護者が選任されます(民法16条、876条の7)。そして、補助人には、特定の法律行為についての**同意権**と**代理権**の双方又はいずれか一方が付与されます(民法15条3項)。

【保護者の権限】

	未成年者の法定代理人（親権者・未成年後見人）	成年後見人	保佐人	補助人
後見等の対象	未成年者	成年被後見人	被保佐人	被補助人
同意権	○	✖	○	△※
追認権	○	○	○	△※
取消権	○	○	○	△※
代理権	○	○	△※	△※

○＝あり　✖＝なし　△＝家庭裁判所の審判により認められる。
※　家庭裁判所の審判によって，特定の法律行為について付与された場合に認められる。

合格ステップ 10

被保佐人・被補助人　ランク B

(1) 被保佐人は，**不動産の売買**，短期賃貸借以外の賃貸借契約（土地について5年，建物について3年を超える賃貸借契約）等の「**重要な行為**」について，**保佐人の同意を得ないで行った場合には取り消すことができる**。また，日用品の購入その他日常生活に関する行為も取り消すことができない。

(2) 被補助人については「重要な行為」のうち，補助開始の**審判で決められた特定の行為**について，**補助人の同意を得ないで行った場合には取り消すことができる**。

宅建試験に「出る!」問題

被保佐人が保佐人の事前の同意を得て土地を売却する意思表示を行った場合，保佐人は，当該意思表示を取り消すことができる。（2003-1-4）
　　　　　　　　　　　　　解答：✖（上記合格ステップ(1)参照）

ウォーク問① 問9…(4)　問10…(2)

第3章 時効

学習のポイント

学習項目	'14	'15	'16	'17	'18	'19	'20 (10月)	'20 (12月)	'21 (10月)	'21 (12月)	'22	'23
1 時効制度とは												
2 取得時効	★	★		★			★				★	★
3 消滅時効	★	★		★			★					
4 時効の更新・時効の完成猶予						★			★			
5 時効の援用・放棄等					★				★			

「時効」の分野は，過去10年間で9回出題されています。

時効に関しては，まるまる1問の形式で出題される場合と，保証，連帯債務，抵当権など他の分野に関する問題の選択肢の1つとして出題される場合があり，応用範囲の広い項目であるといえます。

ここでは，一定期間が経過すれば権利を手に入れることができるという「取得時効」，一定期間が経過すれば権利が消滅してしまう「消滅時効」の他，一定の行為がなされることによって今まで進行していた時間の経過がゼロになってしまう「時効の更新」や，時効が成立したことを主張する「時効の援用」などについて勉強します。これらの内容は一つ一つ理解しようとするとかなり時間がかかってしまいますが，結論だけ押さえておけば1点を取れる問題も多いので，難しいと思っても，まずは結論をしっかりと押さえるようにしておきましょう。

何を学ぶか？どこに着目するか？

何を学ぶか？

本章では、時効の意味を学んだうえで、時効が完成するための要件等を学んでいきます。

時効って、何？

時効とは、時間の経過によって、他人の物が自分の物になったり、請求できる権利が消えてしまうことです。所定の時間が経過することを時効の完成といいます。

具体的にはどうなるの？

例えば、他人の土地であっても、使い続けていればいつか自分の物になることがあります。これを取得時効といいます。貸したお金であっても、ほったらかしにしていればいつか返してもらえなくなることがあります。これを消滅時効といいます。

待ってるだけでいいの？

時間の経過を待っているだけでは足りません。時効が完成した時に、そのことを相手に主張しなければなりません。この主張を時効の「援用」といいます。

合格への着眼点は？

時効の成立要件、それに対する時効完成猶予事由と時効更新事由、そして時効が完成した後の法律関係を整理しなければなりません。具体的な事例を想定しながら勉強しましょう。

1 時効制度とは

　時効とは、「時」間の経過によって、法律関係の「効」力が変化し、これまで存在していた権利が消滅したり、これまでもっていなかった権利を取得したりすることをいいます。

　そして、**従来はもっていなかった権利を、時間の経過によって「取得」することを、取得時効といい、従来は存在していた権利が、時間の経過によって「消滅」することを、消滅時効といいます。**このように、時効には「消滅時効」と、「取得時効」の2種類のものがあります。

2 取得時効

　取得時効という制度は、長期間継続した事実状態を尊重しようというものです。例えば、Aさんの建物がBさん所有の隣地との境界線を越えて建てられた場合に、Bさんが特に文句を言わない状態が続くと、敷地はAさんの所有地となります。長期間に渡る事実状態を優先するほうが、争いも少なくなるからです。

(1)所有権の取得時効の要件

　所有権を時効によって取得するには、「**所有の意思**」をもって、「**平穏かつ公然**」と、「一定期間」、目的物の「**占有を継続**」しなければなりません。分かりやすくいえば、所有者のつもりになって支配する意思（**所有の意思**）で、荒っぽくなく（**平穏**）、堂々と（**公然**）、目的物をもち続けること（**占有を継続すること**）です。なお、賃借権に基づき占有しているだけでは、所有の意思を欠くので「所有権」を時効取得することはできま

講師からのアドバイス

賃借の意思に基づく場合、所有権を時効取得はできませんが、賃借権を時効取得できる場合はあります。

せん。

そして、「一定期間」は、占有開始の時に自己の所有に属しないことにつき、**善意かつ無過失であれば「10年」、悪意又は過失がある場合は「20年」**となります。

この善意かつ無過失の判断は、占有開始の時点で判断されます。したがって、**占有開始の時に善意かつ無過失**であれば、その後、**悪意になっても10年**で時効取得します。

（2）占有者などが変わった場合の取扱い

長い間他人の物を使用していると、途中でその物を利用する人が変わるなどといった変化が生じることがあります。このような場合でも取得時効は完成するのでしょうか。この点につきましては判例でさまざまなケースが問題となっています。以下、代表的なケースを説明します。

（a）他人に賃貸した場合

Aが自分の所有する土地でないことを知りながら、所有の意思をもって、平穏かつ公然にB所有の土地を2年間占有した後、Cにその土地を18年間賃貸した場合でも、Aは、時効によってその土地の所有権を取得することができます。

【他人に賃貸した場合】

なぜなら、「占有」には、代理人による占有も含まれますので、**第三者に賃貸した期間を合わせて占有を続けたことになり、時効取得することができるからです**（**代理占有**、民法181条、162条）。

（b）他人から占有を引き継いだ場合①

Aが善意・無過失で、所有の意思をもって、平穏かつ公

然にB所有の土地を２年間占有した後，Cにその土地を売却し，Cが８年間占有した場合，Cは，時効によってその土地の所有権を取得することができます。

【他人から占有を引き継いだ場合①】

なぜなら，時効期間中に**占有の承継があった場合，占有の承継人は，自己の占有のみを主張することができるし，前主の占有を併せて主張することもできる**からです（民法187条１項）。そして，**前主の占有を併せて主張した場合には，善意・無過失の判断は，前主の占有者の占有開始の時点で判断すれば足ります**（判例）。

(ｃ)他人から占有を引き継いだ場合②

Aが自分の所有する土地でないことを知りながら，所有の意思をもって，平穏かつ公然にB所有の土地を２年間占有した後，Cにその土地を売却し，Cが善意・無過失で８年間占有した場合，Cは，時効によってその土地の所有権を取得することはできません。

【他人から占有を引き継いだ場合②】

なぜなら，Cは善意・無過失で土地を占有していますが，８年間ではC自身の取得時効は完成しません。また，**占有の承継人であるCが前主であるAの占有を併せて主張する場**

合には，その瑕疵もまた承継し，前主が占有開始時に悪意であれば，それを承継することになりますので，Aの占有期間とCの占有期間が合計20年必要となるからです（民法187条2項）。

なお，この場合Cはさらに2年占有を継続すれば，**自己の占有だけで10年**となりますので，**自己の占有開始時の「善意・無過失」**と**10年の占有継続**を主張することにより時効取得することができます。

(d)相続人が占有を続けた場合

まず，被相続人の占有が所有の意思のある場合を考えます。Aが自分の所有する土地でないことを知りながら（悪意），所有の意思をもって，平穏かつ公然にB所有の土地を**2年間占有した後死亡し，Aの相続人Cがその土地を所有の意思をもって18年間占有した場合，Cは時効によってその土地の所有権を取得することができます。**

次に，被相続人の占有が賃貸借に基づくなど所有の意思がない場合を考えます。相続人は被相続人と同じ性質の占有を承継します。したがって原則として，**Aに所有の意思がなければ，Cは所有の意思のない占有を承継するため，Cが時効取得することはありません。**しかし，Cが客観的に所有の意思があると見られる場合には，新たな権原をもって所有の意思のある占有を始めたものとして，Cは時効取得することができる場合があります（民法185条，判例）。

（3）取得時効完成前に第三者が取得した場合

Aが自分の所有する土地でないことを知りながら，所有の意思をもって，平穏かつ公然にB所有の土地を17年間占有した時点で，BがCにその土地を売却したものの，Aがそのまま占有を続けたため取得時効が完成した場合，Aは，登記がなくても，時効による土地の所有権の取得をCに対抗することができます。

【取得時効完成前に第三者が取得した場合】

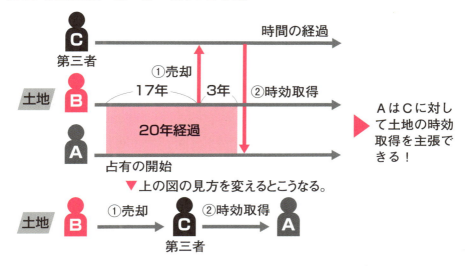

　なぜなら，Aの取得時効が完成した時点では土地の所有者がBからCに変わっていますので，**Aは「Cが購入した土地の所有権を時効により取得した」とCに対して主張することができる**からです(判例)。

(4)取得時効の対象となる権利
　所有権(民法162条)の他，所有権以外の財産権でも時効取得することができる場合があります(民法163条)。例えば，地上権・地役権・不動産賃借権等が挙げられます。

重要条文

＜民法＞

第162条（所有権の取得時効）

1　20年間，所有の意思をもって，平穏に，かつ，公然と他人の物を占有した者は，その所有権を取得する。

2　10年間，所有の意思をもって，平穏に，かつ，公然と他人の物を占有した者は，その占有の開始の時に，善意であり，かつ，過失がなかったときは，その所有権を取得する。

第163条（所有権以外の財産権の取得時効）

所有権以外の財産権を，自己のためにする意思をもって，平穏に，かつ，公然と行使する者は，前条の区別に従い20年又は10年を経過した後，その権利を取得する。

第187条（占有の承継）

1　占有者の承継人は，その選択に従い，自己の占有のみを主張し，又は自己の占有に前の占有者の占有を併せて主張することができる。

2　前の占有者の占有を併せて主張する場合には，その瑕疵をも承継する。

合格ステップ 11

反復チェック　／　／　／

取得時効の要件 ………………………… ランク A

以下の場合には，所有権を，時効によって取得することができる。

占有の態様※	占有開始時の主観	期間
所有の意思をもって平穏かつ公然に占有を継続すること	善意かつ無過失	10年間
	限定なし	20年間

※　賃借の意思に基づく場合，所有権を時効取得できないが，賃借権を時効取得できる場合はある。

宅建試験に「出る！」問題

Cが期間を定めずBから土地を借りて利用していた場合，Cの占有が20年を超えれば，Cは所有権について20年の取得時効を主張することができる。(2004-5-4)
解答：×（上記合格ステップ参照）

ウォーク問① ▶ 問12…(2)　問13…(1)　問15…(3)

3 消滅時効

　消滅時効という制度は，長期にわたって行使できる権利を行使しない場合に，その権利を消滅させてしまうものです。権利者とはいえ，相手方をいつまでも不安定な状態に置くことは許されず，長年にわたって放置した権利は保護されないのです（「権利の上に眠る者は保護しない」といわれることがあります）。

（1）債権の消滅時効の起算点と時効期間

　消滅時効の起算点と時効期間は以下の２つのものがあり，どちらか一方の時効期間が先に経過した時点で消滅時効完成となります。

　１つめは，①「**債権者が権利を行使できることを知った時から５年間**」です。

　例えば，債権者Aが債務者Bに対して有する債権の行使可能時が到来し，Aがその到来を知ったにもかかわらずBに対する請求を怠っているうちに，知った時から５年が経過すると，その５年経過時に債権の消滅時効が完成します。

　そもそも時効制度は「権利のうえに眠る者は保護しない」という趣旨に基づいていますので，Aは５年間も請求をせずに債権つまり権利の上に眠っていたことになり，債権を失って

もやむを得ないと考えるのです。

2つめは，②「権利を行使することができる時から10年間」です。

こちらは客観的に権利行使可能となった時を起算点とします。行使可能となったことを債権者が知る必要はありません。債権者Aが債務者Bに債権を有している場合には，その債権につき権利行使可能になったのであれば，Aがそのことに気付かなくても権利行使可能時から10年で時効が完成するということです。

さきほどの権利の上に眠る者を保護しないという時効制度の趣旨からすれば消滅時効期間は①の5年間だけでよさそうにも思えますが，①の5年間は権利者が権利行使可能時の到来を知らないといつまでたっても進行せず，半永久的に時効が完成しないということもあり得ます。それはいくらなんでも不都合であろうということから②が設けられました。

この①の5年間経過時と②の10年間経過時を比較して，どちらか一方が先に経過した時点で消滅時効が完成します。

それでは「権利を行使することができる時（権利行使可能時）」とは，具体的にいつでしょうか。

まず「4月1日に引き渡す」というように，いつ期限が到来するかがはっきりと分かっている場合（**確定期限**）には，**その期限が到来した時**です。期限が到来すれば，権利を行使することができるからです。

次に，当事者が，将来到来することは確実ですがそれがいつになるかわからない期限（**不確定期限**）を定めていた場合はどうでしょうか。例えば父が死亡したら家を引き渡すと約束した場合などです。この場合，父が死亡した時から家を引き渡せと言えますから，**期限が到来した時**（この場合，父が死亡した時）から消滅時効が進行します。

また，当事者が**期限を定めなかった場合**には，債権が成立すればいつでも権利を行使できますから，**債権が成立した**

プラスアルファ

弁済期の定めのない消費貸借の場合には，債権者は相当の期間を定めて返還の催告をすることができますので（民法591条1項），債権が成立してから相当の期間が経過した時から消滅時効が進行します。
また，債務不履行によって生じる損害賠償請求権の消滅時効は，本来の債務の履行を請求できる時から進行します（判例）。

時から消滅時効が進行します。

（2）消滅時効の対象となる権利とその時効期間

　先ほどの繰り返しになりますが，一般の債権の消滅時効期間は以下の2つで，どちらか1つの期間が経過した時点で時効完成となります（民法166条1項）。

　　①債権者が権利を行使することができることを知った時から5年間

　　②権利を行使できる時から10年間（人の生命又は身体の侵害による損害賠償請求権の場合20年）

　その他，所有権以外の財産権（地上権，地役権等）も，消滅時効にかかり，その期間は20年です（民法166条2項）。

　ここで注意すべきなのは，**所有権は消滅時効にかからない**という点です。自分で買った物を全く使用せずに放置していたとしても，それだけで所有権を失うことはないのです。

　また，債権は，種類によって10年より短い時効期間にかかるものがありますが，**すでに弁済期が到来している債権について判決が確定した場合**や，**裁判上の和解・調停によって権利が確定した場合**は，その消滅時効期間は**10年**に延長されます（民法169条）。裁判にかけて公に権利を確認したのだから，権利としての力も強くなるのです。

重要条文

第166条（債権等の消滅時効）

1　債権は，次に掲げる場合には，時効によって消滅する。

　一　債権者が権利を行使することができることを知った時から5年間行使しないとき。

　二　権利を行使することができる時から10年間行使しないとき。

2　債権又は所有権以外の財産権は，権利を行使することができる時から20年間行使しないときは，時効によって消滅する。

3　（以下省略）

合格ステップ 12

反復チェック / / /

消滅時効の起算点・期間 ………………… ランク B

(1) 消滅時効は，権利を行使することができる時又は権利を行使することができることを債権者が知った時から進行する。

権利を行使することができる時の具体例は以下のとおりである。

	消滅時効の起算点
①**確定期限の場合** (例)〇〇年〇月〇日に支払う	期限が到来した時
②**不確定期限の場合** (例)Ａさんが死亡したときに支払う	期限が到来した時
③**期限の定めのない場合** (例)支払時を特に定めなかった場合	債権が成立した時

(2) 一般の債権の消滅時効期間は以下のとおりである。

①　債権者が権利を行使することができることを知った時から5年間

②　権利を行使できる時から10年間（人の生命又は身体の侵害による損害賠償請求権の場合20年）

(3) 確定判決で確定した権利，裁判上の和解・調停等によって確定した権利の消滅時効の期間は10年である。

宅建試験に「出る!」問題

ＡがＢに対し，弁済期を定めないで100万円を貸し付けた場合，Ａの債権は，いつまでも時効によって消滅することはない。(1997-4-1)

解答：✕（上記合格ステップ(1)③参照）

ウォーク問① 問158…(3)

4 時効の更新・時効の完成猶予

2問/10年

時効完成前に，それまでの期間の経過をゼロに戻し，新たに時効期間を進行させることを**時効の更新**といいます。例えば，債権の消滅時効(権利を行使することができることを知った時から5年間行使しないと時効消滅)の場合，時効期間が3年経過した時点で時効の更新事由が発生すると，それまでに経過した3年は消滅時効との関係では失効し，新たに5年経過しないと消滅時効は完成しないということになります。

これに対して，**時効の完成猶予**とは，時効期間経過前に時効の完成猶予事由が発生すると，その事由が終了するまで(又はその時から一定期間を経過するまで)の間は，時効は，完成しないことをいいます。時効の更新と異なり，時効の完成猶予は，新たな時効期間の進行はありません。

(1) 裁判上の請求等による場合

(a) 時効の完成猶予事由

裁判上の請求や**支払督促**などがあった場合，これらの事由が終了するまでの間は，**時効の完成が猶予**されます(民法147条1項各号)。裁判上の請求とは，訴えを提起することをいいます。支払督促とは，債権者の申立てによって裁判所書記官が金銭などの支払いを促すための手続きをいいます。

なお，訴えを提起したものの，訴えの取下げや訴えの却下があったため確定勝訴判決に至らなかった場合，**取下げや却下の時から6カ月間は時効の完成が猶予されます**(民法147条1項柱書かっこ書)。

(b) 時効の更新事由

確定判決又は仮執行宣言付き支払督促，和解，調停などの確定判決と同一の効力を有するものによって権利が確定したときは，これらの事由が終了した時に時効の更新が生じ，

> **プラスアルファ**
> 債権者が金銭などの支払いを求めるための簡易な手続きとして「支払督促」があります。支払督促とは，債権者の申立てによって裁判所書記官が金銭などの支払いを督促するための手続きをいいます。支払督促の申立てをすると，消滅時効の完成が猶予され(民法147条1項2号)，さらに期間内に適法に仮執行宣言の申立てをした後に支払督促が確定することにより確定判決と同一の効力を有することになったとき，時効の更新が生じます(民法147条2項)。

> **プラスアルファ**
> 被保佐人は，単独で催告を受領したり，債務を承認したりすることができますので，被保佐人が単独で債務の承認をした場合でも，時効の更新の効力を生じます(民法152条2項)。

新たにその進行を始めます(民法147条2項)。例えば，貸金債権の債権者が，貸金債権の権利行使が可能であることを知った時から5年経過前に，債務者を相手取り「支払え」という訴えを提起し，その後勝訴判決が確定した場合，判決確定の時点で時効の更新が生じます。

（2）強制執行等による場合

（a）時効の完成猶予事由

強制執行，担保権の実行があった場合，これらの事由が終了するまで時効の完成が猶予されます(民法148条1項1号，2号)。

（b）時効の更新事由

強制執行や担保権の実行により権利の満足が得られなかったときは，強制執行や担保権実行が終了した時に，時効の更新が生じます(民法148条2項)。

（3）仮差押え等による時効の完成猶予

仮差押えと仮処分は，時効の完成猶予事由です。各事由が終了した時から6カ月を経過するまでの間は，時効の完成が猶予されます(民法149条1号，2号)。

（4）催告による時効の完成猶予

催告とは，裁判外の請求と言われるもので，訴え提起以外の方法で請求することです。例えば，債権者が債務者に対して内容証明郵便等で支払を求める場合が催告にあたります。催告は，債権者が債務者に請求をする点で，裁判上の請求と似ていますが，両者をしっかりと区別しなければなりません。すなわち，催告は，時効の更新事由ではなく，完成猶予事由として，**催告をしてから6カ月間は時効の完成が猶予されます**(民法150条)。

（5）協議を行う旨の合意による時効の完成猶予

　権利についての協議を行う旨の合意が書面又は電磁的記録で行われた場合，時効の完成が猶予されます(民法151条１項)。

（6）承認による時効の更新

　時効は，**権利の承認があったときは，その時から新たにその進行を始めます**(民法152条)。承認とは，債務者の方から「債務を負っている」と認めたり，債務者が債務の一部を弁済したり，利息の一部を支払ったり，「支払をもう少し待ってください」などと弁済の猶予を求めたりした場合をいいます。

　なお，物上保証人が，債権者に対して，被担保債権の存在を承認したとしても，承認にはあたらず，消滅時効の更新は生じません(判例)。

重要条文

第147条　(裁判上の請求等による時効の完成猶予及び更新)
1　次に掲げる事由がある場合には，その事由が終了する(確定判決又は確定判決と同一の効力を有するものによって権利が確定することなくその事由が終了した場合にあっては，その終了の時から６箇月を経過する)までの間は，時効は，完成しない。
　一　裁判上の請求
　(中略)
2　前項の場合において，確定判決又は確定判決と同一の効力を有するものによって権利が確定したときは，時効は，同項各号に掲げる事由が終了した時から新たにその進行を始める。

第148条 （強制執行等による時効の完成猶予及び更新）

1　次に掲げる事由がある場合には，その事由が終了する（申立ての取下げ又は法律の規定に従わないことによる取消しによってその事由が終了した場合にあっては，その終了の時から６箇月を経過する）までの間は，時効は，完成しない。

一　強制執行

（以下省略）

第149条 （仮差押え等による時効の完成猶予）

次に掲げる事由がある場合には，その事由が終了した時から６箇月を経過するまでの間は，時効は，完成しない。

一　仮差押え

二　仮処分

第150条 （催告による時効の完成猶予）

1　催告があったときは，その時から６箇月を経過するまでの間は，時効は，完成しない。

（以下省略）

第152条 （承認による時効の更新）

1　時効は，権利の承認があったときは，その時から新たにその進行を始める。

2　前項の承認をするには，相手方の権利についての処分につき行為能力の制限を受けていないこと又は権限があることを要しない。

合格ステップ 13

時効の完成猶予・更新事由 …… ランク B

時効の完成猶予 （一定期間時効の完成が猶予）	時効の更新 （改めてゼロから時効が進行）
裁判上の請求，支払督促等※1	裁判・督促等により権利が確定したとき
強制執行，担保権実行等	その事由が終了した時
催告※2	―
仮差押え・仮処分	―
協議を行う旨の書面又は電磁的記録による合意※3	―
―	承認

※1　裁判上の請求がなされ，訴えが却下された場合や訴えが取り下げられた場合でも，その時から6カ月を経過するまでの間，時効は完成しない。

※2　催告がなされた場合は，その時から6カ月を経過するまでの間，時効は完成しない。

※3　合意があった時から1年間（1年に満たない期間を当事者が定めた場合は，その期間），時効は完成しない。

宅建試験に「出る！」問題

Aが，Bに対する賃料債権につき内容証明郵便により支払を請求したときは，その請求により消滅時効は更新する。（2009-3-3）

解答：×（上記合格ステップ参照）

ウォーク問① ▶ 問11…(3)

5 時効の援用・放棄等

(1) 時効の援用

(a) 援用とは

時効期間が経過した場合，時効を主張することができますが，それでは良心が許さないという人もいるはずです。そこで法律は，時効を主張するか否かは，当事者の判断に任せることにしました。そして，**時効を主張することを時効の援用**といいます（民法145条）。

そして，時効の援用ができるのは，「時効によって直接に利益を受けることができる者」です（判例）。例えば，物上保証人や，抵当不動産の第三取得者は被担保債権の消滅時効を援用することができます。

ここで，**物上保証人**とは，他人の借金を現金ではなく，土地や建物などの「物」で保証している人のことを意味します。また，**抵当不動産の第三取得者**とは，抵当権の付いた土地や建物を手に入れた人のことを指します。

> **プラスアルファ**
> 時効の援用も権利の濫用となることがあります。この場合，時効を援用することは認められません（民法1条3項，判例）。

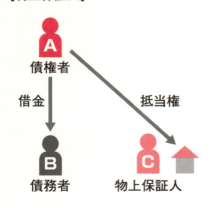

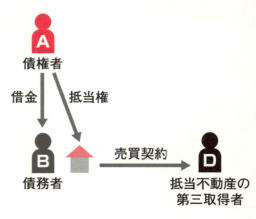

（ｂ）援用が制限される場合

　時効完成後に時効の完成を知って債務を承認（例：一部支払い）した場合，後述の時効の利益の放棄に該当します。では，時効完成後に時効の完成を知らないで債務の承認をした場合，時効を援用することはできるのでしょうか。民法の規定からは明らかでないため問題になります。

　時効完成後に債務の承認がなされた場合，相手方はもはや時効は援用されないと期待するのが通常です。それにもかかわらず，時効の援用を認めてしまうと相手方の期待が害され，相手方が不測の損害を被るおそれがあります。そこで，判例では，**時効完成後に債務の承認をした場合，時効の完成を知らなかったときでも，信義則上，その債務について時効を援用することは許されない**としています。なお，ここでいう信義則とは，相手の信頼や期待を裏切らないように誠実に行動することをいいます。

合格ステップ 14

反復チェック ／ ／ ／

ランク **B**

時効の援用権者

　時効の援用ができるのは，時効によって直接に利益を受けることができる者である。例えば，**物上保証人**や抵当不動産の第三取得者は，被担保債権の消滅時効を**援用**することができる。

宅建試験に「出る!」問題

AがBに対して有する100万円の貸金債権が消滅時効にかかる事例において，Cが自己所有の不動産にAの債権の担保として抵当権を設定（物上保証）している場合，Cは，Aの債権の消滅時効を援用してAに抵当権の抹消を求めることができる。（1997-4-3）

解答：〇（上記合格ステップ参照）

ウォーク問① 問14

（２）時効の利益の放棄

完成した時効を利用しないことは許されるか？

AはBからお金を借りましたが、Bから返してくれと請求されないまま10年が経過しました。Aが「時効にかかわり無く絶対に借りた金は返す！」と言い張った場合、債権はどうなるでしょうか。（ 解答は本頁下）

時効を援用するかどうかは、その人の自由ですから、「私は、時効を援用しない」という意思を表明することもできます。このように、時効を援用しないという意思の表明を「**時効の利益の放棄**」といいます。ただし、**時効の利益の放棄は、時効の完成前にはできない**ことになっています（民法146条）。

ケーススタディの答え

Aの主張は時効の放棄にあたるので債権は時効消滅しません。

（３）時効の遡及効

時効が完成すると時効の効果（取得時効については権利の取得、消滅時効については権利の消滅）は、その**起算日**（すなわち、時効期間を数え始める日）**にさかのぼって生じます**（時効の遡及効、民法144条）。したがって、20年間占有して不動産の所有権を時効取得した者は、20年前から不動産の所有者だったことになります。

第4章 代理

超頻出 Aランク

学習のポイント

学習項目	'14	'15	'16	'17	'18	'19	'20(10月)	'20(12月)	'21(10月)	'21(12月)	'22	'23
1 代理制度とは												
2 代理行為のトラブル	★											
3 代理人の行為能力	★				★							
4 代理権の発生・消滅	★				★				★		★	
5 無権代理	★				★	★			★		★	
6 復代理				★								

「代理」の分野は，過去10年間で6回出題されています。

代理に関しては本試験で毎年のように出題され，また，内容的にも基本的な問題が多いので，しっかりと勉強すれば確実に1点稼げる分野です。

そして，代理についてはさまざまな制度が設けられていますが，「無権代理」に関する理解を問う問題がよく出題されています。そのなかでも「無権代理の相手方の保護の制度」が特に重要です。

この「無権代理の相手方の保護の制度」については，①催告権，②取消権，③無権代理人に対する履行・損害賠償請求権，④表見代理の4つのものがありますが，どのような場合にこれらの制度が適用されるかという点は確実に押さえておかなければなりません。

また，この代理については事例式の問題が出題されることが多いので，図を描いて登場人物の関係をしっかりと把握するようにしましょう。

何を学ぶか？ どこに着目するか？

何を学ぶか？

本章では，代理の仕組みと，そこから生じるトラブルとその解決方法を学びます。

代理って？

誰かが誰かのために代わって契約を結ぶことを代理といいます。頼まれて代わりに契約を結ぶ人を代理人といい，頼む人を本人といいます。

息子が，勝手に私の代理人と名乗って，私の土地を売ってしまったのですが……

息子さんに代理を頼んでいないので，代理行為は成立しません。原則としてその土地を引き渡す必要もありません。

では私はその土地を失うことはないのですね？

場合によっては，代理契約が有効となることもあります。売る（売買契約）代理権は与えていなかったけれども，貸す（賃貸借契約）代理権を与えていたケースなどは，代理契約が有効になる可能性があります。

合格への着眼点は？

要件のそろった代理行為が行われると何の問題もないのですが，代理権がなかったような場合にどのような解決を図るのか等，具体的状況を意識しましょう。

1 代理制度とは

(1) 代理とは

　売買契約などを結ぶとき，**本人**が直接**相手方**と交渉して契約を結ぶこともあれば，**代理人**を立てて，代理人が相手方と交渉して契約を結ぶこともあります。

　このように，本人に代わって，代理人が交渉して本人のために相手方と契約を結ぶことを**代理**といいます。

【代理の基本構造】

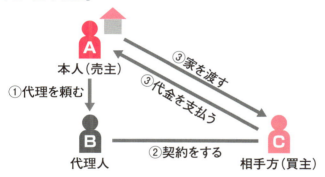

　例えば，Aさんが，Bさんに代理人となってもらい，自分の持っている家をCさんに売却したいという場合，Aさんの家を買ってもらうかどうかといった交渉は，BさんとCさんとの間で行われます。

　そして，交渉の結果，Cさんに1,000万円で家を売却することが決まった場合，CさんはAさんに1,000万円のお金を支払い，AさんはCさんに家を引き渡します。

　つまり，代理人であるBさんは交渉して契約するだけであって，家を1,000万円で売却するという契約の効果（結果）そのものは，本人であるAさんと相手方であるCさんとの間で生じることとなるのです。このように代理の場合，契約を

結ぶのは代理人と相手方ですが，代金を支払ったり，家を引き渡してもらうのは，あくまで本人と相手方です。

（2）代理の要件

このように，代理は非常に便利な制度ですが，代理人の交渉さえあれば，必ず本人と相手方との間で契約の効力が生じるわけではありません。例えば，Aさんの家をBさんが無断でCさんに売却したような場合に，Aさんの家をCさんに引き渡さなければならないとするのでは，Aさんがかわいそうです。

そこで，本人と相手方との間で契約の効力が生じるためには，①代理人に代理権があること，②代理人が相手方に「自分は本人の代理人である」ということを示すこと（顕名），③代理行為が行われること，という３つの要件をクリアする必要があります。

重要条文

＜民法＞
第99条（代理行為の要件及び効果）
1 代理人がその権限内において本人のためにすることを示してした意思表示は，本人に対して直接にその効力を生ずる。
2 （以下省略）
第100条（本人のためにすることを示さない意思表示）
代理人が本人のためにすることを示さないでした意思表示は，自己のためにしたものとみなす。ただし，相手方が，代理人が本人のためにすることを知り，又は知ることができたときは，前条第１項の規定を準用する。

合格ステップ 15

代理の要件

代理人と相手方による契約が，本人と相手方との間で効力が生じるためには，以下の3つの要件をみたす必要がある。

(1)	代理人に代理権があること
(2)	代理人が相手方に「自分は本人の代理人である」ということを示すこと（顕名） ※ 代理人が顕名をしないで契約した場合，原則として，代理人自身のために契約したものとみなされる。ただし，相手方が，代理人が本人のためにすることを知り，又は知ることができたときは，本人に対して直接にその効力を生ずる。
(3)	代理行為が行われること

宅建試験に「出る!」問題

買主Aが，Bの代理人Cとの間でB所有の甲地の売買契約を締結する場合，CがBの代理人であることをAに告げていなくても，Aがその旨を知っていれば，当該売買契約によりAは甲地を取得することができる。(2005-3-ア)

解答：〇（上記合格ステップ(2)参照）

ウォーク問① 問18…(ア)

2 代理行為のトラブル

代理人がだまされて契約をした場合，取消権者は誰になるのか？

AはBに対して土地売買の代理権を与え，BはC不動産会社と土地の売買契約を結びました。しかし，BはCに騙され不当に高い値段で土地を買わされてしまいました。A，BはCに取消しを主張できるでしょうか。（→ 解答は79頁）

　代理人が本人から代理権を与えられて，相手方と交渉する際，代理人が相手方の詐欺によって契約を結んでしまった場合でも，その契約は取り消すことができます。

　では，この契約を取り消すことができるのは，本人でしょうか，それとも代理人でしょうか。

　確かに，だまされたのは代理人ですが，詐欺により結ばれた契約の効力は本人に生じます。そうであれば，契約を取り消すべきかどうかの判断は本人に任せるべきです。そこで，**代理人がだまされた場合，契約を取り消すことができるのは本人であること**となっています。

【代理人がだまされた場合】

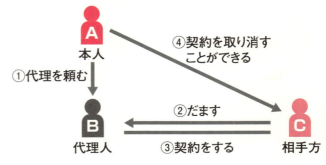

このことは，代理人が相手方から強迫されて契約を結んだ場合や，代理人が虚偽表示や錯誤，心裡留保によって契約を結んだ場合にも当てはまります。

　つまり，**代理人が錯誤や詐欺，強迫によって契約を結んだ場合には，本人は契約を取り消すことができます。また代理人が虚偽表示や心裡留保によって契約を結んだ場合，所定の要件を満たせば，本人は契約の無効を主張することができる**のです。

　ここで，契約の際に詐欺や強迫などがあったかどうかは，原則として，**代理人を基準に判断する**ことになっています（民法101条1項）。

　ただし，**本人が代理人に特定の契約を結ぶことを委託していた場合においては，本人は，自ら知っていた事情や過失によって知らなかった事情について代理人が知らなかったことを主張することはできません**（民法101条3項）。

　例えば，Aさんが代理人であるBさんに，「Cさんが所有する甲建物を買ってきて欲しい。」と頼んで売買契約を結んだ場合，甲建物に欠陥があることをAさんが知っていたときは，仮にBさんが知らなかったとしても，Cさんに対して損害賠償請求をすることはできないのです。

　なお，**代理人が相手方に対して詐欺や強迫などを行った場合には，本人の善意・悪意に関係なく，相手方はその契約を取り消すことができます**（判例）。

ケーススタディ4-1の答え

　本人であるAが取消しを主張できます。

重要条文

＜民法＞

第101条（代理行為の瑕疵）

1　代理人が相手方に対してした意思表示の効力が意思の不存在，錯誤，詐欺，強迫又はある事情を知っていたこと若しくは知らなかったことにつき過失があったことによって影響を受けるべき場合には，その事実の有無は，代理人について決するものとする。

2　相手方が代理人に対してした意思表示の効力が意思表示を受けた者がある事情を知っていたこと又は知らなかったことにつき過失があったことによって影響を受けるべき場合には，その事実の有無は，代理人について決するもの とする。

3　特定の法律行為をすることを委託された代理人がその行為をしたときは，本人は，自ら知っていた事情について代理人が知らなかったことを主張することができない。本人が過失によって知らなかった事情についても，同様とする。

合格ステップ 16

反復チェック / / /

代理行為のトラブル ……………………… ランク B

場面	結論
(1)相手方が代理人に対して詐欺・強迫を行った場合	本人は契約を取り消すことができる。
(2)代理人が虚偽表示などにより契約を結んだ場合	本人は契約の無効を主張できる。
(3)代理人が錯誤により契約を結んだ場合	本人は契約を取り消すことができる。
(4)代理人が相手方に対して詐欺・強迫を行った場合	相手方は契約を取り消すことができる。

宅建試験に「出る!」問題

Aが，Bから土地売買の代理権を与えられ，CをだましてＢＣ間の売買契約を締結した場合は，Ｂが詐欺の事実を知っていたと否とにかかわらず，Ｃは，Ｂに対して売買契約を取り消すことができる。(1996-2-3)

解答：○（上記合格ステップ(4)参照）

ウォーク問1 ▶ 問24…(3)

3 代理人の行為能力

未成年者は，代理人となることができるのか？

Aさんは，16歳になったばかりのBさんを代理人として，Cさんから家を買おうとしています。Bさんのような未成年者でも代理人になれるのでしょうか。（➡解答は82頁）

【代理人の行為能力】

結論から先にいえば，Bさんのような未成年者であっても，代理人となることができます。代理の効果はすべて本人であるAさんに生じますので，代理人自身何ら責任を負うこと

はありません。また，本人であるAさんにしても，未成年者であるBさんにあえて代理人になってもらうことを決めた以上，たとえBさんが不利な取引をして損害を被っても自業自得です。それゆえ，**代理人は未成年者でもよいのです。**同様の理由により，成年被後見人，被保佐人，被補助人等も代理人になることができます（民法102条本文）。

また，制限行為能力者であっても代理人になれる以上，**本人は，代理人が制限行為能力者であることを理由に，代理人が締結した契約を取り消すことはできません。**

ただし，以上は任意代理人の場合の話で法定代理人の場合は違ってきます。制限行為能力者が他の制限行為能力者の**法定代理人**として行った行為は取り消すことができます（民法102条但書）。例えば，成年被後見人Aの成年後見人Bが後見開始の審判を受けた場合を考えます（ABの両方が成年被後見人となった場合です）。この場合，BがAの成年後見人として行った行為は取り消すことができます。

ケーススタディ4-2の答え

Bさんのような未成年者であっても，代理人となることができます。

合格ステップ 17

代理人の行為能力　ランク A

(1) 代理人は行為能力者であることを要しない(制限行為能力者であっても，代理人になることができる)。
(2) 本人は，代理人が制限行為能力者であることを理由に，契約を取り消すことはできない。

宅建試験に「出る!」問題

AがA所有の土地の売却に関する代理権をBに与えた場合において，Bが自らを「売主Aの代理人B」と表示して買主Dとの間で締結した売買契約について，Bが未成年であったとしても，AはBが未成年であることを理由に取り消すことはできない。(2009-2-2)

解答：〇(上記合格ステップ(2)参照)

ウォーク問① 問16…(3)　問19…(2)　問23…(1)

 ## 代理権の発生・消滅

(1) 代理権の発生(代理権の種類)

本人と代理人の約束によって代理権が発生する場合を**任意代理**(委任による代理)といいます。

これに対し，代理権が法律によって当然に定められている場合を**法定代理**といいます。例えば，両親には未成年の子供を代理する権限が法律によって当然に認められていますので，父親は息子を代理してアパートを借りることなどができます(民法824条)。

任意代理の場合には，本人が依頼しなければ代理権が発

プラスアルファ

代理人が自己又は第三者の利益を図る目的で代理権の範囲内の行為をした場合において，相手方がその目的を知り，又は知ることができたときは，その行為は，代理権を有しない者がした行為とみなされます(代理権の濫用,民法107条)。

生しませんが，**法定代理の場合**には，**本人が依頼しなくても，**例えば，未成年者の親でありさえすれば**当然に代理権が発生するのです**。任意代理と法定代理は，代理権の発生の点のみならず，その他の点でも以下のような違いがあります。

（2）代理権の範囲

　本人が代理人に家を買ってきて欲しいと依頼する場合，「どこの家を買ってくるのか」とか，「いくらぐらいの家を買ってくるのか」といった内容が決められる必要があります。これが「代理権の範囲」の問題です。

　まず，**任意代理権**の範囲は，本人と代理人の「**約束**」によって決まります。これに対し，**法定代理権**の範囲は，法律によって決められています。

　なお，**代理権の範囲が定められていない代理人**については，以下の３つの行為をすることができると定められています（民法103条）。

【代理権の範囲】

①**保存行為** （物の現在の状態を維持する行為） ▶	本人の建物が壊れそうになったので，修繕を依頼すること
②**利用行為** （物を利用して利益をあげる行為） ▶	空き地を駐車場として賃貸すること
③**改良行為** （物を改良して物の経済的価値を高める行為） ▶	家の壁にペンキを塗って，きれいにすること

※　ただし，利用行為，改良行為をする場合には，利用・改良しようとする物の元の性質を変えるようなことはできない。例えば，農地を宅地に変えることなどはできない。

（3）自己契約・双方代理

> **代理人，一人二役の場合，どう扱われるか？**
>
> 　Aさんは，Bさんに，別荘を買う代理権を与える約束をしました。
> (1) Bさんは，たまたまAさんの希望にピッタリの別荘を自分がもっていたので，売主と，買主の代理人の1人2役を演じ，この別荘をAさんに売る契約を1人で結んでしまいました。
> (2) CさんもBさんに，自己所有の別荘を売る代理権を与えていました。そこで，Bさんは，代理人として売主や買主を探す手間が省けたと思い，AさんとCさんの双方の代理人として契約を結んでしまいました。
> 　Aさんは，この契約どおりの代金を支払わなければならないのでしょうか。
> （➡解答は86頁）

ケーススタディ 4-3

　（1）の場合，Bさんは，別荘を買う代理権をもっているのですから，この代理行為は有効であり，Aさんは，この契約どおりに代金を支払わなければならないことになりそうです。

　しかし，1人で契約を結んだBさんは，値段など売買の条件についてBさんの都合の良いように決めることができてしまいます。このような契約にAさんが従わなければならないのはかわいそうです。

【自己契約】

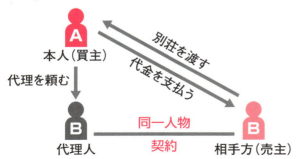

そこで、**代理人が、本人を代理して自分と契約すること**（自己契約）は原則として無権代理となります（民法108条1項本文）。なお、**無権代理**については後述します。

では、（2）の場合のように、Bさんが買主のAさんの代理人になると同時に、売主のCさんの代理人になってしまうようなことを許したらどうなるでしょうか。

契約の結果はBさんの気持ちひとつにかかっているのですから、Bさんの行動しだいでは、AさんかCさんのどちらかが損をする可能性が高くなります。

【双方代理】

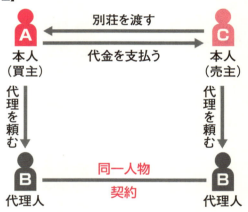

そこで、**契約当事者の双方の代理人になること**（双方代理）は原則として無権代理となります（民法108条1項本文）。

> ### ケーススタディ4-3の答え
>
> Bさんが行った契約は、（1）では自己契約、（2）では双方代理にあたり、原則としてAさんは代金を支払う必要はありません。

ただし，**自己契約や双方代理であっても，債務を履行する
場合や，本人があらかじめ許諾（あるいは，追認）をしたとき
は，本人に効果が帰属します**（民法108条１項但書，判例）。
なぜなら，これらの場合には，自己契約・双方代理がなされ
ても本人に不都合はないからです。

　また，**同一人が売主と買主の双方を代理して登記申請行
為をすることはできます**（判例）。この場合，代理人は登記の
申請をするにすぎず，代理人の裁量により依頼者を害する危
険性は低いからです。

✅ 合格ステップ 18

反復チェック ／ ／ ／

自己契約・双方代理 …………………… ランク **A**

(1)原則	自己契約や双方代理は，**原則として無権代理となる。**
(2)例外	①**本人のあらかじめの許諾**があれば，自己契約や双方代理をすることができる（本人に効果が帰属する）。 ②同一人が売主と買主の双方を代理して**登記申請行為**をすることはできる。

宅建試験に「出る!」問題

1 Aが甲土地の売却を代理する権限をBから書面で与えられている場合，A自らが買主となって売買契約を締結したときは，Aは甲土地の所有権を当然に取得する。(2008-3-1)

解答：✕（上記合格ステップ(1)参照）

---

2 Aが，Bの代理人として，Cとの間でB所有の土地の売買契約を締結した場合，AがBから土地売買の代理権を与えられており，所有権移転登記の申請についてCの同意があったとき，Aは，B及びC双方の代理人として登記の申請をすることができる。(1996-2-1)

解答：◯（上記合格ステップ(2)①参照）

ウォーク問1 問16…(4)　問19…(3)　問24…(1)

第4章
代理

LEC東京リーガルマインド　2024年版出る順宅建士 合格テキスト ①権利関係　87

(4)代理権の消滅

| 成年被後見人になった代理人は，代理人を続けられるのか？ |

Aさんは，Bさんに家を買う代理権を与えましたが，その後，Bさんは後見開始の審判を受けて成年被後見人となってしまいました。このような場合でも，Bさんは代理人として家を買ってくることができるのでしょうか。（➡解答は本頁下）

AさんがBさんに代理権を与えたときは，Bさんは成年被後見人でなかったのに，その後Bさんが成年被後見人になったのでは，Aさんの当初の期待とは違ったことになってしまいます。

そこで，**代理人が成年被後見人になった場合，代理権は消滅することとされています**（民法111条1項2号）。これによって，Bさんの代理権は消滅し，BさんはAさんの代理人として契約をすることはできなくなります。このように，代理人が代理権を与えられた後で成年被後見人になった場合には，代理権が消滅しますが，代理権を与える時点ですでに制限行為能力者である場合には，制限行為能力者も代理人になることができるという点に注意してください。

ケーススタディ4-4の答え

成年被後見人となったBさんの代理権は消滅しますので，Bさんは家を買ってくることができなくなります。

同様に，**代理人が破産した場合にも，代理権は消滅します**（民法111条1項2号）。一文なしになった代理人に代理権を残しておくと，本人のお金を持ち逃げしたり，勝手に使ったりして，本人に思わぬ損害をかけかねないからです。さらに，**本人あるいは代理人が死亡した場合にも代理権は消滅**

することとされています。

以上の代理権の消滅原因は，法定代理，任意代理に共通するものです(民法111条1項)。他方，任意代理に特有の消滅原因として，**本人の破産**があります(民法653条)。

合格ステップ 19

任意代理権の消滅原因 ……… ランク B

	(1)死亡	(2)後見開始の審判	(3)破産
①本　人	○	✗	○
②代理人	○	○	○

○＝消滅する　✗＝消滅しない

宅建試験に「出る！」問題

代理人は，行為能力者であることを要しないが，代理人が後見開始の審判を受けたときは，代理権が消滅する。(2014-2-ウ)

解答：○(上記合格ステップ(2)②参照)

ウォーク問① ▶ 問16…(1)(2)　問19…(4)　問23…(4)　問24…(4)

5 無権代理

(1) 無権代理とは

代理人として行為した者にその行為に対応する代理権がない場合のことを**無権代理**といいます。そして，代理権がないのに代理人として行為した者を「**無権代理人**」といいます。

無権代理としては，以下のような場合が挙げられます。

【無権代理の種類】

	具体例
全く代理権がない場合	A所有の土地を，Bが無断でCに売却してしまった。
代理権の範囲を越えている場合	A所有の土地について賃貸借契約を締結する代理権を与えられたBが，その土地をCに売却してしまった。
いったん与えられた代理権が消滅した場合	A所有の土地について売買契約を締結する代理権を与えられたBが，その後破産したにもかかわらず，その土地をCに売却してしまった。

　無権代理行為がなされた場合，本人に損害を与える危険性が非常に高くなります。そこで，**無権代理人が，代理人として結んだ契約は，原則として本人に効力を生じません**（民法113条1項）。

【無権代理】

（2）無権代理行為の追認

　無権代理行為がなされた場合，本人は，無権代理人の行為を**追認**して契約を有効なものとしたり，**追認を拒絶**して契約を無効なものとすることができます（民法113条1項）。
　そして，追認がなされると，原則として，**契約の時にさかのぼってその効力を生じる**ことになります（民法116条本文）。
　なお，**追認は，無権代理人に対して行っても，契約の相

手方に対して行っても構いません。ただし、無権代理人に対してのみ追認した場合、相手方がその事実を知るまでは、**相手方に対して追認の効果を主張することができません**（民法113条2項）。

> **重要条文**
>
> ＜民法＞
> **第113条（無権代理）**
> 1　代理権を有しない者が他人の代理人としてした契約は、本人がその追認をしなければ、本人に対してその効力を生じない。
> 2　（以下省略）

合格ステップ 20

無権代理

(1) 代理権を有しない者が代理人として結んだ契約は、原則として本人に対して効力を生じない。
(2) 本人は、無権代理行為を追認したり、追認を拒絶することができる。本人が追認した場合は、原則として、**契約の時から**有効な代理行為があったことになる。

宅建試験に「出る！」問題

代理権を有しない者がした契約を本人が追認する場合、その契約の効力は、別段の意思表示がない限り、追認をした時から将来に向かって生ずる（2014-2-ア）。
　　　　　　　　　　　　　　　　　　　解答：×（上記合格ステップ(2)参照）

ウォーク問①　問16…(1)(2)　問18…(ウ)　問20…(1)　問21…(2)(3)(4)　問23…(3)(4)

（3）無権代理の相手方を保護するための制度

　次に、本人の追認がない場合の無権代理行為の相手方を保護する制度をみていきます。ここは試験対策上重要です

ので，しっかりとおさえておきましょう。

（a）相手方の催告権

　無権代理行為の相手方は，相当の期間を定め，その期間内に「追認をするか否かを確答してほしい（態度をはっきりさせてほしい）」と本人に催告することができます（民法114条前段，相手方の**催告権**）。この場合，相手方が，無権代理行為について**悪意であっても催告することができます**。催告すること自体は，本人に害を及ぼすものではないからです。

　さらに，その期間内に本人が確答しないときは，**追認を拒絶したものとみなされます**（民法114条後段）。本人としては，勝手に無権代理行為をされたあげくに，相手方の催告に返事をしなかったら「追認したものとみなされる」というのでは，あまりにもかわいそうだからです。

（b）相手方の取消権

　相手方としては，無権代理をめぐるトラブルに巻き込まれること自体，わずらわしいことですから，無権代理行為の相手方は，本人の**追認がない間**は，無権代理人との間で結んだ**契約を取り消すことができます**（民法115条本文，相手方の**取消権**）。

　ただし，相手方が契約当時，無権代理だということを**知っていた場合**には，**取り消すことができません**（民法115条但書）。このような場合にまで相手方に取消権を認めて保護する必要はないからです。

（c）無権代理人の責任

　無権代理人は，本人が無権代理行為を**追認しない場合**には，相手方の選択に従い，相手方に対し「**履行**」又は「**損害賠償**」の責任を負うことになります（民法117条1項）。

　しかし，相手方が，無権代理だということを初めから知っていた場合や過失（不注意）によって知らなかった場合にまで相手方に保護を与えるのは行きすぎですから，これらの場合には，無権代理人の責任は発生しません。つまり，**善意かつ**

無過失の相手方しか**無権代理人に責任追及**することはできません。また，無権代理人が制限行為能力者である場合にまで責任を負わせたのではかわいそうだから，この場合にも責任は生じません。

(d) 表見代理

無権代理であっても，代理人として行動した者に代理権があるような**外観**があり，その外観が存在することについて**本人に何らかの責任**（落ち度）があり，かつ，取引の相手方が代理権があると**信じる**ことについて**正当な理由**があるとき（**善意かつ無過失**のとき）には，本人は無権代理であることを主張できません。これを**表見代理**といいます。

表見代理には，次の5種類のものがあります。

重要条文

＜民法＞
第109条（代理権授与の表示による表見代理等）
1　第三者に対して他人に代理権を与えた旨を表示した者は，その代理権の範囲内においてその他人が第三者との間でした行為について，その責任を負う。ただし，第三者が，その他人が代理権を与えられていないことを知り，又は過失によって知らなかったときは，この限りでない。
2　第三者に対して他人に代理権を与えた旨を表示した者は，その代理権の範囲内においてその他人が第三者との間で行為をしたとすれば前項の規定によりその責任を負うべき場合において，その他人が第三者との間でその代理権の範囲外の行為をしたときは，第三者がその行為についてその他人の代理権があると信ずべき正当な理由があるときに限り，その行為についての責任を負う。

第110条（権限外の行為の表見代理）
前条第一項本文の規定は，代理人がその権限外の行為をした場合において，第三者が代理人の権限があると信ずべき正当な理由があるときについて準用する。

プラスアルファ
代理人が自己に代理権がないことを知って代理行為をした場合には，その相手方は過失があっても無権代理人に責任追及ができます（117条2項）。

> **第112条（代理権消滅後の表見代理等）**
> 1　他人に代理権を与えた者は，代理権の消滅後にその代理権の範囲内においてその他人が第三者との間でした行為について，代理権の消滅の事実を知らなかった第三者に対してその責任を負う。ただし，第三者が過失によってその事実を知らなかったときは，この限りでない。
> 2　他人に代理権を与えた者は，代理権の消滅後に，その代理権の範囲内においてその他人が第三者との間で行為をしたとすれば前項の規定によりその責任を負うべき場合において，その他人が第三者との間でその代理権の範囲外の行為をしたときは，第三者がその行為についてその他人の代理権があると信ずべき正当な理由があるときに限り，その行為についての責任を負う。

【表見代理の種類】

どんなことか	どんな場合か
代理人に代理権がなかった場合にも，本人に効果が生じること（相手方が，善意無過失の場合に限る）	①本人が，実際には代理権を与えていないにもかかわらず，代理権を与えたと表示した場合（授権表示の表見代理） （例）代理権を与えるつもりがないのに，委任状を渡していた場合 ②本人が実際には与えていないにもかかわらず与えたと表示した代理権の範囲を越える代理行為をした場合（授与表示の表見代理と権限外行為の表見代理の複合類型） （例）賃貸借契約の代理権を与えるつもりがないのに渡した委任状の範囲を越えて売買契約をした場合
	③本人の与えていた代理権の範囲を越えて，代理人が行動した場合（権限外行為の表見代理） （例）賃貸借契約締結の代理権を与えたところ代理人が売買契約をしてしまった場合
	④本人が，以前，代理権を与えていたが，それが消滅した場合（代理権消滅後の表見代理） （例）代理権が与えられた後，代理人が破産してしまったような場合 ⑤代理権が消滅した後に，かつて有していた代理権の範囲を越える代理行為をした場合（代理権消滅後の表見代理と権限外行為の表見代理の複合類型） （例）賃貸借契約の代理権が代理人の破産により消滅した後に，代理人が売買契約をした場合

合格ステップ 21

相手方保護の制度

ランク A

	相手方の要件	内容
(1)催告権	悪意でも可	相手方は，本人に対し，相当の期間を定めて，その期間内に追認をするかどうかを確答すべき旨の催告をすることができる。この場合において，本人がその期間内に確答をしないときは，追認を拒絶したものとみなされる。
(2)取消権	善意なら可	相手方は，本人が追認をしない間は，契約を取り消すことができる。
(3)履行又は損害賠償請求	善意かつ無過失	相手方は，本人の追認を得ることができなかったときは，自己の選択に従い，無権代理人に対して履行又は損害賠償の請求をすることができる。ただし，相手方に過失があっても，無権代理人が悪意であるときは，これらの請求をすることができる。なお，無権代理人が制限行為能力者であるときは，これらの請求をすることができない。
(4)表見代理		①本人が，無権代理人に代理権を与えた旨を表示した場合，②代理人がその権限外の行為をした場合，③代理権が消滅した場合，本人は責任を負わなければならない。

宅建試験に「出る!」問題

1 AがBの代理人として，B所有の甲土地をCに売り渡す売買契約を締結した事例（Aは，甲土地を売り渡す代理権を有していなかった。）において，Bが本件売買契約を追認しない場合，Aは，Cの選択に従い，Cに対して契約履行又は損害賠償の責任を負う。ただし，Cが契約の時において，Aに甲土地を売り渡す具体的な代理権はないことを知っていた場合は責任を負わない。(2006-2-4)

解答：〇（上記合格ステップ(3)参照）

2 AがBの代理人としてBの所有地をCに売却した事例において，Aが代理権を与えられた後売買契約締結前に破産すると，Aの代理権は消滅するが，Aの代理権が消滅しても，Cが善意無過失であれば，その売買契約は有効である。(1994-4-4)

解答：〇（上記合格ステップ(4)参照）

ウォーク問① 問18…(イ) 問21…(2)(3)(4) 問22 問23…(2) 問24…(2)(4)

(4) 無権代理と相続
(a) 無権代理人が本人を相続した場合

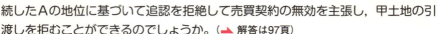

無権代理人が単独で本人を相続した場合，追認拒絶できるのか？

Aの子Bは，Aから代理権を授与されていないにもかかわらず，Aの代理人としてA所有の甲土地をCに売却しました。その後Aが死亡し，BがAを単独で相続しました。この場合，Bは相続したAの地位に基づいて追認を拒絶して売買契約の無効を主張し，甲土地の引渡しを拒むことができるのでしょうか。（解答は97頁）

　無権代理人が単独で本人を相続した場合に，自らした無権代理行為について無権代理人が追認を拒絶することは，自らした代理行為を否定する行為であり，信義則に反するため，認められません。その結果，相続により本人が自ら法律行為をしたのと同様に扱われ，当該無権代理行為は当然有

効になります(判例)。

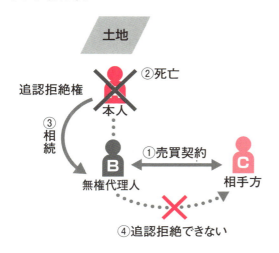

ケーススタディ4-5の答え

無権代理人Bは、相続した本人Aの地位に基づいて追認拒絶して売買契約の無効を主張し、甲土地の引渡しを拒むことはできません。

(b)本人が無権代理人を相続した場合

本人が無権代理人を相続した場合、追認拒絶できるのか？

Aの子Bは、Aから代理権を授与されていないにもかかわらず、Aの代理人としてA所有の甲土地をCに売却しました。その後Bが死亡し、AがBを単独で相続しました。この場合、AはBによる無権代理行為を追認拒絶して売買契約の無効を主張し、甲土地の引渡しを拒むことができるのでしょうか、また何らかの責任を負うことにならないのでしょうか。(→解答は98頁)

本人は、無権代理人により勝手に自己の物を売られてしまい被害にあった者であり、相続という偶然の事情により追認拒絶できなくなるというのでは、あまりにもかわいそうです。

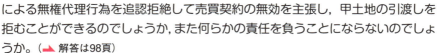

したがって，本人が無権代理人を相続しても，無権代理行為が当然に有効になるわけではないし，追認拒絶が信義則上禁止されるわけでもありません。

もっとも，本人は相続により民法117条の無権代理人の責任も承継されることになります。したがって，無権代理人を相続した本人は，相手方が善意無過失であれば無権代理人の責任を免れないことになります(判例)。

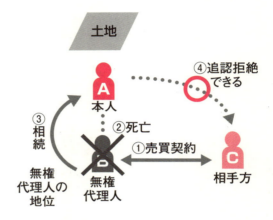

ケーススタディ4-6の答え

Aは，Bによる無権代理行為を追認拒絶して売買契約の無効を主張し，甲土地の引渡しを拒むことができます。もっとも，相続により承継した無権代理人の責任を負うことがあります。

合格ステップ 22

反復チェック / / /

無権代理と相続(1)　ランク A

| （a）無権代理人が単独で本人を相続した場合 | 無権代理人は追認を拒絶できない。無権代理行為は当然に有効となる。 |
| （b）本人が単独で無権代理人を相続した場合 | 本人は追認を拒絶できる。
→ただし，相手方が善意無過失であれば，無権代理人の責任を免れない。 |

第4章 代理

宅建試験に「出る!」問題

1 Ｂ所有の甲土地につき，Ｂから売却に関する代理権を与えられていないＡが，Ｂの代理人として，Ｄとの間で売買契約を締結した後に，Ｂの死亡によりＡが単独でＢを相続した場合，Ｄは甲土地の所有権を当然に取得する。(2008-3-3)

解答：〇（上記合格ステップ(a)参照）

2 Ａ所有の甲土地につき，Ａから売却に関する代理権を与えられていないＢが，Ａの代理人として，Ｃとの間で売買契約を締結した事例において，Ｂの死亡により，ＡがＢの唯一の相続人として相続した場合，ＡがＢの無権代理行為の追認を拒絶しても信義則には反せず，ＡＣ間の売買契約が当然に有効になるわけではない。(2012-4-3)

解答：〇（上記合格ステップ(b)参照）

ウォーク問1 問20…(2)(3)

（c）その他

上記の2つの事例の他にも，次のような判例が存在しますから，注意が必要です。

① 無権代理人が本人を他の相続人と共同相続した場合

ケーススタディ4－5において，Ｂには他に相続人がいて，無権代理人が他の相続人と共に本人を相続した場合は，他の共同相続人全員が共同して追認しない限り，無権代理行

為は無権代理人の相続分に相当する部分についても当然に有効となるものではありません（判例）。

② **本人が生前に追認拒絶した後に死亡した場合**
　ケーススタディ4-5において、本人が生前に無権代理行為を追認拒絶した後に無権代理人が本人を相続した場合は、追認拒絶により無権代理行為の無効が確定し、その後に無権代理人が本人を相続したとしても無権代理行為は有効になりません。

③ **ある者が無権代理人を相続した後に本人を相続した場合**
　無権代理人を本人と共に相続した者がその後更に本人を相続した場合は、その相続人は本人の資格で無権代理行為の追認拒絶をすることはできず、本人が自ら法律行為をしたのと同様に扱われ、当該無権代理行為は有効になります（判例）。

合格ステップ 23
無権代理と相続(2)　ランク C

①無権代理人が本人を他の相続人と共同相続した場合	他の共同相続人全員が共同して追認しない限り、無権代理行為は、無権代理人の相続分に相当する部分についても当然に有効とならない
②本人が生前に追認拒絶した後に死亡した場合	追認拒絶により無権代理行為は確定的無効となり、その後に無権代理人が本人を相続しても無権代理行為は有効にはならない
③無権代理人を相続した後に本人を相続した場合	相続した者は追認拒絶することができず無権代理行為は当然に有効になる

6　復代理

(1) 復代理とは
　代理人に代わって、代理人がすべき仕事をすることを復

代理といいます。そして，代理人に代わって代理人のすべき仕事をする人のことを「**復代理人**」といいます。

　復代理人は，**本人の代理人**として代理行為を行い，この行為の効果は，直接本人に帰属します（民法106条１項）。

　例えば，本人Ａ，代理人Ｂ，復代理人Ｃのとき，Ｃが「Ａの代理人です」と顕名すると，Ａに契約の効果が帰属するということです。

（２）復代理人の選任

　任意代理人は，原則として，**自由に復代理人を選ぶことはできません**（民法104条）。本人は，あくまで任意代理人を信頼して代理人となってもらっているからです。

　ただし，①**本人の許諾を得た場合**，又は，②**やむを得ない事由がある場合**には，例外的に復代理人を選ぶことができます。

　これに対して，法定代理人は，本人の保護のためにきわめて広い権限をもっていますので，本人に代わって契約を結ぶことも多いです。したがって，復代理人を頼む必要性が高いです。

　そこで，**法定代理人の場合は，いつでも復代理人を選任することができる**のです（民法105条前段）。

（３）代理人の代理権と復代理人の代理権との関係

　まず，復代理人を選任しても代理人の代理権は消滅しません。

　また，復代理人の代理権の範囲は，代理人の代理権の範囲を越えることはできません（民法106条２項）。

　さらに，代理人の代理権が消滅すれば，復代理人の代理権も消滅します。

（4）復代理人を選任した任意代理人の責任

　　任意代理人は，復代理人を選任したときは，その**復代理人の行為によって生じた本人の損害**について本人と代理人の間の事務処理契約に関する**債務不履行**として本人に対して**責任を負います**。任意代理人が本人に負う責任は，選任・監督についての責任に限定されません。これに対して，法定代理人の場合は自己の責任で復代理人を選任することができるので，選任監督に過失があるかどうかを問わず，復代理人の行為について損害賠償の責任を負いますが，やむを得ない事由があるときは，**選任及び監督のみ責任を負うこと**になります（民法105条後段）。

↗ 合格ステップ 24

反復チェック ／ ／ ／

復代理人の選任 ……………………………… ランク **B**
（ふくだいりにんのせんにん）

（1）選任	原則	任意代理人は，原則として復代理人を選任できない。
	例外	①本人の許諾を得たとき，又は②やむを得ない事由があるときは選任できる。
（2）代理人の代理権と復代理人の代理権の関係		・復代理人を選任しても，代理人の代理権は消滅しない。 ・復代理人の代理権の範囲は，代理人の代理権の範囲を越えることはできない。 ・代理人の代理権が消滅すれば，復代理人の代理権も消滅する。

宅建試験に「出る!」問題

Aは不動産の売却をBに委任し，売却に関する代理権をBに付与した。Bは，やむを得ない事由があるときは，Aの許諾を得なくとも，復代理人を選任することができる。（2007-2-1）

　　　　　　　　　　　　　　　　　　解答：○（合格ステップ(1)②参照）

ウォーク問① ▶ 問17…(2)　問25…(1)

第5章 債務不履行・解除

学習のポイント

学習項目	'14	'15	'16	'17	'18	'19	'20(10月)	'20(12月)	'21(10月)	'21(12月)	'22	'23
1 債務不履行とは									★			
2 履行不能・履行遅滞・同時履行の抗弁権		★			★	★	★	★		★	★	
3 損害賠償請求	★	★										
4 金銭債務								★				
5 契約の解除							★		★			
6 手付解除				★						★		

「債務不履行・解除」の分野は，過去10年間で10回出題されています。

債務不履行に関しては，債務不履行制度そのものに関する内容が理解できているかどうかを試す問題の他，他の分野においても債務不履行に関連する問題が出題されることがあります。

そして，内容的には難しい部分もありますが，本試験では基本的な内容が理解できているかどうかを試す問題が出題されることが多いです。特に「契約の解除」については出題頻度が高いので，一通り内容を押さえたうえで，問題を多く解いて慣れておく必要があります。

何を学ぶか？ どこに着目するか？

何を学ぶか？

本章では，債務不履行があった場合の解決の方法と，契約の解除の具体的な内容について学んでいきます。

債務不履行って何？

約束違反のことです。契約の成立によって守らなければならない義務が生じます。これを守らなかった場合，債務不履行の問題となります。

債務不履行されたら何ができるの？

債務不履行をされたら，損害の賠償をしてもらえます。さらに，契約をなかったことにする（解除）こともできます。

約束を守らなかったら，何でも債務不履行？

いいえ。約束を守らなかったことが契約その他の債務の発生原因及び取引上の社会通念に照らして債務者の責めに帰することができない事由によるものであるときは債務不履行にはなりません。

合格への着眼点は？

債務不履行は難しい内容も含みますが，権利関係全般と関わる分野でもあるので，内容を理解しておく必要があります。どのような場合に債務不履行となり，損害賠償請求権や解除権が発生するのか，損害賠償請求権や解除権を行使したらどうなるのかを整理しましょう。

1 債務不履行とは

1問/10年

ケーススタディ 5-1

契約で決めた日を守らなかった場合,どんな責任が生じるのか?

BさんはAさんから,その所有する住宅を購入しましたが,Aさんは約束の期日に引き渡さず,数カ月遅れて引き渡しました。そのためBさんは,引渡しを受けるまで,ホテルに宿泊せざるを得なくなり,ホテル代を負担しました。この場合,BさんはAさんに,Bさんが支払ったホテル代を弁償してもらえるのでしょうか。(→解答は107頁)

(1)債権・債務とは

第1章で学習したように,一度契約を結ぶと,原則として,その契約で決めた内容を守る必要があります。

例えば,Aさんが自分の持っている建物をBさんに1,000万円で売却するという売買契約が結ばれたとします。

この場合,売主であるAさんは,Bさんにその建物を引き渡す義務を負いますし,また,買主であるBさんは,Aさんに1,000万円を支払う義務を負うことになります。

このように,**相手方に対して負う義務のことを債務**といい,この義務を負っている者のことを「**債務者**」といいます。

逆に言えば,売主であるAさんは,Bさんが「1,000万円で買う」という約束をした以上,Bさんに対して1,000万円の支払いを請求することができます。

また,買主であるBさんは,Aさんが「建物を売る」という約束をした以上,Aさんに対して建物の引渡しを請求することができます。

このように,**相手方に対して一定の行為を請求できる権利**のことを**債権**といい,この権利をもっている者のことを「債

権者」といいます。

【債権者・債務者】

売主A	買主Bに建物を引き渡す義務を負う。 →建物の引渡しについては，売主Aは債務者
	買主Bに代金の支払いを請求する権利を持つ。 →代金の支払いについては，売主Aは債権者
買主B	売主Aに建物の引渡しを請求する権利を持つ。 →建物の引渡しについては，買主Bは債権者
	売主Aに代金を支払う義務を負う。 →代金の支払いについては，買主Bは債務者

（2）債務不履行とは

　売買契約が結ばれると，売主は「建物を引き渡す義務」，買主は「代金を支払う義務」といった義務を負うことになりますが，場合によっては，そのような義務が果たされないことがあります。

　このように，**債務者が約束した義務を果さないこと**を**債務不履行**といいます。このような債務不履行があった場合，相手方は以下のことができます。

　1つは，**損害賠償請求**です。約束を破られて損害を受けたのだから，お金を払ってくれと請求することができます。ただし，その債務不履行が債務者の責めに帰することができない事由によるものであるときは，損害賠償請求をすることはできません。

　もう1つは，**契約の解除**です。契約を結んだものの，相手

方が約束を果たさないのだから，契約をなかったことにすることができるのです。

ケーススタディ5-1の答え

Bさんは，Aさんに自分が支払ったホテル代を弁償してもらえます。

 履行不能・履行遅滞・同時履行の抗弁権

(1) 債務不履行の種類・要件

債務不履行には，**履行不能**と**履行遅滞**があります。

そして，履行不能や履行遅滞が確定すると，相手方は，損害賠償請求や契約の解除をすることができることになります。そこで，履行不能や履行遅滞を理由にこれらの請求をするための要件を以下の合格ステップにまとめておきます。

合格ステップ 25

債務不履行の種類・要件

	履行不能	履行遅滞
態様（要件）	約束を守ることが**不可能**になること	約束の期日に**遅れる**こと ①履行が可能であること ②履行期を過ぎること ③**同時履行**の場合，**債権者が履行の提供**をしていること
効果	債権者は，**損害賠償請求**及び**契約の解除**をすることができる。 　　　　　　　　債務者の責めに帰すべき事由 損害賠償請求　　**必要** 契約の解除　　　**不要**	

以上の要件のうち，履行遅滞における「②履行期を過ぎること」と「③同時履行の場合，債権者が履行の提供をしていること」という要件については，以下で，もう少し詳しく説明

します。

（2）履行期を過ぎること

債務者は，履行期が到来するまでは，自己の債務を履行する必要はありません（期限の利益）。

「履行期」とは，約束の期日という意味ですが，履行期には，①確定期限付きのもの，②不確定期限付きのもの，③期限の定めのないものの３種類があります。

それぞれ，「約束の期日に遅れたのだから，損害賠償金を支払え」などと請求できるための時期，つまり，「**履行遅滞の時期**」が異なります。

そこで，以下の合格ステップにそれぞれの内容をまとめておきます。

🔼 合格ステップ 26

反復チェック　／　／　／

ランク **B**

履行遅滞の時期

	履行遅滞となる時期
確定期限の場合 （例）〇〇年〇月〇日に引き渡す	期限が到来した時
不確定期限の場合 （例）お父さんが死んだら引き渡す	その期限の到来した後に履行の請求を受けた時又はその期限の到来したことを知った時のいずれか早い時
期限の定めのない場合 （例）引渡し時期を特に定めなかった場合	債務者が債権者から履行の請求を受けた時

（3）同時履行の場合，債権者が履行の提供をしていること

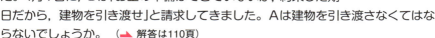

売買契約における代金支払債務と目的物引渡債務の特別な関係

Aは自分の持っている住宅をBに1,000万円で売却する契約を締結し，引渡し及び代金支払いの期日を4月1日と定めました。4月1日に，Bは「お金の準備はできていないが，約束した期日だから，建物を引き渡せ」と請求してきました。Aは建物を引き渡さなくてはならないでしょうか。　（→ 解答は110頁）

この場合，売主であるAさんは，「4月1日に引き渡す」という約束をした以上，4月1日にBさんにこの建物を引き渡す義務があります。また，買主であるBさんは，「4月1日に1,000万円を支払う」という約束をした以上，4月1日にAさんに1,000万円を支払う義務を負うことになります。

では，4月1日にBさんが，Aさんに対して，「お金の準備はまだできていないけど，4月1日に建物を引き渡すと約束したのだから，建物を引き渡せ」と請求してきた場合，Aさんは建物の引渡しを拒むことはできないのでしょうか。

【同時履行の抗弁権】

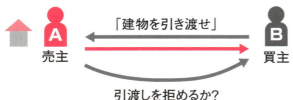

このケースでは，いくら約束の期日が来ているとはいえ，Bさんが代金を支払ってくれないのにAさんだけが建物を引き渡さなければならないというのでは，あまりにも不公平です。

そこで，Aさんは，「Bさんが約束を果たしてくれない以上，私も約束を果たさない」と言って建物の引渡しを拒むことができます。

このように，**相手方がその債務の履行を提供するまでは，**原則として，**自己の債務の履行を拒むことができる権利**のことを<u>同時履行の抗弁権</u>といいます（民法533条）。

ここで，BさんがAさんに建物の引渡しを請求したり，損害賠償請求や契約の解除をするためには，自分自身の義務を果たすこと，つまり「**履行の提供**」をしておかなければなりません。

したがって，Bさんは，実際に1,000万円の代金をAさんのところに持参（＝**現実の提供**）するか，Aさんが代金の受領を拒絶しているような場合でも銀行から融資を受ける旨の契約を取り付けたうえでAさんに受領を催告（＝**口頭の提供**）して初めて建物の引渡しなどを請求することができるのです（民法493条）。

ケーススタディ5-2の答え

同時履行の抗弁権を主張すれば引き渡す必要はありません。

なお，この「同時履行の関係」が認められるかどうかについては，さまざまな判例がありますので，以下，合格ステップに内容をまとめておきます。

合格ステップ 27

同時履行の抗弁権

ランク

(1)内容	同時履行の抗弁権とは、**相手方が債務の履行をするまでは、自己の債務の履行を拒むことができる**権利をいう。 ①同時履行の抗弁権を有する債務者は履行期を過ぎても履行遅滞とならない。 ②同時履行の関係にある契約を解除するためには、自己の債務の履行を提供しなければならない。
(2)具体的事例	①＜同時履行の関係が肯定される場合＞ ・売買契約における登記協力義務と代金支払い ・解除による原状回復義務の履行 ・弁済と受取証書の交付 ・詐欺によって契約が取り消された場合の相互の返還義務 ・請負の目的物の引渡しと報酬の支払い ・建物買取請求権が行使された場合の、土地明渡しと代金支払い ②＜同時履行の関係が否定される場合＞ ・被担保債務の弁済と抵当権の登記抹消手続き ・弁済と債権証書の返還 ・敷金の返還と建物明渡し ・造作買取請求権が行使された場合の、建物明渡しと代金支払い

宅建試験に「出る!」問題

AがBに甲土地を売却し、甲土地につき売買代金の支払と登記の移転がなされた後、第三者の詐欺を理由に売買契約が取り消された場合、原状回復のため、BはAに登記を移転する義務を、AはBに代金を返還する義務を負い、各義務は同時履行の関係となる。(2018-1-1)

解答:○(上記合格ステップ(2)①参照)

ウォーク問① 問6…(2) 問7…(1) 問27 問28…(3) 問30…(2)(3) 問36…(4) 問37…(4) 問43…(1)

3 損害賠償請求

債務不履行の場合には，債権者は損害賠償を請求することができますが，そのためには，債権者は自分が損をしたこと，及びいくら損をしたかを証明しなければなりません。しかし，これは債権者にとって面倒なことです。

そこで，**賠償すべき額をあらかじめ当事者間の契約で定めておくことができます**（民法420条1項）。これを**損害賠償額の予定**といいます。これにより，債権者は，損害の発生及び損害額を**証明することなく予定賠償額を請求することができます**。さらに，当事者の意思を尊重するため，裁判所は，原則として，予定賠償額を増減することができません。

また，**損害賠償額の予定は，必ずしも契約と同時にする必要はありません**。さらに，**損害賠償額の予定は，金銭以外のものをもってすることができます**（民法421条）。

また，**損害賠償額の予定がなされていても，それとは別に，債権者が履行の請求や解除をすることができます**（民法420条2項）。

なお，違約金は，損害賠償額の予定として授受される場合もありますが，違約罰，つまり，契約を守らなかったことに対する罰金として取るお金として授受される場合（この場合には，別に現実に発生した損害の賠償を請求することができる）もあります。そこで民法は，当事者がそのどちらであるか決めていない場合の紛争を防止するために，**違約金は損害賠償額の予定と推定する**ことにしています（民法420条3項）。

なお，損害賠償の範囲は，通常生ずべき損害及び当事者が予見すべきであった特別の事情によって生じた損害です（民法416条）。また，債権者に過失があったときは，公平の観点から損害賠償の責任と額を定めます（過失相殺，民法418条）。

プラスアルファ
予定賠償額が著しく過大であった場合等に，裁判所は，信義則や公序良俗違反に基づき予定賠償額を減額できる場合があります（判例）。

プラスアルファ
この過失相殺は，債務者の主張がなくても，裁判所が職権ですることができます（判例）。

重要条文

＜民法＞
第420条（賠償額の予定）
1 当事者は，債務の不履行について損害賠償の額を予定することができる。
2 賠償額の予定は，履行の請求又は解除権の行使を妨げない。
3 違約金は，賠償額の予定と推定する。

合格ステップ 28

損害賠償額の予定

ランク

(1) 当事者は，債務不履行について損害賠償額の予定をすることができる。この場合，債権者は，損害の発生及び損害額を証明することなく予定賠償額を請求することができる。
(2) 損害賠償額の予定は，必ずしも契約と同時にする必要はなく，また，金銭以外のものをもってすることができる。
(3) 損害賠償額の予定は，履行の請求又は解除を妨げない。
(4) 違約金は，これを損害賠償額の予定と推定する。

宅建試験に「出る！」問題

ＡＢ間の土地売買契約中の履行遅滞の賠償額の予定の条項によって，ＡがＢに対して，損害賠償請求をする場合，Ａは，賠償請求に際して，Ｂの履行遅滞があったことを主張・立証すれば足り，損害の発生や損害額の主張・立証をする必要はない。
(2002-7-4)

解答：○（上記合格ステップ（１）参照）

ウォーク問① 問26…(3) 問33…(3)(4)

第5章 債務不履行・解除

4 金銭債務

雨にも負けず，風にも負けず，強盗にあっても免責されない債務とは？

Aは自分の持っている住宅をBに1,000万円で売却し，代金は9月1日に支払うという内容の売買契約を結びました。ところが支払日当日，台風で交通機関がストップしてしまい期日に支払えませんでした。このような場合もBは履行遅滞の責任を負うでしょうか。（解答は本頁下）

金銭債務（代金支払債務のように，金銭の支払いを目的とする債務）の不履行については，物の引渡し債務の不履行の場合と異なり，履行不能はなく，あるのは履行遅滞だけです。なぜなら，本人にお金がなくても，友人からお金を借りたりして，期日にお金を返済することが可能だからです。

また，金銭債務においては，債務者は，災害や事故などの不可抗力が原因であっても，期日にお金を返せなければ履行遅滞の責任を負わなければなりません（このことを，「**不可抗力をもって抗弁とすることができない**」といいます）。

ケーススタディ5-3の答え

Bは履行遅滞の責任を負います。

また，金銭債務について不履行があった場合，約束の期日に支払われたとすれば，銀行に預金するなどして，利益をあげるのが通常ですから，利息分程度の損害は当然に発生するとみなしてよいといえます。そこで，**金銭債務において損害を受けた人は，その損害を証明しなくても賠償の請求をすることができる**のです（民法419条2項）。

損害賠償額は、原則として、民法上の法定利率である３％で算定しますが（民法404条２項）、当事者間で年３％より高い利率を定めたときにはその利率により、それ以外の場合には年３％の法定利率により算定されます。

プラスアルファ

法定利率は年３％とされていますが、3年を1期として、1期ごとに変動させることがあります。

合格ステップ 29

金銭債務の特則　ランク A

金銭債務においては、不可抗力をもって抗弁とすることはできない。また、損害を受けた人は、その損害を証明しなくても賠償の請求をすることができる。

宅建試験に「出る!」問題

ＡＢ間の金銭消費貸借契約において、借主Ｂは当該契約に基づく金銭の返済をＣからＢに支払われる売掛代金で予定していたが、その入金がなかった（Ｂの責めに帰すべき事由はない。）ため、返済期限が経過してしまった場合、Ｂは債務不履行には陥らず、Ａに対して遅延損害金の支払義務を負わない。（2012-8-4）

解答：×（上記合格ステップ参照）

ウォーク問① 問29…(4)

なお、損害賠償請求に関するポイントをまとめておきます。

【損害賠償請求のまとめ】

原則	債権者は，損害の発生及びその額を証明しなければならない。
例外 ↓ 証明不要	①損害賠償額の予定がある場合 ・金銭以外のものによって損害賠償額の予定とすることができる。 ・損害賠償額の予定は，契約と同時にする必要はない。 ・違約金は，損害賠償額の予定と推定する。 ②金銭債務の場合 ・金銭債務は，履行不能とならない。 ・金銭債務は，不可抗力（交通途絶で支払いが遅れたなど）をもって抗弁とすることができない。 ・金銭債務の不履行の場合の損害賠償については，損害の証明は不要である。 →損害賠償額は，債務者が遅滞に陥った時点の法定利率によるのが原則であるが，法定利率より高い利息利率の約定がある場合にはその約定の率による。

5 契約の解除

（1）解除とは

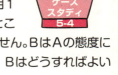

いつまでたっても契約を実行してくれない，契約は解消できるのか？

Aは自分の持っている住宅をBに1,000万円で売却し，9月1日に建物を引き渡すという内容の売買契約を結びました。ところがAは期日を過ぎてBが再三催告しても引き渡そうとしません。BはAの態度に強い不信感を持ち，さっぱりと手を切りたいと考えています。Bはどうすればよいでしょうか。（→解答は117頁）

ケーススタディ 5-4

解除とは，契約が締結された後に，当事者の一方の意思表示によって，その契約がはじめからなかった状態にもどす

ことをいいます。本来,一度結んだ契約は守らなければならず,一方的に破棄することはできません。しかし,相手方が約束を守ってくれないなど一定の場合には,契約を解除して白紙の状態にもどすことができるのです。

【契約の解除】

ケーススタディ5-4の答え

Bは解除することで契約関係を解消できます。

(2)解除権の発生

契約を解除するためには,さまざまな条件があり,解除する原因によってその内容は異なります。そこで,以下,解除する原因ごとに解除権が発生する条件について説明します。

(a)履行遅滞の場合

履行遅滞の場合,債権者は**相当の期間を定めて債務者に対しその履行を催告**し,その**期間内に履行がなければ**,契約を解除することができます(民法541条本文)。

例えば,売主が約束の期日に契約の目的物である建物を引き渡さないことから履行遅滞となっている場合,いきなり契約を解除してしまうのでは,売主がかわいそうなので,まず履行を催告することでラストチャンスを与える必要があるのです。

ただし,催告をしていても,その期間を経過した時における**債務の不履行がその契約及び取引上の社会通念に照らし**

て軽微であるときは，解除することができません（民法541条但書）。

なお，次に掲げる場合には，**催告をすることなく，直ちに契約の解除をすることができます。**

①	債務者がその債務の全部の履行を拒絶する意思を明確に表示したとき
②	契約の性質又は当事者の意思表示により，特定の日時又は一定の期間内に履行をしなければ契約をした目的を達することができない場合（定期行為）において，債務者が履行をしないでその時期を経過したとき
③	債務者がその債務の履行をせず，債権者が催告をしても契約をした目的を達するのに足りる履行がされる見込みがないことが明らかであるとき

プラスアルファ
「定期行為」の例として，定時で始まる会食の弁当を注文した場合の弁当の配達が該当します。

(b) 履行不能の場合

債務の全部の履行が不能であるときは，**催告をすることなく，直ちに契約を解除することができます**（民法542条1項1号）。

例えば，売買契約の目的物である建物が売主の火の不始末による火事で全焼してしまった場合，いくら待ってもその建物は手に入りませんので，買主は直ちに契約を解除することができるのです。

債務の一部の履行が不能である場合においても，**残存する部分のみでは契約をした目的を達することができない**ときは，催告をすることなく，直ちに契約を解除することができます（民法542条1項3号）。

(c) ローン特約

土地や建物の売買契約を結ぶ際，取り扱う金額が高額であるため，買主が銀行からローンを組んで代金を支払うことも多いです。このとき，買主がローンを組むことができなかった場合に備えて，以下のような特約を結ぶことがあります。

【ローン特約の内容】

①	買主のローンが所定の期日までに成立しないときは、「契約を解除することができる」とするもの →この場合，解除の意思表示があってはじめて契約の効力が失われる。
②	買主のローンが所定の期日までに成立しないときは、「契約は解除される」とするもの →この場合，ローンが所定の期日までに成立しないときは，解除の意思表示がなくても，自動的に契約の効力が失われる。

（3）解除権の行使

　契約の解除は，当事者の一方的な意思表示により行われ，**相手方の承諾は不要です**（民法540条1項）。

　そして，解除の効力は相手方に到達した時から生じます（民法97条1項）。

　なお，**一度解除権を行使すると，これを撤回することはできません**（民法540条2項）。解除権の撤回が認められるとすると，相手方に思わぬ損害を与える危険性があるからです。

　そして，当事者の一方が数人ある場合には，**契約の解除はその全員から又はその全員に対してのみすることができる**ことになっています（**解除権不可分の原則**，民法544条1項）。

（4）解除権の消滅

　解除権が認められても，解除するかどうかがはっきりしない状態が続くのでは困ります。そこで，解除権の行使について期間の定めがないときは，相手方は，解除権を有する者に対し，相当の期間を定めて，その期間内に解除をするかどうかを確答すべき旨の催告をすることができ，**その期間内に解除の通知を受けないときは，解除権は消滅する**のです（民法547条）。

合格ステップ 30

反復チェック　/　/　/

解除権発生の要件等 ……………………

ランク **B**

(1) 解除権発生の要件

履行遅滞の場合	相当の期間を定めてその履行を催告し，その期間内に履行がなければ，契約を解除することができる。 ただし，その期間を経過した時における債務の不履行がその契約及び取引上の社会通念に照らして軽微であるときは，解除できない。
履行不能の場合	直ちに契約を解除することができる。

(2) 解除権の行使

契約の解除は，当事者の一方的な意思表示により行われる。また，一度解除権を行使すると，これを撤回することはできない。

（5）解除の効果

　債務不履行により契約が解除されると，その契約がはじめからなかった状態にもどされます。具体的には，以下のような効果があります（民法545条）。

【債務不履行解除の効果】

①	まだ履行されていない債務は，**履行する必要がなくなる。** →売主は目的物を引き渡す義務がなくなり，買主は代金を支払う義務がなくなる。
②	すでに履行されたものがある場合，お互いに返還する（原状回復義務）。 →売主はすでに引き渡した目的物の返還を買主に請求することができ，さらに，解除されるまでの間，買主が所有者として物を使用収益したことなどによる利益や受領の時以後に生じた果実をも返還請求できる。買主はすでに支払った代金の返還を売主に請求することができる。売主が金銭を返還するときは，その「受領の時」から利息をつけなければならない。
③	損害賠償請求をすることができる。

120　LEC東京リーガルマインド　2024年版出る順宅建士 合格テキスト ①権利関係

（6）解除と第三者

契約の解除前に転売された土地は取り戻せるのか？

Aを売主，Bを買主とする建物の売買契約が結ばれ，Aは建物をBに引き渡しました。さらに，Bはこの建物をCに売却し，所有権の移転登記も完了しています。しかしその後，Bは建物の代金を支払わないので，AはBの債務不履行を理由に売買契約の解除をしました。この場合，CはAが建物の返還を請求してきたら応じなくてはならないのでしょうか。（→解答は122頁）

【解除と解除前の第三者】

④返還請求が認められるか？

この点，民法は，**原状回復**をするにあたって，契約の当事者は第三者の権利を害することはできないこととしています（民法545条1項但書）。この場合，**第三者は善意である必要はありません**が，判例は，原状回復の目的物が土地や建物である場合，**第三者の権利が保護されるためには，第三者は登記を備えている必要がある**としています。

したがって，AさんがBさんとの売買契約を解除しても，第三者であるCさんが登記を備えている以上，AさんはCさんに建物を返せとはいえないことになります。

ケーススタディ5-5の答え

Cは登記を備えており，返還に応じる必要はありません。

🔼合格ステップ 31

反復チェック	/	/	/

解除の効果 ··· ランク A

(1)当事者間の効果	①当事者は，相互に原状回復義務を負う。原状回復義務を履行するにあたり，金銭を返還する場合，「受領の時」からの利息をつけて返還しなければならない。反対に物を返還する場合，「受領の時」からの使用利益と果実を返還しなければならない。 ②解除権を行使しても，損害賠償請求はできる。
(2)第三者との関係	原状回復をするにあたり，当事者は，第三者の権利を害することはできない。 　ただし，目的物が土地や建物の場合，第三者の権利が保護されるためには，第三者が登記をしていることが必要である。

宅建試験に「出る！」問題

売主Aは，買主Bとの間で甲土地の売買契約を締結し，所有権移転登記と引渡しをした。しかし，Bが代金の一部は支払ったが残代金を支払わないので，Aは売買契約を解除した。Aの解除前に，BがCに甲土地を売却し，BからCに対する所有権移転登記がなされているときは，BのAに対する代金債務につき不履行があることをCが知っていた場合においても，Aは解除に基づく甲土地の所有権をCに対して主張できない。(2009-8-1)

解答：○(上記合格ステップ(2)参照)

ウォーク問1 ▶ 問3…(3)　問28　問30…(4)　問32…(1)(2)(3)　問44…(3)　問63…(2)
問155…(1)

6 手付解除

(1) 手付金とは

土地や建物の売買契約を結ぶとき，手付金という名目のお金を支払うことがよくあります。ここで，**手付金**とは，**契約の締結に伴って，買主などが相手方に交付する金銭のこと**をいいます。

手付金の性質はさまざまですが，以下，その内容をまとめておきます。

【手付の性質】

証約手付	契約を締結した証拠にする趣旨で支払われる手付 →すべての手付に共通の性質である。
違約手付	買主が代金を支払わないようなときに，**違約罰と**して没収する趣旨で支払われる手付 →債務不履行があった場合，売主などは手付金とは無関係に損害賠償請求できる。
損害賠償額の予定としての手付	買主が代金を支払わないようなときに，**損害賠償額を手付の額に制限する趣旨で支払われる手付** →債務不履行があった場合，買主などは手付金を没収され，売主などは手付金の倍額を損害賠償金として交付する。
解約手付	相手方の債務不履行がない場合でも，手付の金額だけの損失を覚悟すれば契約を解除できるという趣旨で支払われる手付 →**買主**は手付を**放棄**し，**売主**はその**倍額を現実に提供**して契約の解除をすることができる。

このうち，民法上重要なのは**解約手付**です。

通常，相手方の債務不履行がなければ契約を解除できないのが原則ですが，解約手付が交付されていれば，相手方の債務不履行などがなくても契約を解除することができるのです。

そこで，民法上，**手付金が交付された場合，その手付金**

は解約手付と推定されることになっています(民法557条1項)。

つまり，手付金が交付されるときに，「この手付は違約手付です」とか，「この手付は損害賠償額の予定としての手付です」といった**取決めをしないときは，解約手付と扱われる**のです。

なお，**手付契約は，売買契約と同時でなくても，履行期前であれば締結することができます。**

【買主が手付解除する場合】

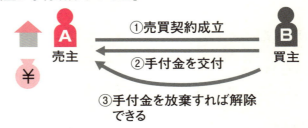

【売主が手付解除する場合】

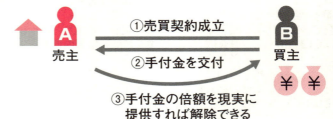

(2)手付解除の時期

手付解除できるといっても，いつでも「手付金はいらないから契約を解除させてもらう」ということになれば，相手方がかわいそうです。

そこで，**契約の相手方が履行に着手した後は，手付によって契約を解除することはできない**ことになっています(民法

557条1項但書, 判例)。

逆に言えば, **自らが履行に着手していても, 相手方が履行に着手していなければ, 手付によって契約を解除することはできる**のです(判例)。

重要条文

＜民法＞

第557条（手付）

1 　買主が売主に手付を交付したときは, 買主はその手付を放棄し, 売主はその倍額を現実に提供して, 契約を解除することができる。ただし, その相手方が契約の履行に着手した後は, この限りでない。

2 　（以下省略）

合格ステップ 32

反復チェック　/　/　/

手付解除（てつけかいじょ） ランク A

(1)手付解除の方法	買主は手付を放棄し, 売主はその倍額を現実に提供すれば, 契約を解除することができる。 →売主が手付解除する場合, 手付金の倍額を現実に提供しなければならない。
(2)手付解除の時期	相手方が履行に着手するまで →自らが履行に着手していても,相手方が履行に着手していなければ, 手付解除することができる。

宅建試験に「出る!」問題

1 買主Aと売主Bとの間で建物の売買契約を締結し，AはBに手付を交付したが，その手付は解約手付である旨約定した場合において，Bが本件約定に基づき売買契約を解除するときは，Bは，Aに対して，単に口頭で手付の額の倍額を償還することを告げて受領を催告するだけでは足りず，これを現実に提供しなければならない。(2000-7-4)

解答：〇（上記合格ステップ(1)参照）

2 Aを売主，Bを買主として甲土地の売買契約を締結した場合において，BがAに解約手付を交付しているとき，Aが契約の履行に着手していない場合であっても，Bが自ら履行に着手していれば，Bは手付を放棄して売買契約を解除することができない。(2009-10-2)

解答：×（上記合格ステップ(2)参照）

ウォーク問① 問26…(2) 問33…(2) 問34…(2)(4) 問39…(2) 問43…(3)

（3）手付による解除と債務不履行による解除

契約違反に備えて買主が渡す手付の意味

Bさんは，4月1日に，Aさんから2,000万円で家を買い，手付として200万円を支払いました。家の引渡しは4月10日にすることになっていましたが，4月5日に，Aさんは寝たばこによってその家を燃やしてしまいました。Bさんは，Aさんにどういうことを請求できるのでしょうか。（→解答は127頁）

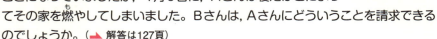
ケーススタディ 5-6

【手付と債務不履行】

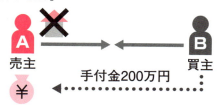

　まず，Bさんが**債務不履行を理由として契約を解除**した場合には，**損害賠償を請求することができます**（民法545条4項）。この場合，**損害賠償額は手付の額に制限されません**。

　これに対し，**解約手付によって契約を解除した場合**には，（解除した者も，解除された者も）**損害賠償の請求をすることはできません**（民法557条2項）。

　では，解除した場合の手付金の行方はどうなるのでしょうか。

　債務不履行を理由に契約が解除された場合には，売主は，原状回復義務の一環として受領した金銭（代金，手付金等）を，買主に返還しなければなりません。よって，この場合には，買主が売主に交付していた手付金は，**買主に返還されます**。

　これに対して，手付によって契約を解除した場合には，買主が解除したときは，手付を放棄することによって契約を解除する以上，手付は買主に返還されません。また，売主が契約を解除したときは，交付した手付金の倍額が買主に償還されます。

ケーススタディ5-6の答え

　Bさんは，Aさんの債務不履行を理由に契約を解除することができ，その結果，原状回復義務に基づき，手付はBさんに返還されます。もし，この場合にBさんが手付による解除をしたら，Bさんは，手付金の返還を受けられませんし，損害賠償の請求もすることができません。

第5章 債務不履行・解除

合格ステップ 33

手付解除と債務不履行解除 　　　　　　　　　　ランク

(1) 解約手付が交付されても、債務不履行に伴う損害賠償の額は、**手付の額に制限されない**。
(2) **手付**により契約が**解除**された場合、**損害賠償請求**をすることは**できない**。
(3) **債務不履行**を理由に**解除**した場合、**手付**は買主に**返還される**。

宅建試験に「出る！」問題

AはBから土地建物を購入する契約（代金5,000万円、手付300万円、違約金1,000万円）を締結し、手付を支払ったが、Aは残代金を支払うことができなくなった。Aの債務不履行を理由に契約が解除された場合、Aは、Bに対し違約金を支払わなければならないが、手付の返還を求めることはできる。（1994-6-3）

解答：○（上記合格ステップ(3)参照）

ウォーク問① 問33…(3) 問34…(3)

【各種解除のまとめ】

	手付解除	債務不履行解除
解除権の発生	解約手付の合意	相手方の債務不履行
解除の時期	相手方が履行に着手するまで	債務不履行の後に可
損害賠償	請求できない	請求できる
手付金の行方	買主が解除した場合 →手付放棄 売主が解除した場合 →手付倍返し	**買主に返還**される （原状回復義務）

第6章 危険負担
きけんふたん

学習のポイント

学習項目	'14	'15	'16	'17	'18	'19	'20(10月)	'20(12月)	'21(10月)	'21(12月)	'22	'23
1 危険負担とは												
2 危険負担の内容										★		

「危険負担」の分野は，過去10年間で1回出題されています。

危険負担に関しては，どのような場面で危険負担の問題になるのか，すなわち，契約の目的物が火災などによって滅失してしまった場合に，
①危険負担の問題となる場合
②債務不履行の問題となる場合
のいずれにあてはまるのかといった場合分けをすることができるかどうかがポイントとなります。

また，例えば不動産の売買契約を結んだ場合において，特約により買主が危険を負担することとなるときは，買主は売主に対して売買代金を全額支払わなければならないというように，具体的な結論は押さえておかなければなりません。

この分野については，本試験ではあまり出題されていないので，それほど時間をかける必要はありません。問題演習の際に間違えたら復習する程度で十分であるといえます。

何を学ぶか？ どこに着目するか？

何を学ぶか？

本章では、危険負担の内容を学んでいきます。債務不履行との違いがポイントです。

危険負担って？

 契約を交わした後に、買った家が落雷によって燃えてしまったような場合でも、代金を支払わなければならないのかという問題です。

危険負担の場面になったらどうなるの？

 「落雷で全焼」、「地震で倒壊」といった場合、買主は代金の支払いを拒絶できます。

買主が代金の支払いを拒絶できない場合はあるのですか？

 買主の責に帰すべき事由によって売主が家を引き渡すことができなくなった場合は、買主が代金の支払いを拒絶できません。

合格への着眼点は？

 試験での出題は多くありませんので、あまり深入りする必要はありません。ただし、危険負担という制度は、宅建業法でも登場します。言葉の意味と、結果（原則として代金の支払いを拒絶できる）を覚えてしまいましょう。

1 危険負担とは

危険負担とは、例えば建物の売買契約において、引渡し前に建物が**地震・落雷・第三者の放火など、当事者の帰責性が認められない原因**によって**滅失又は損傷した場合**に、買主は代金を支払わなければならないのか、それとも代金支払いを拒絶できるのかという問題のことをいいます。

2 危険負担の内容

民法は、売主つまり引渡債務の債務者が危険を負担することになり、**買主は代金の支払いを拒絶することができる**としています（民法536条1項）。

売買契約において、物の引渡しと代金の支払いは対価関係にあり、引渡しが不能となった場合には、買主が代金支払いを拒絶できるとするのが公平だからです。

なお、売買契約において、目的物の引渡後に滅失した場合は、買主が危険を負担します。したがって、代金の支払を拒絶することはできません（民法567条）。

危険負担 ……………………………………………

(1) 不動産の売買契約の目的物が、目的物の引渡し前に<u>当事者の責めに帰することができない事由により滅失</u>した場合、<u>契約自体は有効</u>である。
(2) 不動産の売買契約においては、原則として、<u>目的物滅失の危険を売主が負担</u>する。したがって<u>買主は代金の支払いを拒絶できる</u>。

MEMO

第7章 弁済(べんさい)

ここも出る Bランク

学習のポイント

学習項目	'14	'15	'16	'17	'18	'19	'20(10月)	'20(12月)	'21(10月)	'21(12月)	'22	'23
1 弁済とは												
2 受領権者としての外観を有する者						★						
3 第三者の弁済												
4 弁済の場所												
5 代物弁済												
6 弁済による代位												

　「弁済」の分野は，過去10年間で1回出題されています。

　この弁済については，民法上多くの規定が設けられており，細かな知識について出題されることもありますが，深入りするのは得策ではありません。

　ただ，弁済の項目のうち，「受領権者としての外観を有する者に対する弁済」「第三者の弁済」に関する内容は抵当権など他の分野の問題の選択肢の1つとして出題されることもありますので，これらの内容は理解しておかなければなりません。そして，「受領権者としての外観を有する者に対する弁済」では，債権者以外の者に対して弁済したにもかかわらず，その弁済が有効となるための条件は何か，また，「第三者の弁済」では，債務者以外の者がした弁済は有効なのか，また有効となるための条件は何かという点がポイントとなります。

何を学ぶか？ どこに着目するか？

何を学ぶか？

本章では，まず，弁済の意味を学びます。次に，誰に支払えばよいのか，誰から支払ってもらえるかといった具体的な問題点について学びます。

弁済って，お金を返すことですよね？

契約上の約束を守ることを弁済といいます。履行とほとんど同じ意味なので，金銭の支払いに限定されません。ただ，宅建士試験では，金銭の支払いの場合に弁済という表現を使っていることが多いです。

間違えて他の人に弁済したときはどうなるの？

有効な弁済とはならないので，もう一度弁済し直しです。ただ，例外的に有効な弁済と認められ，弁済をし直さなくてもよい場合があります。

友人に貸したお金を，その友人のお父さんが払うと言ってきたのですが……

原則として，弁済は誰がしたとしても問題はありませんので，お父さんから有効な弁済を受けることができます。ただ，その友人が父親に「払うな。」と言っていたような場合は有効な弁済とならない可能性があります。

合格への着眼点は？

弁済の意味・効果をしっかり理解しましょう。少々難解に見える，「受領権者としての外観を有する者に対する弁済」や，「第三者による弁済」の理解も容易になります。

1 弁済とは

　売買契約が成立すると，売主・買主はそれぞれ，目的物を引き渡す義務，代金を支払う義務を負うことになります。そして，このような義務を果たすことを**弁済**といいます。

　なお，弁済者は弁済に際して，**受取証書**(例．領収書などのこと)の交付を請求することができます。これがあれば，弁済済みであることを証明することができるからです。そして，一般に**受取証書の交付と弁済**は，**引き換えの関係にあります**ので，弁済者は**受取証書が交付されるまで，弁済を拒むことができます**(民法486条１項・判例)。

　弁済をする者は，**受取証書の交付に代えて**，その内容を記録した**電磁的記録の提供を請求する**ことができます。ただし，弁済を受領する者に不相当な負担を課するものであるときは，この限りではありません(民法486条２項)。

　これに対して，債権証書(例．借用証書)の返還と弁済は引き換えの関係にはないので，弁済者は債権証書が返還されないからといって弁済を拒むことはできません(民法487条)。

　本来は，物を引き渡したり，代金を債権者に支払うという形で弁済をする必要があります。しかし，①**債権者が弁済の受領を拒み，又はこれを受領することができないとき**や，②**弁済者が過失なく債権者を確知する**ことが**できないとき**は，弁済者は，債権者のために弁済の**目的物を供託**してその**債務を免れる**ことができます(民法494条)。

2 受領権者としての外観を有する者への弁済

【弁済】

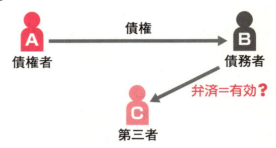

　債務者Bが，受領権者（債権者AまたはAから受領の代理権を与えられた者など）に弁済した場合，その弁済は有効です。これに対して，Bが受領権者以外の者に弁済した場合，その弁済は**原則**として**無効**です。弁済が無効であるということは依然としてBの債務は残るということです。しかし，常に無効となるわけではありません。例えば，契約書類と実印をもってきた者を受領権者であると信じてしまってもやむを得ない場合がありますので，この場合，弁済者を保護する必要があります。

　そこで，受領権者以外の者であって取引上の社会通念に照らして**受領権者としての外観を有する者**に対して，弁済者が**善意**かつ**無過失**で弁済をした場合には，その弁済は**有効**となります（民法478条）。

↗ 合格ステップ 35

反復チェック / / /

受領権者としての外観を有する者への弁済 … **B**

ランク

債権の受領権者以外の者に弁済しても，その弁済は原則として無効であるが，弁済者が「受領権者としての外観を有する者」に**善意かつ無過失**で弁済をした場合，その弁済は**有効となる**。

「受領権者としての外観を有する者」の具体例として以下のような者がある。

①	債権証書の持参人
②	債権者の代理人と詐称する者
③	受取証書の持参人

宅建試験に「出る!」問題

Ａが，Ｂに対して不動産を売却し，所有権移転登記及び引渡しをした。その後，Ｂが，「ＡからＤに対して代金債権を譲渡した」旨記載された偽造の文書を持参した取引上の社会通念に照らして代金債権の受領権者としての外観を有するＤに弁済した場合，Ｂが善意無過失であるときは，Ｂは，代金債務を免れる。（1999-5-3）

解答：〇（上記合格ステップ①参照）

ウォーク問① 問36…(3)　問37…(2)(3)

第7章

弁済

3 第三者の弁済

借地上の建物を借りたが，建物のオーナーが，地代不払い，自分で立て替えることはできるのか？

　Bは，A所有の土地を賃借して，土地上に建てた建物をCに賃貸しています。Bは地代をAに支払わないので，Cは土地賃貸借契約が解除される結果，自分も追い出されてしまわないか不安です。契約が解除されないようにするため，CはBの意思に反してAに弁済できるでしょうか。

（→ 解答は139頁）

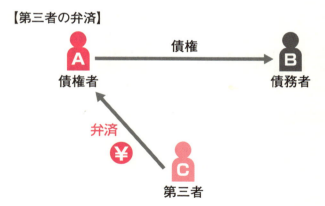

【第三者の弁済】

　債務者に代わって，債務者でない第三者が債務を弁済することができるのでしょうか（**第三者の弁済**）。この点，誰が弁済したとしても，債権者は満足するので，原則として第三者も弁済することができます（民法474条１項）。しかし例外があります。

　まず，あらかじめ，債権者と債務者が第三者による弁済を禁止し，又は制限する旨の意思表示をした場合，第三者は債

務者に代わって弁済することはできません（民法474条4項）。

　次に**弁済をするについて正当な利益を有しない第三者**は，**債務者の意思に反する場合**には，債務者に代わって**弁済をすることはできません**。ただし，債務者の意思に反する第三者弁済を善意の債権者が受領した場合，弁済は有効となります（民法474条2項）。

　また，債権者は，弁済をするについて正当な利益を有しない第三者の弁済を拒絶することができます。ただし，弁済をするについて正当な利益を有しない第三者が債務者の委託を受けて弁済する場合において，債権者がそのことを知っていたとき，その弁済は有効となりますので，債権者は拒絶できません（民法474条3項）。

　ここでいう弁済をするについて正当な利益を有する者とは，弁済をしなければ債権者から執行を受ける者等をいいます。例えば，抵当不動産の第三取得者は，弁済をするについて正当な利益を有する第三者にあたります。また，借地上の建物の賃借人は敷地の地代の弁済をするについて正当な利益を有しますので，借地人の意思に反しても，地代の弁済をすることができます（判例）。それに対して，債務者と単に親子関係や友人関係にあるだけの者は，弁済をするについて正当な利益を有する第三者とはいえません。

ケーススタディ7-1の答え

　Cは弁済をするについて正当な利益を有するので，Bの意思に反して弁済できます。

合格ステップ 36

反復チェック	/	/	/

第三者の弁済

ランク **B**

　債務者以外の者がした弁済も原則として有効であるが，以下の場合，第三者による弁済は無効になる。

①	債務の性質が第三者による弁済を許さないとき
②	当事者が第三者による弁済を禁止し，又は制限する意思表示をしたとき
③	弁済をするについて正当な利益を有しない第三者(単なる親，兄弟，友人など)については，債務者の意思に反するとき →弁済をするについて正当な利益を有する第三者(物上保証人，抵当不動産の第三取得者など)は債務者の意思に反しても弁済することができる。

宅建試験に「出る!」問題

1 借地人が地代の支払を怠っている場合，借地上の建物の賃借人は，借地人の意思に反しても，地代を弁済することができる。(2008-8-1)

解答：○(上記合格ステップ③参照)

2 AのBからの借入金について，Aの兄Cは，Aが反対しても，Aの意思に反することを知っているBの承諾があれば，Bに弁済することができる。(1993-6-1改題)

解答：✕(上記合格ステップ③参照)

ウォーク問① ▶ 問26…(1)　問36…(1)　問38…(1)

4 弁済の場所

特に契約で決めていない場合，売買代金は，どこで支払えばよいのか？

AはBから土地を購入して，既に引渡しを受けています。まだ支払っていない代金を，Aはどこで支払えばよいでしょうか。
（→解答は本頁下）

　弁済の場所について，当事者間で何も取り決めをしなかった場合，原則として，**債権者の現在の住所**で弁済をすることになります。例外として，特定物（不動産のように，物の個性に着目して取引される物）の引渡しを目的とする債務の場合，弁済の場所は，**債権発生当時その物の存在した場所**となります（民法484条1項）。

　ここで，弁済の場所についてのポイントを，以下まとめておきます。

プラスアルファ
債務の全部を消滅させるのに足りない給付がなされたときは，費用→利息→元本の順に充当しなければなりません（民法489条）。

【弁済の場所】

弁済の場所の定め	弁済の場所
場所の定めがあるとき	定められた場所
場所の定めがないとき	（原則） 債権者の現在の住所 （例外） 不動産等の特定物の引渡しを目的とする債務 　→債権発生当時その物が存在していた場所

ケーススタディ7-2の答え

AがBの現在の住所に持参します。

5 代物弁済

代金が支払えない。価値のある掛け軸を代わりにできるか？

AはBから土地を購入しましたが，どうしても代金全額を払えません。そこで不足額をそれに相当する価値がある著名な書家の掛け軸で代わりに払えないかと考えています。これは認められるでしょうか。（解答は143頁）

　弁済者が，債権者との間で，債務者の負担した給付に代えて他の給付をすることにより債務を消滅させる旨の契約をした場合において，その弁済者が当該他の給付をしたときは，その給付は，弁済と同一の効力を有することになります（代物弁済，民法482条）。

　ここで，代物弁済についてのポイントを，以下まとめておきます。

【代物弁済】

意味	代物弁済とは，本来の給付（金銭の給付など）と異なる他の給付（土地所有権の移転など）を現実になすことによって本来の債務を消滅させる旨の契約をいう。
要件	①債権が存在していること ②債権者の承諾があること（給付の種類に制限なく，本来の給付に相当する価値を有していなくてもよい）
効果	①本来の給付と異なる「他の給付」を現実になすこと（不動産の場合，登記等の対抗要件を備える必要がある） →弁済と同一の効果が生じる。 ②代物弁済として給付した物に契約不適合があった場合，売買契約と同様に，給付者は契約不適合責任を負う。

ケーススタディ7-3の答え

このような代物弁済も認められます。

6 弁済による代位

立て替えた代金は，誰かに請求できるのか？

Bは，A所有の土地を購入して，土地上に建てた建物をCに賃貸しています。しかし，Bは代金をAに支払わないので，不安になったCはAに購入代金を弁済しました。この場合，Cは支払った代金を誰かに請求することはできないでしょうか。(→解答は144頁)

ケーススタディ7-4

債務者以外の第三者が債務者に代わって弁済をした場合，その者は出費をしたのですから，債務者に対してその分の償還を求めることができます(求償権)。

そして，弁済者は，この求償権を確保するために，債権者に「代位」することができます。例えば，弁済者は，債権者の有する抵当権を実行することができるのです。これを「**弁済による代位**」といいます。

弁済による代位には，単なる親，兄弟，友人などの弁済をするにつき「正当な利益」を有しない者が，**債権者に代位する**という**任意代位**と，保証人，連帯保証人，物上保証人，抵当不動産の第三取得者などの**弁済をするにつき「正当な利益」を有する者**が，**債権者に代位する**という**法定代位**があります。

弁済による代位について，債権者の承諾は不要です。

しかし，任意代位では，弁済者が債権者に代位したことを債務者及び第三者に対抗するためには，債権譲渡における

のと同様に，債務者への通知又は債務者の承諾が必要となります（民法500条，467条）。

ケーススタディ7-4の答え

Cは法定代位で当然に債権者Aに代位してBに代金の償還請求ができます。

↗ 合格ステップ 37

反復チェック ／ ／ ／

弁済による代位 ······················· ランク B

弁済をするにつき正当な利益を有する者（保証人，連帯保証人，物上保証人，抵当不動産の第三取得者など）は，弁済によって債権者に代位する。

宅建試験に「出る!」問題

AのBからの借入金について，Aの保証人CがBに弁済した場合，Cは，Bの承諾がなくても，Bに代位することができる。（1993-6-2）

解答：◯（上記合格ステップ参照）

ウォーク問① 問36…(2) 問85…(4)

第8章 契約不適合責任

超頻出 A ランク

学習のポイント

学習項目	'14	'15	'16	'17	'18	'19	'20(10月)	'20(12月)	'21(10月)	'21(12月)	'22	'23
1 売買契約の効力												
2 売主の契約不適合責任	★		★	★		★		★	★	★		

「契約不適合責任（売主の担保責任）」は、過去10年間で7回出題されています。

本試験では、売買契約の目的物に何らかの問題があった場合に、売主が買主に対してどのような責任を負わなければならないのかという点に関して、その要件や責任を追及することができる期間について出題されます。2020年から施行されている改正民法では、従前のルールが大きく変更されましたが、改正前も基本的な知識から多く出題されたことを考慮すると、改正による新ルールをしっかりと学習して得点源にする必要があります。

また、「契約不適合責任」については、宅建業法の「自ら売主制限」の分野でも、民法の学習内容を前提とした問題が出題されています。この点からも重要度は非常に高い分野です。

何を学ぶか？ どこに着目するか？

 何を学ぶか？

本章では，欠陥住宅を売ってしまった場合，売主は買主に対してどのような責任を負わなければならないかを学んでいきます。

契約不適合責任って，何？

買った建物がシロアリ被害を受けていたような場合，買主は売主に「責任を取れ」と言いますよね。これが売主の契約不適合責任です。売主の契約不適合責任は別名「売主の担保責任」とも言います。つまり正常な建物の売買をしたはずなのにシロアリ被害がある欠陥住宅の引渡しがあったのですからこれは明らかに契約不適合（契約違反）です。そこでこの契約不適合に関し民法は売主にさまざまな責任を負わせました。

合格への着眼点は？

この章で学習する内容のうち品質に関する契約不適合責任は，従来「瑕疵担保責任」と言われていたものであり，宅建士実務においては非常に重要なテーマです。試験においても毎年のように出題され，権利関係のみならず宅建業法にも関連します。
内容的には簡単といえない部分もいくつかありますが，まずはテキストをじっくりと通読して全体構造を把握しましょう。その後に細部を学習して知識を確実なものにしましょう。

1 売買契約の効力

　売買契約は，売りたい人と買いたい人との間で締結される契約です。そして，「売ります」「買います」という当事者間の意思表示が合致した時点で売買契約は成立します（民法522条1項）。契約書の作成などは不要です（民法522条2項）。この意思表示の合致によって，売主は売買の目的物を引き渡す義務を負い，買主は代金を支払う義務を負うことになります。

　売買契約が成立すると，売主は，買主に対し，登記等の**対抗要件を備えさせる義務を負います**（民法560条）。また，他人の権利を売買の目的としたときは，その権利の全部が他人の権利の場合，一部が他人の権利の場合にかかわらず，その**権利を取得して買主に移転する義務**を負います（民法561条）。

2 売主の契約不適合責任

　売買契約の売主が買主に引き渡した物にトラブルがある場合，売主は買主に対して様々な責任を負います。売主が負うこれらの責任を「**契約不適合責任**」あるいは「**担保責任**」といいます。

　以下，その内容を見ていきましょう。

(1) 買主の追完請求権

　引き渡された目的物が種類，品質又は数量に関して契約の内容に適合しないものであるときは，買主は，売主に対し，履行の追完（①目的物の修補，②代替物の引渡し，③不足分の引渡し）を請求することができ，**売主はこれに応じなけれ**

ばなりません（民法562条１項本文）。この請求は**売主の帰責性の有無を問わず可能**です。

　例えば，土地付建物の売買契約において，引き渡された建物に雨漏りが生じていたり（種類・品質の不適合），土地について表示されていた面積が不足していたり（数量不足）していた場合，雨漏りの修理，代わりの物の引渡し，不足している土地の引渡しの請求をすることができます。

　ただし，売主は，買主に不相当な負担を課するものでないときは，買主が請求した方法と異なる方法による履行の追完をすることができます（民法562条１項但書）。

　建物内に備え付けられていた照明器具に不具合があった場合，新しい照明器具を引き渡したほうが売主のコストが安く済み，買主もそれで困らないという場合には，買主からの修理の請求に対して売主は新しい照明器具の引渡し（代替物の引渡し）で応じることができます。

　このように目的物に契約不適合が存する場合は売主の追完義務が発生するのが原則ですが，契約不適合が**買主の責めに帰すべき事由**によるものであるときは，**売主は追完義務を負いません**（民法562条２項）。

　例えば，買主が建物を内見しているときに，うっかりその建物のガラス戸を割ってしまったような場合は，このガラス戸について追完請求することはできません。

(2)買主の代金減額請求権

　(1)の場合において，買主が相当の期間を定めて履行の追完の催告をし，その期間内に**履行の追完がない**ときは，買主は，その不適合の程度に応じて**代金の減額を請求すること**ができます（民法563条１項）。この請求は売主の帰責性の有無を問わず可能です。

　また，以下の場合は，買主は催告することなく直ちに代金の減額を請求することができます（民法563条２項）。

① 履行の追完が不能であるとき
② 売主が履行の追完を拒絶する意思を明確に表示したとき
③ 契約の性質又は当事者の意思表示により，特定の日時又は一定の期間内に履行をしなければ契約をした目的を達することができない場合において，売主が履行の追完をしないでその時期を経過したとき

　ただし，契約不適合が買主の責めに帰すべき事由によるものであるときに買主が代金減額請求権を行使することができない点は（1）の追完請求と同様です（民法563条3項）。

（3）買主の損害賠償請求及び解除権の行使

　売主が買主に対して引き渡した目的物に契約不適合があった場合，買主は売主に対して追完請求権や代金減額請求権の行使ができますが，このことは買主が債務不履行を原因とする損害賠償請求権や契約の解除権を行使することを妨げるものではありません（民法564条）。

（4）目的物の種類又は品質に関する契約不適合責任の期間の制限

　売主が種類又は品質に関して契約の内容に適合しない目的物を買主に引き渡した場合において，買主がその不適合を知った時から1年以内にその旨を売主に通知しないときは，買主は，その不適合を理由として，履行の追完の請求，代金の減額の請求，損害賠償の請求及び契約の解除をすることはできません。ただし，売主が引き渡しの時にその不適合を知り，又は重大な過失によって知らなかったときは，この限りではありません（民法566条）。なお，数量が不足している場合は，この通知制度の適用はありません。

(5)移転した権利が契約内容に適合しない場合における売主の責任

　売主が買主に引き渡した目的物自体は契約内容に適合しているものの，移転した**権利が契約不適合**の場合 (権利の一部が他人に属する場合においてその権利の一部を移転しないときを含む)，買主は売主に対して，前記 (1) ～ (3) と同様に**追完請求権，代金減額請求権，損害賠償請求権及び契約解除権を行使することができます** (民法565条)。具体的には次のようなケースです。

　　①　売買目的物の上に地上権・地役権・質権・対抗力を有する他人の賃借権等の占有を妨げる権利が存在しているケース

　　②　不動産の売買において，所有権の一部が他人に属しているケース

　　　（売主の単独所有であることを前提に買ったら，売主以外の共有者がいた場合など）

　これらの場合は目的物に種類，品質又は数量に関する契約不適合はありません。しかし，買主は不完全な所有権しか取得できないのですから，やはりこれらの場合も契約不適合というしかありません。そこでこれらの場合に，買主は売主に対して (1) ～ (3) と同様に追完請求権，代金減額請求権，損害賠償請求権及び解除権を行使することができます。

　なお，他人物売買で真の所有者が所有権の移転を確定的に拒絶している場合，抵当権が実行され所有権を失った場合など，権利の「全部」についてその権利を移転できないような場合は，債務不履行・解除(第5章)の問題となります。

(6)契約不適合責任を負わない旨の特約

　売主と買主の間で，契約不適合があっても**売主は責任を負わない旨や責任内容を限定する旨の特約をすることは可能**です。ただし，売主がその不適合を知りながら買主に告げ

なかった事実及び自ら第三者のために設定し又は第三者に譲り渡した権利については，その責任を免れることはできません（民法572条）。

📈 合格ステップ 38

| 反復チェック | / | / | / |

売主の契約不適合責任 ランク A

	内容	注意点
履行の追完請求	買主は，①目的物の修補，②代替物の引渡し，③不足分の引渡しのいずれかを選択して売主に請求することができる。	売主は，買主に不相当な負担を課するものでないときは，買主が請求した方法と異なる方法による履行の追完をすることができる。
代金減額請求	買主は，相当の期間を定めて履行の追完の催告をし，期間内に追完がない場合，代金減額請求をすることができる。	「追完不能」，「追完拒絶の意思を明確に表示している」場合等は，催告不要である。
損害賠償請求	買主は，契約不適合により損害が生じた場合，損害賠償請求をすることができる。	売主に責めに帰すべき事由ある場合に限る。
契約の解除	買主は，相当の期間を定めて，履行の追完の催告をし，期間内に追完がない場合，契約の解除をすることができる。	・相当な期間が経過したときにおいて不適合が軽微である場合，契約の解除をすることはできない。 ・「追完不能」，「追完拒絶の意思を明確に表示している場合」等は，催告不要である。

【その他注意点】
・目的物の種類・品質の不適合（数量・権利の不適合は除く）の場合，買主は，不適合を知った時から1年以内に売主にその不適合を通知しなければならず，この期間内に通知しなければ，権利行使することができない。ただし，売主が引渡しの時にその不適合を知り，又は重大な過失によって知らなかったときは，この限りでない。
・上記の通知とは別に，債権の消滅時効の適用があり，目的物の引渡しを受けた時から10年で時効消滅する。
・売主に責めに帰すべき事由がない場合，買主は損害賠償請求をすることはできないが，他の権利（追完，減額，解除）は行使することができる。
・買主に責めに帰すべき事由がある場合，買主は履行の追完請求，代金減額請求，契約の解除いずれもできない（損害賠償請求は，過失相殺の対象となる。）。
・売主が，契約不適合責任を負わない特約は有効である。ただし，売主がその不適合を知りながら買主に告げなかった事実及び自ら第三者のために設定し又は第三者に譲り渡した権利については，その責任を免れることはできない。

第8章 契約不適合責任

宅建試験に「出る!」問題

Ａを売主，Ｂを買主として，Ａ所有の甲自動車を50万円で売却する契約が締結され，Ｂが甲自動車の引渡しを受けたが，甲自動車のエンジンに契約の内容に適合しない欠陥があることが判明した場合，ＢはＡに対して，甲自動車の修理を請求することができる。(2021(10月)7-1)

解答：○(上記合格ステップ参照)

ウォーク問1 ▶ 問41…(1)(2)　問158…(2)(3)

第9章 相続

学習のポイント

学習項目	'14	'15	'16	'17	'18	'19	'20 (10月)	'20 (12月)	'21 (10月)	'21 (12月)	'22	'23
1 相続とは												
2 相続人	★			★			★		★			
3 相続分	★			★				★		★	★	
4 相続の承認・放棄			★	★							★	
5 遺言・遺留分		★								★	★	
6 配偶者居住権							★		★			★

「相続」の分野は,過去10年間で11回出題されています。相続に関しては,年によっては細かな知識について問われることもありますが,基本的な知識さえしっかりと身に付いていれば1点取れる問題も多く出題されています。

ここでは,まず,①相続人となるのはどのような者かという「相続人」に関する内容と,②その相続分はいくらかといった「相続分」に関する内容を勉強します。この「相続人」と「相続分」については,計算問題が出題されることがあるので,その解き方をマスターする必要があります。

次に,③相続人となる者が相続をするのかしないのかという「相続の承認・放棄」と,④どのような者が遺言することができるのかなどといった「遺言・遺留分」に関する内容を勉強します。特に「遺言・遺留分」については,細かな知識について問われることもありますので,基本的な事項を出発点に徐々に知識を深めていきましょう。

何を学ぶか？ どこに着目するか？

何を学ぶか？

本章では，相続について学んでいきます。誰が相続人になるのか，その割合はどうなるのかなどを学習します。

相続人って？

誰かが亡くなって相続が始まった場合，残された家族が「相続人」です。一方，亡くなった方は「被相続人」です。

相続されるのはお金だけ？

相続が開始されると，被相続人の法律上の立場すべてが受け継がれると考えましょう。したがって，所有していた家や銀行預金などのプラス財産のほか，借金などのマイナス財産も相続されることになります。

多額の借金があった場合どうすればいいの？

家庭裁判所に相続しない旨（相続放棄）を申し出ることによって借金を負わないことができます。ただし，相続放棄はいつまでもできるわけではないので，期間制限に注意が必要です。

合格への着眼点は？

相続の分野は過去問においても頻出です。具体的な相続分の計算をさせる問題も出題されます。事例を図にするトレーニングも重要です。知識の習得ばかりに気を取られずに問題演習も繰り返すようにしましょう。

1 相続とは

遺言がない。家族が相続できる配分は？

Aは，6,000万円の遺産を残して死亡しました。Aには配偶者Bと父母J・K及びBとの間の子C・D・Eがいました。父母J・Kはともに存命していますが，C・DはAの死亡前にすでに死亡しており，C・Dにはそれぞれ，その子G・Hが残されています。また，Eには子Iがおり，EはA死亡後直ちに相続を放棄しました。さらに，Aには養子Fもいます。この場合，法定相続分はどのようになるのでしょうか。（解答は161頁）

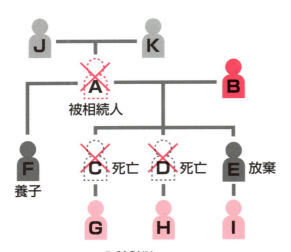

相続とは，死亡した人（被相続人）の財産をその者の死後に，法律が特定の者（相続人）に当然に受け継がせる制度をいいます（民法882条，896条本文）。

なお，相続は，被相続人の死亡によって開始します（民法882条）。被相続人が死亡する前に相続が開始することはありません。

2 相続人

相続人及び相続人の順位は，以下のようになります。

まず，**配偶者**（離婚した元配偶者やいわゆる内縁関係にある者は含まれない）は常に相続人となります（民法890条前段）。

次に，配偶者以外の者については，以下の順位で，配偶者とともに（配偶者がいないときは単独で）相続人となります。

まず，第1順位は，「子」です（民法887条1項）。

「子」には，**嫡出子**（両親の婚姻中に生まれた子供），**非嫡出子**（両親が結婚しないで生まれた子供），養子が含まれます。そして「胎児」は，不法行為に基づく損害賠償請求，相続及び遺贈については，すでに生まれたものとみなされます。

子が被相続人の死亡以前に死亡していた場合，被相続人の子が被相続人を殺す等して相続欠格者である場合及び被相続人を虐待する等して廃除され，相続権を失った場合には，孫が子に代わって相続します。これを「**代襲相続**」といいます（民法887条2項，3項）。ただし，子が**相続放棄をした場合には，代襲相続することはできません**。

第2順位は，**直系尊属**（被相続人の父母や祖父母のこと）です。直系尊属は，被相続人に子や孫，曾孫等がいないときだけ相続権があります（民法889条1項1号）。

第3順位は，**兄弟姉妹**です。兄弟姉妹は，被相続人の子や孫及び直系尊属がいないときにだけ相続権があります（民法889条1項2号）。

なお，相続人がいない場合には，家庭裁判所は，被相続人と生計を同じくしていた者，被相続人の療養看護に努めた者その他被相続人と特別の縁故があった者（**特別縁故者**）の請求

＋α プラスアルファ

親Aと子Bが登山に行って，2人とも死亡した場合，どちらが先に死亡したか証明することができないときは，2人が同時に死亡したものと推定されます（同時死亡の推定）。同時死亡の場合，その死亡者相互間に相続は起こりません。しかし，代襲相続は起こります。

があれば，一定の手続きを経て，これらの者に相続財産の全部又は一部を与えることができます(民法958条の2)。

　また，遺留分を有する推定相続人が被相続人に対して**虐待をしたとき**や，被相続人に**重大な侮辱を加えたとき**，又は，**その他の著しい非行があった場合**には，推定相続人を**廃除**することができます(民法892条)。

　そして，兄弟姉妹が被相続人の死亡以前に死亡していた場合等にはその子(おい・めい)が代襲相続します。しかし，おい・めいも被相続人の死亡以前に死亡していた場合等にその子(おい・めいの子)が，代襲相続することはありません。

> **プラスアルファ**
>
> 財産目当てに親を殺したような者は当然に相続人となることはできません。これを相続欠格といいます(民法891条)。

【代襲相続】

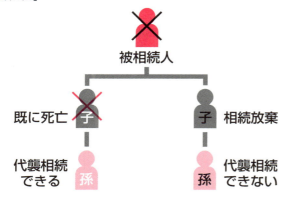

【代襲相続の可否】

被相続人の子に生じた事由	代襲相続の可否
①相続開始以前に死亡した	○ (代襲相続が認められる。)
②相続欠格事由に該当する	
③廃除された	
④相続を放棄した	✗ (代襲相続は認められない。)

重要条文

<民法>

第887条（子及びその代襲者等の相続権）

1　被相続人の子は，相続人となる。

2　（以下省略）

第889条（直系尊属及び兄弟姉妹の相続権）

1　次に掲げる者は，第887条の規定により相続人となるべき者がない場合には，次に掲げる順序の順位に従って相続人となる。

一　被相続人の直系尊属。ただし，親等の異なる者の間では，その近い者を先にする。

二　被相続人の兄弟姉妹

2　（以下省略）

第890条（配偶者の相続権）

被相続人の配偶者は，常に相続人となる。この場合において，第887条又は前条の規定により相続人となるべき者があるときは，その者と同順位とする。

合格ステップ 39

反復チェック　／　／　／

相続人

ランク **A**

配偶者(夫・妻)は，常に相続人となる。	(1)　子(嫡出子・非嫡出子・養子・胎児)は，常に相続人となる。子が被相続人の死亡以前に死亡していた場合には，その子(孫)が代襲相続する。
	(2)　子(孫・曾孫)がいない場合には，直系尊属(父母や，父母がいなければ祖父母)が相続人となる。
	(3)　子(孫・曾孫)も直系尊属もいなければ，被相続人の兄弟姉妹が相続人となる。

※　相続放棄の場合，代襲相続は認められない。

宅建試験に「出る!」問題

1 被相続人に相続人となる子及びその代襲相続人がおらず，被相続人の直系尊属が相続人となる場合には，被相続人の兄弟姉妹が相続人となることはない。(2020(10月)-8-3)

解答：○（上記合格ステップ(2)(3)参照）

2 被相続人の子が，相続の開始後に相続放棄をした場合，その者の子がこれを代襲して相続人となる。(2002-12-4)

解答：×（上記合格ステップ※参照）

ウォーク問① 問48…(1)(3)　問49　問50…(4)　問53…(1)

3 相続分

相続人となることができるのは，配偶者，子，直系尊属，兄弟姉妹であることを学びましたが，これらの者が相続人となるとき，具体的に誰がどれだけの財産を相続するのでしょうか（相続分）。それは次の合格ステップのようになります。

なお，相続が開始してから遺産分割が行われるまでは，遺産は共同相続人（数人の相続人）の共有であり，各共同相続人は共有持分として相続分をもっています。そして，持分である以上，各相続人は自己の相続分を自由に譲渡することができます（民法905条参照）。

＋α プラスアルファ
共同相続された普通預金債権・通常貯金債権・定期貯金債権は，相続開始と同時に当然に相続分に応じて分割されることはなく，遺産分割の対象となります（判例）。

合格ステップ 40

相続分

ランク A

相続人	相続分	注意事項
(1) 配偶者と子が相続人の場合	配偶者＝2分の1 子　　＝2分の1	子（嫡出子・非嫡出子・胎児・養子も含む）の相続分は平等
(2) 配偶者と直系尊属が相続人の場合	配偶者　＝3分の2 直系尊属＝3分の1	直系尊属の相続分は平等
(3) 配偶者と兄弟姉妹が相続人の場合	配偶者　＝4分の3 兄弟姉妹＝4分の1	①兄弟姉妹の相続分は平等 ②片親の違う兄弟姉妹は他の者の2分の1

宅建試験に「出る！」問題

Aに，配偶者B，母G，兄Hがいる場合において，Aが死亡したとき，Hは相続人とならず，BとGが相続人となり，Gの法定相続分は4分の1となる。(1996-10-2)

解答：×（上記合格ステップ(2)参照）

ウォーク問① 問48…(1) 問49 問53…(1) 問57…(1)

以上をふまえて「ケーススタディ」を検討します。

相続の問題を解く場合は，(1)最初に相続人が誰なのか，(2)次に，相続分はいくらか，という順で考えるとよいです。

(1) 法定相続人（相続人が誰なのか）

①まず，**配偶者は常に相続人**となりますから，配偶者Bは相続人となります。

②次に，子C・Dは，A死亡の前に死亡していますので，Aの相続人にはなりません。しかし，C・Dの子G・Hは，

代襲して相続人となります。

Eは**相続放棄**をしており，初めから相続人とはならなかったとみなされます（民法939条）。したがって，Eは相続人になりません。また，Eの子Iは，Eを代襲して相続人となりません。

養子Fは，相続人となります。

③最後に，父母のJ・KはAに子がいる以上，相続人とはなりません。

したがって，相続人となるのは，B，G，H，Fの4人となります。

（2）法定相続分（相続分はいくらか）

配偶者と子が相続人となる場合，配偶者と子との相続分の割合は各**2分の1**です。すなわち，配偶者Bは2分の1となり，残りの2分の1をG・H・Fで分けることになります。そして，**養子の相続分は嫡出子と同じ**です。よって，G・H・Fの相続分は均等となります。したがって，相続分は，Bは2分の1，G・H・Fはそれぞれ6分の1ずつです。

ケーススタディ9-1の答え

Bは3,000万円，G・H・Fは1,000万円ずつをそれぞれ相続することになります。

（3）遺産分割

被相続人の有していた財産全体は，相続開始により共同相続人の間で相続分に応じた共有となります（民法898条）。この共有財産を，共同相続人の各人に分けて帰属させることを遺産分割といいます。

遺産分割は，原則として，共同相続人がいつでも協議によって行うことができます（民法907条1項）。しかし，被相

続人は，遺言で，相続開始の時から5年を超えない期間を定めて，遺産の分割を禁ずることができます（民法908条1項）。

また，共同相続人は，5年以内の期間を定めて，遺産の全部又は一部について，その分割をしない旨の契約をすることができます。5年以内の期間を定めて，更新をすることもできます。ただし，その期間の終期は，相続の開始の時から10年を超えることができません（民法908条2項，3項）。

4 相続の承認・放棄

親の借金を払わずに済ます方法

Aは，甲土地を残して亡くなりました。Aには，配偶者B及びBとの間の子C・Dがいました。甲土地の価値は3,000万円でしたが，Aには5,000万円の借金があり債務超過の状態にあります。B・C・Dは超過部分2,000万円を支払う以外に方法はないのでしょうか。

（→解答は163頁）

【相続の承認・放棄】

相続財産は土地やお金といったプラス面だけとは限らず，場合によっては借金等のマイナス面もあります。

そこで、相続人は、相続するか(**承認**)、しないか(**放棄**)を決めることができます。承認については、相続財産全部について承認をすること(**単純承認**)も、相続によって得た財産の限度においてのみ被相続人の債務及び遺贈を弁済するという限定付きで承認をすること(**限定承認**)もできます。ただし、法律関係を複雑にしないため、限定承認は、共同相続人**全員**が共同して行わなければなりません(民法923条)。つまり、共同相続人の1人が単純承認をすると、他の共同相続人は、限定承認をすることができないことになります。

この承認・放棄は、相続人が「相続の開始を**知った時**」から「**3カ月以内**」にしなければなりません(民法915条1項)。いつまでもできるとすると、相続をめぐる法律関係が不安定なままになるからです。なお、この期間内に、限定承認・放棄をしなかったときは、単純承認をしたものとみなされます。

そして、承認・放棄の**撤回**は、**できません**(民法919条1項)。これを認めると、法律関係が不安定になり、利害を有する者が迷惑するからです。ただし、民法総則や親族編に関する規定に基づき、無効や取消し(詐欺・強迫等)を主張することは許されています(民法919条2項、判例)。

プラスアルファ
相続人が相続財産の全部又は一部を処分した場合も単純承認となります。

> ### ケーススタディ9-2の答え
>
> 相続人は相続を放棄して債務の支払いを免れることができます。また、限定承認をして相続によって得た財産の限度で債務を弁済することもできます(939、922条)。

合格ステップ 41

相続の承認・放棄

ランク

(1)意味	・単純承認→相続人が被相続人の権利義務を無限に相続すること。 ・限定承認→相続財産の限度でのみ相続債務・遺贈を弁済するという限定をつけて相続すること。 ・放棄　→相続財産を一切承継しない旨の意思表示のこと。
(2)時期	・承認・放棄は，相続開始を知った時から３カ月以内にしなければならない。 　→期間内に限定承認・放棄をしなかった場合，単純承認とみなされる。 ・相続開始前の相続放棄は認められない。
(3)方法	・限定承認・放棄は，家庭裁判所へ申述しなければならない。 ・相続人が数人ある場合の限定承認は，共同相続人の全員が共同して行わなければならない。
(4)撤回・取消しの可否	・相続の承認・放棄の撤回は，できない。 　ただし，錯誤・詐欺等による取消し等を主張することはできる。 ・この取消し等の主張は，家庭裁判所への申述によらなければならない。

宅建試験に「出る！」問題

1 相続の放棄をする場合，その旨を家庭裁判所に申述しなければならない。（2002-12-1）

解答：〇（上記合格ステップ(3)参照）

2 相続人が数人あるときは，限定承認は，共同相続人の全員が共同してのみこれをすることができる。（2002-12-2）

解答：〇（上記合格ステップ(3)参照）

ウォーク問1　問47…(3)(4)　問50…(1)(2)　問55…(2)　問56…(1)　問57…(4)

5 遺言・遺留分

（1）遺言

家族抗争を避けるための切り札

Aは，甲土地と預貯金2,000万円を保有しており，配偶者B及びBとの間の子C・Dがいます。Aは自分が死んだら甲土地はBに相続させて，C・Dには預貯金を分け与えようと考えています。Aはどうすればよいでしょうか。（→解答は166頁）

【遺言】

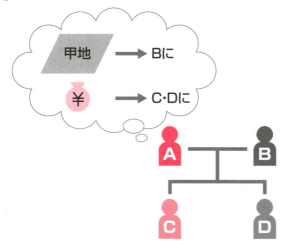

　もし被相続人が死亡するに際して，何の意思表示もしなければ，民法の相続人・相続分の規定に従って相続が進められます。したがって，法定されている相続分と異なる額を相続させたい場合には，その意思を書き残したりしなければなりません。これを遺言といいます（特に，遺言によって財産

を贈与することを遺贈といいます）。なお，特定の相続人に「相続させる」旨の遺言は原則として遺産分割の方法を定めたものとなり，被相続人の死亡の時に直ちにその相続人に承継されます。

遺言は，遺言者（遺言した人）の最終的な自由な**意思を尊重**し，確保しようとする制度です。

したがって，他人の意思が入り込まないようにするため，遺言は，法律が決めた一定の方式（自筆証書，公正証書，秘密証書その他特別の方式）によらなければなりません（民法960条）。

また，遺言は，未成年者でも**満15歳以上であればすることができ，行為能力は不要**です（民法961，962条）。したがって，被保佐人等も遺言をすることができます。

さらに，遺言は，いつでも**撤回**することができます（民法1022条以下）。遺言の撤回は，遺言の方式によらなくても，遺言と異なる処分を生前にしたり，故意に遺言書を破棄したりしても同様の効力が生じます（民法1023条2項，1024条）。

遺言の効力は遺言者の死亡の時から生じるのが原則です（民法985条1項）。ただ，遺言に停止条件が付けられていて，その条件が遺言者の死後に成就した場合には，条件成就時から遺言の効力が生じます（民法985条2項）。

なお，遺言には，検認（民法1004条）という，遺言書の偽造等を防止する手続きがありますが，これは，遺言の有効・無効とは無関係です。

> ## ＋α プラスアルファ
> 自筆証書遺言は，遺言者が，その全文，日付及び氏名を自書し，これに印を押さなければなりません（民法968条1項）。なお，自筆証書遺言に添付する相続財産目録については自書でなくてもかまいません。この場合，財産目録の各葉に署名押印をする必要があります（民法968条2項）。

> ## ＋α プラスアルファ
> 遺言は2人以上の者が同一の証書ですることはできません（民法975条）。

ケーススタディ9-3の答え

生前に遺言をする方法があります（902条）。

合格ステップ 42

遺言の特徴

ランク A

(1)遺言の方式	遺言は法律上定められた方式に従って行わなければならない。
(2)遺言能力	満15歳に達した者は遺言をすることができる。 →未成年者であっても，満15歳になれば単独で遺言をすることができる。
(3)遺言の撤回	遺言はいつでも自由に撤回できる。 →前の遺言と後の遺言とが抵触するときは，抵触部分については後の遺言で前の遺言を撤回したものとみなされる（前の遺言と後の遺言とが異なる方式であっても同様である）。 前にした遺言と抵触する処分が行われた場合も同様である。
(4)検認	自筆証書遺言及び秘密証書遺言による遺言の保管者は，原則として遺言書を家庭裁判所に提出して，その検認を請求しなければならない。 →検認は，遺言書の形式等を検査・確認し，その保存を確実にするための形式的なものであり，遺言の有効・無効を判定するものではない（検認の手続と遺言の効力とは無関係である）。

宅建試験に「出る！」問題

1 未成年であっても，15歳に達した者は，有効に遺言をすることができる。(2010-10-3)

　　　　　　　　　　　　　　解答：○（上記合格ステップ(2)参照）

2 適法な遺言をした者が，その後更に適法な遺言をした場合，前の遺言のうち後の遺言と抵触する部分は，後の遺言により取り消したものとみなされる。(2005-12-3)

　　　　　　　　　　　　　　解答：○（上記合格ステップ(3)参照）

ウォーク問① 問51…(3)　問52…(2)(3)

(2) 遺留分

納得がいかない遺言に対抗する方法とは？

Aは，甲土地と預貯金2,000万円を保有しており，配偶者B及びBとの間の子C・Dがいます。AはBとは疎遠となっており，日頃から可愛がっている子供のCに全ての財産を相続させる遺言を残しました。B・Dの取り分はなくなるでしょうか。（➡解答は本頁下）

【遺留分】

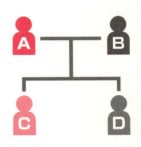

　遺産を誰にいくら受け取らせるかについて上記のような遺言があっても，**兄弟姉妹以外**の相続人は，最低限の取り分として，一定額を確保することができます（遺留分，民法1042条）。

ケーススタディ9-4の答え

B・Dには遺留分として最低限の取り分があります（1042，1046条）。

📈 合格ステップ 43

反復チェック / / /

遺留分（いりゅうぶん）

ランク **A**

(1) 遺留分の割合

遺留分の割合	①原則	被相続人の財産の**2分の1**
	②**直系尊属のみ**が相続人である場合	被相続人の財産の**3分の1**
	上記の額にそれぞれの相続人の法定相続分の割合を乗じたものが，各相続人の遺留分として確保される。 ※兄弟姉妹には遺留分は認められない。	

(2) 遺留分の放棄

要件	相続開始前に遺留分の放棄をするには，家庭裁判所の許可が必要である。 →なお，相続放棄は，相続開始前にすることはできない。
効果	・共同相続人の1人が遺留分の放棄をしても，他の共同相続人の遺留分は増加しない。 ・遺留分を放棄しても，相続を放棄したことにはならない。

(3) 遺留分侵害額請求権の行使

遺留分を侵害する贈与・遺贈の効力	有効であり，遺留分権利者は遺贈・贈与の効果を否定することはできない。 →遺留分権利者は，受贈者・受遺者に対して，遺留分を侵害された範囲で金銭の支払請求をなしうる。これを遺留分侵害額の請求という。
行使方法	遺留分侵害額の請求は，訴えによらなくてもできる。
行使期間	遺留分侵害額の請求権は，遺留分権利者が，相続の開始及び遺留分を侵害する贈与又は遺贈があったことを知った時から1年間行使しないときは時効によって消滅する。 相続開始の時から10年を経過したときも，同様とする。

第9章

相続

宅建試験に「出る！」問題

1 成年Aには将来相続人となるB及びC（いずれも法定相続分は2分の1）がいる。Aが「相続財産全部をBに相続させる」旨の有効な遺言をして死亡した場合，BがAの配偶者でCがAの子であるときはCには相続財産の4分の1の遺留分があるのに対し，B及びCがAの兄弟であるときはCには遺留分がない。(2006-12-2)

解答：○（上記合格ステップ(1)参照）

2 相続人が遺留分の放棄について家庭裁判所の許可を受けると，当該相続人は，被相続人の遺産を相続する権利を失う。(2022-2-3)

解答：×（上記合格ステップ(2)参照）

ウォーク問① 問48…(4) 問52…(4) 問54…(2) 問55…(1)(3)(4)

6 配偶者居住権

配偶者の一方が死亡した場合に，残された配偶者が，従来の家屋に住み続けながら，生活費となる金銭も相続財産である預貯金から相続できることを可能にするのが，配偶者居住権及び配偶者短期居住権です。

(1) 配偶者居住権

配偶者が被相続人の財産に属した建物に相続開始時に居住していた場合，その居住していた建物の全部について無償で使用及び収益をする権利を取得することができます（民法1028条1項）。建物の所有権を他の共同相続人に帰属させつつ，配偶者は，遺産分割又は遺贈によりその建物の使用及び収益をする権利である居住権を取得します。この居住権の経済価値は所有権としての経済価値より低額なので，相続財産中の預貯金も遺産分割により取得できるようになり，配偶者の生活費の心配が解消できるのです。

配偶者居住権は，次の二つの場合に認められます。
① **遺産分割**によって配偶者居住権を取得するものとされたとき
② 配偶者居住権が**遺贈**の目的とされたとき

しかし，この配偶者居住権は，被相続人が相続開始の時に居住建物を配偶者以外の者と共有していた場合には認められません（民法1028条1項但書）。

配偶者居住権の存続期間は，別段の定めがなければ，配偶者の**終身の間**となります（民法1030条）。ただし，別段の定めがあれば，それに従うこととなります（民法1036条，597条1項）。また，配偶者居住権は，配偶者の死亡とともに終了するため，相続の対象となりません（民法1036条，597条3項）。

居住建物の所有者は，配偶者居住権を取得した配偶者に対し，**配偶者居住権の設定の登記を備えさせる義務を負います**（民法1031条1項）。配偶者居住権の設定の登記をすると，不動産賃借権の場合と同様の対抗力が認められます（民法1031条2項，605条）。

配偶者居住権は，譲渡することができません（民法1032条2項）。配偶者の従前の居住環境を保護することを目的としているからです。また，配偶者は，居住建物の所有者の承諾を得なければ，居住建物の改築や増築をし，又は第三者に居住建物の使用収益をさせることができません（民法1032条3項）。

配偶者は，居住建物の通常の必要費を負担します（民法1034条）。

配偶者は，配偶者居住権が消滅したときは，居住建物の返還をしなければなりません（民法1035条1項本文）。

講師からのアドバイス
配偶者居住権の存続期間について別段の定めをすると，存続期間が満了した時点で配偶者居住権は消滅し，延長や更新はできなくなります。

（2）配偶者短期居住権

配偶者は，被相続人の財産に属した建物に相続開始の時に無償で居住していた場合には，一定期間その居住してい

た建物の所有権を相続又は遺贈により取得した者に対し，居住建物について無償で使用する権利を有します（民法1037条）。

　配偶者短期居住権は，配偶者が，相続開始の時において居住建物に係る配偶者居住権を取得したとき，相続欠格事由に該当しもしくは廃除によってその相続権を失ったときは，認められません。

　配偶者短期居住権の存続期間は，①居住建物について配偶者を含む共同相続人間で遺産分割をすべき場合は，遺産の分割により居住建物の帰属が確定した日又は相続開始の時から6カ月を経過する日のいずれか遅い日までとなります。②遺産分割によらない場合には，居住建物取得者による配偶者短期居住権の消滅の申入れの日から6カ月を経過する日までとなります。

　配偶者短期居住権は，配偶者居住権とは異なり，登記できません。

　配偶者短期居住権は，配偶者が居住建物に係る配偶者居住権を取得したときは，消滅します（民法1039条）。

合格ステップ 44

配偶者居住権

(1) 被相続人の財産に属した建物に相続開始時に居住していた配偶者は，遺産分割又は遺言により配偶者居住権（無償で使用及び収益できる権利）を取得することができる。

(2) 配偶者居住権の存続期間は，別段の定めがなければ，配偶者の終身の間となる。

(3) 配偶者居住権を有する配偶者は，所有者の承諾を得なければ，居住建物の改築や増築をし，又は第三者に居住建物を使用収益させることができない。

(4) 居住建物の所有者は，配偶者に対し，配偶者居住権の設定の登記を備えさせる義務を負う。

第10章 物権変動

超頻出Aランク

学習のポイント

学習項目	'14	'15	'16	'17	'18	'19	'20 (10月)	'20 (12月)	'21 (10月)	'21 (12月)	'22	'23
1 所有権の移転時期				★								
2 対抗問題		★	★		★					★	★	
3 取消しと登記												
4 解除と登記												
5 取得時効と登記	★					★				★		★
6 相続と登記					★					★		

　「物権変動」の分野は，過去10年間で8回出題されています。本試験では，まるまる1問の形式で出題される場合と，他の分野の選択肢の1つとして出題される場合があります。

　そして，近年の宅建士試験では出題頻度が高くなっている項目であり，しっかりと勉強する必要性の高い項目であるといえます。

　この物権変動については事例問題の形式で試験に問われる場合がほとんどであり，その事例も複雑なものが少なくないことから，勉強を始めた頃は難しく感じる項目です。

　しかし，本試験では，ワンパターンな問題が出題されることが多いので，本書を読んで内容を一通り押さえた後は，過去の本試験問題を何度も繰り返し解くことによって，十分得点源とすることができる項目です。

何を学ぶか？ どこに着目するか？

何を学ぶか？

本章では，土地や建物が二重に売られた場合など，1つの不動産を2人以上の人が取り合うような状況になった時に，どうやって優劣を決めるのかを学んでいきます。

そもそも，1つの物を2人以上の人に売ることができるの？

 契約は，意思表示の合致で成立しますから，例えば，Aが自分の建物をBに売る契約をした後，その建物をさらにCに売る契約をすることはできます。

二重に売ってしまって問題はないの？

 二重譲渡があったような場合，「対抗問題」という問題が生じます。上記の例でいえば，BとCのどちらが所有権を手にすることができるか，要するに，BとCのどちらが勝つことができるかという問題です。

どちらが勝つの？

 登記を先に備えたか否かで決まります。上述の例でいえば，BとCのうち，先に登記を備えたほうが建物の所有権を手にすることができます。なお，「登記」という制度は別の項目で学習します。

合格への着眼点は？

 物権変動は難解ですが，試験では比較的ワンパターンで出題されるので，合格者は得点源にしています。イメージをつかむことができれば理解が早くなるので，具体例を想定しながら勉強しましょう。

1 所有権の移転時期

宅建士試験では、土地や建物の売買契約や賃貸借契約が結ばれた場合のルールが毎年出題されています。そこで、今回は、土地や建物の売買契約が結ばれた場合に、その持主が誰から誰に移るのかという「**所有権の移転**」に関する内容を学習します。

> **売買契約完了！どの時点から自分の物？**
>
> AさんとBさんとの間で、Aさんの所有する土地をBさんが購入するという売買契約が締結されたとします。この土地の最初の持主はAさんですが、その土地を購入したBさんが持主になるのはいつからでしょうか。（➡解答は176頁）

【所有権の移転時期】

 　売買契約　
売主　　　　　　　　　　　　　買主

　①「売ります」　申込み
　　　↓
　②「買います」　承諾
　　　↓
　③契約書作成
　　　↓
　④代金支払い，登記，引渡し

ここで、AさんとBさんとの**売買契約**は、「**申込み**」と「**承諾**」の**意思表示**が**合致**した時点で成立します。そして、売買契約が成立すると、買主であるBさんはAさんに「私が買った土地を引き渡せ」と主張することができます。つまり、**売買契約が成立した時点で、土地の所有権がAさんからBさん**

に移っているのです（民法176条参照）。この場合，**Bさんは登記などを備えている必要はありません**（ただし，所有権の移転時期については特約で定めることができますので，買主が代金全額を支払った時や，登記や引渡しの時に所有権が移転する旨の特約をすることがよく行われます）。

【当事者】

また，AさんとBさんの売買契約後，Bさんに登記がされないまま，BさんがCさんに転売した場合，Cさんは，登記を備えなくともAさんに所有権を主張することができます。

【転売】

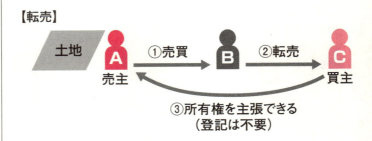

ケーススタディ10-1の答え

AさんとBさんとの意思表示が合致した時点でBさんは持主になります。

では，次に，AさんとBさんの売買契約が成立した後，Bさんに土地が引き渡される前に，Aさんが死亡し，Cさんが相続人となった場合，BさんはCさんに対して「Aさんから買った土地を引き渡せ」と主張することができるでしょうか。

相続人は，亡くなった人が持っている**権利や義務をそのまま引き継ぎます**（民法896条）。そうすると，亡くなったAさんのBさんに土地を引き渡す義務をCさんはそのまま引き継ぎますので，Bさんは相続人であるCさんに対して「Aさんから買った土地を引き渡せ」と主張することができるのです。Cさんが相続を原因とする登記をしているかどうかは関係ありません。

【当事者の相続人】

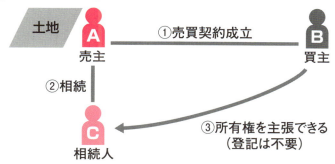

 対抗問題

（1）問題点

登記は，持ち主であることの証明書？

　BさんはAさんから土地を購入しましたが，登記を移す前にAさんはCさんに二重にその土地を売ってしまい，Cさんが先に登記をしてしまいました。この場合，先に買ったBさんは，登記がなくてもその土地の所有権の取得をCさんに主張することができるのでしょうか。（解答は179頁）

二重に土地を売ってしまったAさんが悪い人かどうかは別にして、BさんとCさんが、「この土地は私のものだ」と言ってお互いに一歩も譲らなかった場合、この土地をBさんのものにするのか、それともCさんのものにするのか、はっきりさせる必要があります。
　このBさんとCさんのような、**1つの土地や建物をめぐって争いになる場合のことを対抗問題**といいます。BさんもCさんもきちんと契約を結んで土地を買った人ですから、その勝ち負けを決めるためには明確な基準が必要です。

【対抗問題】

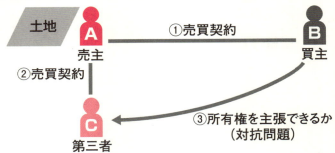

　そこで、民法は、土地や建物といった不動産の所有権の取得についての勝ち負けを決するための基準として、「**登記**」を採用しています（民法177条）。
　つまり、**不動産に関する所有権の取得は、登記をしなければ、第三者に対抗することができない**のです。
　したがって、BさんがCさんに勝つためには、登記を備えておく必要があります。登記が基準となりますから、**Cさんが先に登記を備えてしまえば、Bさんの負け**ということになります。

ケーススタディ10-2の答え

Bさんは，Cさんに土地の所有権を主張することができません。

　では，登記をしなければ第三者に対抗することができない取引とはいかなる範囲なのでしょうか（民法177条の適用範囲）。次に同条が適用されるとして登記がなければ対抗できない「第三者」とはいかなる範囲の者なのでしょうか。以下，具体的に検討していきます。

（2）登記をしなければ第三者に対抗することができない取引（177条の適用範囲）

　民法177条は，すべての取引に適用されます。

　したがって，1つの不動産をめぐって買主が2人いる場合だけではありません。1つの不動産をめぐって，**不動産を買った人とその不動産に抵当権を有している人との間で争いになっている場合**でも，いずれが勝つかは，原則として登記の先後を基準に判断することになっています。なお，借家や借地については，借地借家法上の対抗力も認められます。

　さらに，後述のように**取消した者と取消し後に不動産を譲り受けた者，解除した者と解除後に不動産を譲り受けた者，時効取得者と時効完成後に不動産を譲り受けた者及び遺産分割により持分を取得した相続人と遺産分割後に不動産を譲り受けた者**についても，いずれが勝つかは登記を基準に判断することになっています。

（3）「第三者」の範囲

（a）「第三者」とは？

　民法177条は，土地や建物といった不動産の所有権の取得など不動産に関する物権の得喪及び変更を「第三者」に対抗

するためには登記を要するとしています。

しかし、例えば、人の土地を無断で使用している者（不法占拠者）に対して立退きを請求する場合にまで登記が必要だとするのは、あまりにも非常識です。

そこで、判例は、登記がなければ対抗できない**「第三者」とは、登記がないことを主張する正当な利益を有する者**に限られるとしています。この「正当な利益を有する」かどうかは、まず客観的要件により範囲が絞られ、さらに主観的要件によってさらに絞られることになります。

以下では、「第三者」の範囲について、客観的要件と主観的要件に分けて具体的に見ていきましょう。

(b) 客観的要件

不法占拠者に対しても登記が必要？

Aの所有する土地をBが購入するという売買契約が締結された後に、CがBに無断でその土地に屋台を設置して商売を始めました。この場合、Bは、登記がなくてもその土地の所有権取得をCに主張することができるのでしょうか。（➡ 解答は181頁）

前述のように、Cのような人の土地を無断で使用している者（**不法占拠者**）に対して立退きを請求する場合にまで登記が必要だとするのは、あまりにもBがかわいそうです。

そのためCのような不法占拠者は登記がないことを主張する正当な利益を有する者とはいえず、民法177条の「第三者」にあたりません。したがって、Bは、Cのような不法占拠者に対しては、登記がなくても、「私が買った土地だから出て行け」と主張することができます。

また、無効な法律行為（例：虚偽表示）に基づく譲受人など**無権利者**も、登記がないことを主張する正当な利益を有しないといえるから、これらの者に対しては登記がなくても、「私

が買った土地だから出て行け」と主張することができます。

ケーススタディ10-3の答え

Cは不法占拠者であり，177条の「第三者」にあたらないので，Bは登記がなくても所有権の取得をCに主張することができます。

(c)主観的範囲
①単なる悪意者

> **既に売買があったことを知っている者に対しては？**
>
> Bはマイホームを建てようとAから土地を購入し，代金全額を払って引渡しを受けました。ただBの仕事が忙しく所有権移転登記手続はしていません。その後，CはBが先に同じ土地を購入したことを知りながらも，Aから買い付けて自己名義の登記をしてしまいました。この場合，Bは，登記がなくてもその土地の所有権取得をCに主張することができるのでしょうか。(➞ 解答は本頁下)

単なる悪意の場合については，なお**自由取引競争の範囲内**であるため，単なる悪意者は登記がないことを主張する正当な利益を有する者といえ，民法177条の「第三者」にあたります。

したがって，いずれが勝つかは登記を基準に判断することになり，BがCに勝つためには，登記を備えておく必要があります。

ケーススタディ10-4の答え

Cが先に登記をしている以上，Bは所有権の取得をCに主張することができません。

②不動産登記法5条に該当する者

「**詐欺又は強迫によって登記の申請を妨げた第三者**」(不

動産登記法5条1項）と「**他人のために登記を申請する義務を負う第三者**」（不動産登記法5条2項）に対しては，登記がなくても，「私が買った土地だから出て行け」と主張することができます。これらの者は，自己の利益を優先的に主張することが許されない立場にあるためです。

「詐欺又は強迫によって登記の申請を妨げた第三者」とは，例えば，詐欺によって第一の買主の登記の申請を妨げた第二の買主がこれに該当します。また「他人のために登記を申請する義務を負う第三者」とは，例えば，第一の買主から登記申請の委任を受けた者が第二の買主になった場合がこれに該当します。

③背信的悪意者

超悪〜い人まで保護する必要があるの？

BはAから所有する土地を購入しましたが，AはCにも土地を二重に譲渡しました。CはAB間の売買とBへの移転登記がまだなされていないことを知っていながら，Bに対するいやがらせ目的でBから所有権を奪うことを狙ってAから購入し，Bより先にAから登記の移転を受けてしまいました。この場合，Bは，登記がなくてもその土地の所有権取得をCに主張することができるのでしょうか。（➡解答は183頁）

ケーススタディ10-5

Aの所有する土地をBが購入するという売買契約が締結された後に，Aがその土地をCに二重に譲渡してしまった場合，仮にCが悪意の第三者に該当する場合でも，BがCに勝つためには登記が必要でした。

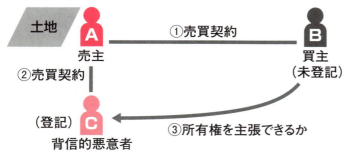

しかし、本ケースのようなひどいやり方で土地を手に入れたCに勝つために登記が必要であるとするのでは、Bがかわいそうです。

そこで、Cのような単なる悪意者ではない**背信的悪意者**は、登記がないことを主張する正当な利益を有する者といえず、民法177条の「第三者」にあたりません。したがって、BがCのような背信的悪意者に勝つためには、登記を備えておく必要はありません（判例）。

例えば、第一の買主が登記を備えていないことに乗じ、第一の買主に高値で売りつけて不当な利益を得る目的で第二の買主となった者など、**不当な利益をあげる目的や他人の利益を害する目的で不動産を取得しようとした者**は、背信的悪意者に該当します。

ケーススタディ10-5の答え

登記がなくてもBは所有権の取得をCに主張することができます。

④背信的悪意者からの転得者

超悪〜い人から買った者に対しては？

ケーススタディ10-5において，CがDに土地を売却し登記も移転させました。D自身は，AB間において甲土地の売買契約がなされたことを知らず，Bに対する関係で背信的意図も事実も存在しませんでした。この場合，Bは登記がなくてもその土地の所有権取得をDに主張することができるのでしょうか。（解答は185頁）

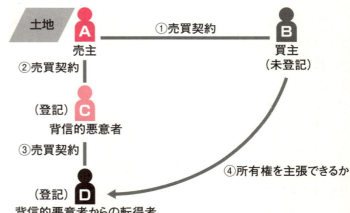

【背信的悪意者からの転得者】

　Cが背信的悪意者であっても，所有権は取得しうるのであって，ただBに登記がないことを主張できないに過ぎません。したがって，背信的悪意者からの転得者Dは所有権を取得できるのであって，背信的悪意者からの転得者だからといって，当然に背信的悪意者になるわけではありません。したがって，転得者Dは，自分自身がもう一方の買主Bとの関係で背信的悪意者と評価されない限り，その不動産の取得をBに対抗することができます（判例）。

ケーススタディ10-6の答え

自らは背信的悪意者ではないDが先に登記をしている以上，Bは所有権の取得をDに主張することができません。

合格ステップ 45

対抗問題 ランク A

不動産に関する所有権の取得は，原則として，**登記**をしなければ，**第三者に対抗することができない**。

	具体例
(1)登記がなくても対抗できる相手方	①**売主**（転売がされた場合の元所有者を含む） ②**売主の相続人** ③**詐欺**や**強迫**によって第一買主の登記の申請を妨げた第二買主 ④第一買主のために**登記を申請する義務を負う**第二買主 ⑤第一買主が登記を備えていないことに乗じ，第一買主に**高値で売りつけて不当な利益を得る目的**で第二買主となった者 ⑥**不法占拠者** ⑦**無権利者**（**虚偽表示**により取得した者など）
(2)登記がなければ対抗できない相手方	①**二重譲渡の買主**（悪意の第三者も同様） ②**対抗力ある賃借人** ③抵当権者

宅建試験に「出る!」問題

1 Aの所有する土地をBが取得したが，Bはまだ所有権移転登記を受けていない場合，Bは，当該土地の不法占拠者に対して当該土地の所有権を主張できない。（1998-1-3）

　　　　　　　　　　　　　　　解答：×（上記合格ステップ(1)⑥参照）

2 EがAからA所有地を土地を賃借して，建物を建てその登記をしている場合において，ＡＢ間でかかる土地について売買契約がなされ，ＢがＡに代金全額を支払った後であれば，ＡからＢへの所有権移転登記が完了していなくても，Bは，Eに対して所有権の移転を主張することができる。（1996-3-4）

　　　　　　　　　　　　　　　解答：×（上記合格ステップ(2)②参照）

　問58　問59…(1)(2)(3)　問61…(1)(2)(4)　問62…(3)　問63…(1)
　　　　　　問64…(1)　問65…(1)(2)　問66…(1)　問155…(3)

3 取消しと登記

契約取消し後に転売された土地を取り戻すことはできるのか？

AはBにだまされて自己所有の土地をBに売却しましたが，だまされたことに気付いたAは詐欺を理由にBとの契約を取り消しました。その後，Bは何も事情を知らないCにその土地を売却して登記も移転してしまいました。AはCから土地を取り戻すことができるでしょうか。（➡ 解答は187頁）

　　　　詐欺による取消しや強迫による取消しと**取消し前の**第三者については，「第1章　意思表示」の項目ですでに説明しました。
　　　　ここでは，詐欺や強迫で**取り消した後**の第三者との関係

を考えていきます。

【取消し後の第三者】

本ケースのCさんは，Aさんが取り消した後にBさんから土地を買い受けていますので，**取消し後の第三者**にあたります。

この場合，まず，Aさんが取り消すことによって，いったんはBさんのものになった土地の所有権がAさんに復帰します（B→A）。他方でBさんは，同じ土地をCさんに売却しています（B→C）。これは，Bさんが，土地をAさんとCさんに二重に譲渡したのと同じような状態なので，AさんとCさんを**対抗関係**と考えることができます。

つまり，**取消し後の第三者は，登記を備えれば悪意であっても取消権者に対して土地の所有権を主張することができる**のです（判例）。

講師からのアドバイス
取消後の第三者に関しては，取消し事由が強迫であっても，その第三者は，登記を備えれば悪意であっても取り消した者に対抗することができます。すなわち，詐欺を理由とする取消しと同じ結果になります。

ケーススタディ10-7の答え

Cは取消し後の第三者にあたるため，Aは土地を取り戻せません。

4 解除と登記

契約を解除した後に転売された土地は取り戻すことができるのか？

AはBに自己所有の土地を売却して引き渡しましたが、Bが土地の代金を支払わないので、Aは売買契約の解除をしました。しかし、その後Bはこの土地をCに転売し、所有権の移転登記も終えてしまいました。この場合、AはCから土地を取り戻すことができるでしょうか。

（→解答は本頁下）

解除前の第三者については、「第5章 債務不履行・解除」の項目ですでに説明しました。

解除後の第三者については、取消し後の第三者と同じ考え方によって、解除をした者と解除後の第三者との関係は、**対抗関係**となります。したがって、**解除をした者は、登記がなければ、解除後の第三者に対抗することができません**（判例）。

【解除後の第三者】

ケーススタディ10-8の答え

Cは解除後の第三者にあたるため、Aは土地を取り戻せません。

5 取得時効と登記

土地を乗っ取られないようにするためのポイントは？

Aさんは，Bさんの土地をBさんのものと知りながら，「所有の意思」をもって「平穏」かつ「公然」に占有し続けました。Aさんが占有を開始して20年が経過した後に，Bさんがその土地をCさんに売却しました。この場合，Aさんは土地を手に入れることができるのでしょうか。（→ 解答は本頁下）

時効取得と**時効完成前**の第三者については，「第3章 時効」の項目ですでに説明しました。

ここでは，**時効完成後**の第三者との関係を考えていきます。

悪意のAさんは，占有開始から20年でBさんの土地の所有権を時効により取得することができます。そして，Aさんは，時効の完成後に土地を譲り受けたCさんに対して，時効による所有権の取得を主張するには，登記が必要です（判例）。

ケーススタディ10-9の答え

Cは時効完成後の第三者にあたるため，Aさんは，Cさんよりも先に登記を備えていれば土地を手に入れることができます。

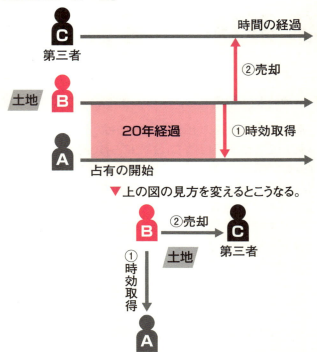

　時効により所有権を取得した者と時効完成後に土地を譲り受けた者の関係は、**二重譲渡の関係**と似ていますので、登記を先にした者が優先することになります(判例)。

6 相続と登記

(1)遺産分割前の第三者

　共同相続の場合において、相続人の1人が勝手に自己名義で単独所有である旨の登記をして、これを第三者に譲渡し、所有権移転の登記をしたときでも、**他の共同相続人は、自己の持分については、登記なくして第三者に対抗することができます**(判例)。なぜなら、この第三者は、当該**持分**について

は無権利者であるからです。

（2）遺産分割後の第三者

> **遺産分割と譲渡との関係は？**
>
> Aは土地その他の財産を残して亡くなってしまいました。Aには子のBとCがいます。遺産分割により，土地はBが全部を取得することになりましたが，その旨の登記はなされていませんでした。しかし，その後Cが土地をDに売却し，その旨の登記を済ませてしまいました。この場合，BはDから土地を取り戻すことができるでしょうか。（解答は192頁）

ケーススタディ 10-10

【遺産分割と登記】

①共同相続
②遺産分割
③売却
Bの本来の相続分 ＝ Bが遺産分割により取得した持分（Cの本来の相続分）

この図の場合，Bさんが遺産分割により取得した持分については，遺産分割によってC→Bに移転したといえます。他方でその部分はC→Dへと売却されていますので，二重譲渡の場合と同様に処理します。したがって，遺産分割後の第三者とは，**登記の先後で決着をつける**ことになります（民法899条の2第1項）。

ケーススタディ10-10の答え

Dは遺産分割後の第三者にあたるため、BはCの本来の相続分についてはDから取り戻せません。

（3）相続放棄と第三者

相続を放棄した者が相続財産である土地を第三者に譲渡した場合において、相続放棄により権利を取得した相続人は、**登記をしなくてもその取得を第三者に対抗することができます**。相続放棄した者は、相続財産については無権利者であるといえるからです。

合格ステップ 46

取消し・解除・時効と登記

場面	結論
(1)取消し前の第三者	詐欺：善意かつ無過失の第三者に対抗できない
(2)取消し後の第三者	先に登記した者が勝つ
(3)解除前の第三者	第三者は登記があれば勝つ
(4)解除後の第三者	先に登記した者が勝つ
(5)時効完成前の第三者	時効取得した者が勝つ
(6)時効完成後の第三者	先に登記した者が勝つ

宅建試験に「出る!」問題

1 不動産売買契約に基づく所有権移転登記がなされた後に，売主が当該契約に係る意思表示を詐欺によるものとして適法に取り消した場合，売主は，その旨の登記をしなければ，当該取消後に当該不動産を買主から取得して所有権移転登記を経た第三者に所有権を対抗できない。（2007-6-1）

解答：〇（上記合格ステップ(2)参照）

---

2 売主Ａは，買主Ｂとの間で甲土地の売買契約を締結し，所有権移転登記と引渡しをしたが，Ｂが代金を支払わないので，売買契約を解除した。Ａの解除前に，ＢがＣに甲土地を売却し，ＢからＣに対する所有権移転登記がなされているときは，ＢのＡに対する代金債務につき不履行があることをＣが知っていた場合においても，Ａは解除に基づく甲土地の所有権をＣに対して主張できない。（2009-8-1）

解答：〇（上記合格ステップ(3)参照）

---

3 Ａ所有の甲土地について，Ｂが所有の意思をもって平穏にかつ公然と時効取得に必要な期間占有を継続した。ＡがＣに対して甲土地を売却し，Ｃが所有権移転登記を備えた後にＢの取得時効が完成した場合には，Ｂは登記を備えていなくても，甲土地の所有権の時効取得をＣに対抗することができる。（2023-6-ア）

解答：〇（上記合格ステップ(5)参照）

---

4 取得時効の完成により乙不動産の所有権を適法に取得した者は，その旨を登記しなければ，時効完成後に乙不動産を旧所有者から取得して所有権移転登記を経た第三者に所有権を対抗できない。（2007-6-4）

解答：〇（上記合格ステップ(6)参照）

ウォーク問① ▶ 問１…(3) 問３…(3)(4) 問15…(4) 問28…(1) 問32…(2)(4)
問59…(4) 問60…(1)(2)(4) 問62…(1) 問63…(2)(3)(4)
問64…(2)(3) 問65…(3) 問66…(3) 問161…(ア)

第11章 不動産登記法

超頻出 Aランク

学習のポイント

学習項目	'14	'15	'16	'17	'18	'19	'20 (10月)	'20 (12月)	'21 (10月)	'21 (12月)	'22	'23
1 登記の仕組み		★	★									★
2 表示に関する登記	★			★	★	★		★		★		★
3 権利に関する登記	★			★	★			★				★
4 登記の手続き					★	★		★	★		★	★

　不動産登記法は，過去10年間で12回出題されています。以前は，2問出題されていましたが，2002年以降は1問しか出題されなくなっています。
　そもそも，不動産登記法は「ガマンの科目」ということができ，初学者がつまずきやすい科目です。それは，手続きについて定めた法律であることから，技術的な色彩が強く，学習当初はなじみにくく感じること，また，細かく正確な知識が要求される一方で，学習範囲が広いため，ある程度学習が進まなければ，手続きの全体像や個々の制度の意義がよく理解できないこと，などが理由としてあげられます。つまり，決して学習効率がよいとはいえない科目なのです。
　したがって，宅建士試験では，基本的な事項が出題された場合に，他の受験生と差がつかない程度の学習量にとどめておくのが無難です。すなわち，このテキストで説明する基本的な事項について，正確に理解できていれば十分です。
　なお，本書では，区分所有建物の登記については，「第15章　建物区分所有法」で説明します。

何を学ぶか？ どこに着目するか？

 何を学ぶか？

本章では，登記の仕組みを前提として，表示の登記，権利の登記などの具体的な内容を学びます。

登記って，何のためにあるの？

土地や建物が誰のものかわからないと安心して不動産の取引はできません。そこで「この不動産は誰のものか」についての目印をつけておこう，というのが不動産登記の意義ということになります。

登記には何が記録されているの？

記録されているのは，①不動産の場所，種類，構造，大きさなどの目に見える現況と，②不動産の所有権や抵当権など目に見えない権利の2つの内容になります。①が表示に関する登記といわれ，②が権利に関する登記といわれています。

登記をする手続きはだれがするの？

例えば，売買契約に基づいて登記名義が売主から買主に移る場合，売主と買主が共同で手続きを行います。これを「共同申請主義の原則」と言います。登記申請は，単独ではできないのが原則です。

合格への着眼点は？

不動産登記は専門性が高く，かつ知識量も多いという特徴があります。深入りすることなく，基本的知識の習得に集中しましょう。

登記の仕組み

（1）不動産登記記録の仕組み

「第10章 物権変動」で学習したように，土地や建物について争いが生じた場合に，「登記」が決め手になることが多いです。また，所有者が誰なのか，抵当権は付けられているのかといったことを確認する際，登記記録は重要な参考資料となります。

このように，不動産の取引をする際，登記は非常に重要です。この，**登記に関するルールを定めている法律を不動産登記法**といいます。

【登記記録】

登記記録とは，一筆の土地又は一個の建物ごとに表題部及び権利部に区分して作成される電磁的記録をいいます。すなわち，**登記簿に記録されているデータ**のことです。登記記録は，表題部と権利部に分かれます（不登法12条）。

表題部には，所在地や面積など，不動産の「**表示に関する登記**」が記録され，**権利部**には，所有権や賃借権などの「**権利に関する登記**」が記録されます（規則4条）。

そして，権利部は，持主は誰かというような「**所有権に関**

する事項」を記録する甲区と，抵当権がついているか，賃借権がついているかというような「所有権以外の権利に関する事項」を記録する乙区に分かれます（規則4条4項）。

合格ステップ 47

反復チェック　/　/　/

登記記録

ランク B

表示に関する登記	表題部		不動産の表示に関する事項
権利に関する登記	権利部	甲区	所有権に関する事項 （例）所有権の保存の登記，所有権の移転の登記，買戻しの登記など
		乙区	所有権以外の権利に関する事項 （例）抵当権の設定の登記，地上権・賃借権の設定の登記，配偶者居住権の設定登記など

【土地の表題部】

表題部（土地の表示）		調製	余白	不動産番号	1234567890123
地図番号	A11-1	筆界特定		余白	
所在	品川区品川一丁目				
①地番	②地目	③地積㎡		原因及びその日付〔登記の日付〕	
1番2	宅地	132	43	1番から分筆〔平成22年2月20日〕	
所有者	千代田区三崎町一丁目1番1号　山中五郎				

※　下線のあるものは抹消事項であることを示す。

【建物の表題部】

表題部 (主である建物の表示)		調製	余白	不動産番号	1234567890124
所在図番号	余白				
所在	品川区品川一丁目１番地２				
家屋番号	１番２				
①種類	②構造	③床面積 m²		原因及びその日付〔登記の日付〕	
居宅	鉄筋コンクリート造陸屋根２階建	1階 70 : 00 2階 61 : 62		平成22年９月５日新築〔平成22年10月１日〕	
所有者	千代田区三崎町一丁目１番１号　山中五郎				

※　下線のあるものは抹消事項であることを示す。

【建物の権利部（甲区）】

権利部(甲区) (所有権に関する事項)				
順位番号	登記の目的	受付年月日・受付番号	権利者その他の事項	
1	所有権保存	平成22年10月１日 第1001号	所有者	千代田区三崎町一丁目１番１号 山中五郎
付記１号	１番登記名義人氏名変更	平成23年10月１日 第2001号	原因 氏名	平成23年９月15日氏名変更 山下五郎
2	所有権移転	令和３年10月１日 第1302号	原因 所有者	令和３年10月１日売買 品川区八潮一丁目１番１号 川上清

※　下線のあるものは抹消事項であることを示す。

第11章

不動産登記法

【建物の権利部（乙区）】

権利部（乙区）（所有権以外の権利に関する事項）			
順位番号	登記の目的	受付年月日・受付番号	権利者その他の事項
<u>1</u>	<u>抵当権設定</u>	<u>平成27年4月2日 第1301号</u>	<u>原因　　　平成27年4月2日金銭消費貸借 　　　　　　同日設定</u> <u>債権額　　金3,000万</u> <u>利息　　　年4.5%</u> <u>債務者　　千代田区三崎町一丁目1番1号 　　　　　　山下五郎</u> <u>抵当権者　千代田区丸の内三丁目3番3号 　　　　　　海山銀行株式会社</u>
2	賃借権設定	平成30年5月28日 第1423号	原因　　　平成30年5月25日設定 賃料　　　1月20万円 支払時期　毎月末日 存続期間　10年 敷金　　　金40万円 賃借権者　品川区品川一丁目1番2号 　　　　　　岡村金次
3	一番抵当権抹消	令和3年4月10日 第1420号	原因　　　令和3年4月1日弁済

※　下線のあるものは抹消事項であることを示す。

　　　　何人も，登記官に対し手数料を納付して，登記記録に記録されている事項の全部又は一部を証明した書面（「登記事項証明書」）の交付を請求することができます（不登法119条1項）。また，登記事項証明書の交付の請求は，請求書面の提出，登記官が管理する入出力装置に請求情報を入力する方法，請求情報を電子情報処理組織を使用して登記所に提供する方法（いわゆるオンライン請求）のいずれによることもできます（不登規則194条1項，2項，3項）。

（2）登記できる権利とその順位

　　　登記は，不動産の表示に関する事項や，不動産についての所有権や抵当権の移転などに関する事項について行われます（不登法3条）。また，建物を増築したので床面積が変わったり，登記名義人が住所を変更した場合などに行われる変

更の登記や，登記名義人の住所の間違いを訂正する場合などに行われる**更正の登記**などがあります(不登法2条)。

【変更登記と更正登記】

変更登記	登記事項に変更があった場合に当該登記事項を変更する登記 →建物を増築したので床面積が変わったり，登記名義人が住所を変更した場合などに行われる登記
更正登記	登記事項に錯誤又は遺漏があった場合に当該登記事項を訂正する登記 →登記名義人の住所の間違いを訂正する場合などに行われる登記

(3)登記所に備え付けられるもの(図面)

登記所には，地図及び建物所在図を備え付けるものとされています(不登法14条1項)。不動産の所在などを明確にするためです。

また，登記所には，地図が備え付けられるまでの間，これに代えて，**地図に準ずる図面を備え付けることができる**こととされています(不登法14条4項)。

【地図に準ずる図面】

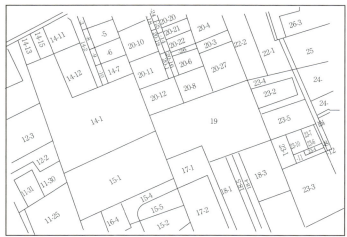

2 表示に関する登記

(1) 表示に関する登記とは

不動産の取引を行う場合，通常，その不動産の登記記録を見て，その不動産の所有者の氏名や住所，抵当権の有無などを確認します。このとき，どの不動産の登記記録であるか分からないようでは困りますので，その不動産の所在地や面積などで特定する必要があります。

このように，不動産の所在地や面積など，**表題部に記録される登記**のことを**表示に関する登記**といいます。

(2) 表示に関する登記の対抗力

表示に関する登記は，どこにどんな不動産があるのかを確認するといった目的でなされるものであり，個人の権利を守ることが目的ではありません。そのため，**表示に関する登記には，原則として対抗力はありません**。

(3) 表題登記

表題部に最初にされる登記のことを「**表題登記**」といいます。例えば，建物を新築した場合，その建物には登記記録がありませんので，所有権の保存の登記や抵当権の登記をする前提として，表題登記を行う必要があります。

また，土地が水没したり，建物が取壊しなどにより滅失したときになされる登記のことを「**滅失の登記**」といいます（不登法42条，57条）。

【表題登記・滅失の登記】

表題登記	表題部に最初にされる登記
滅失の登記	土地や建物が滅失したときになされる登記

(4) 分筆・合筆の登記

　表題登記のある一筆の土地を分割して二筆以上の土地にすることを「**分筆の登記**」といい，表題登記のある二筆以上の土地を合併して一筆の土地にすることを「**合筆の登記**」といいます。ともに登記記録上の変更であり，物理的な変更はありません。

　分筆・合筆の登記は，原則として所有者の意思に基づいて行われるものですので，**表題部所有者又は所有権の登記名義人しか行うことができません**（不登法39条1項）。

【分筆・合筆の登記】

分筆の登記	表題登記のある一筆の土地を分割して二筆以上の土地にすること
合筆の登記	表題登記のある二筆以上の土地を合併して一筆の土地にすること

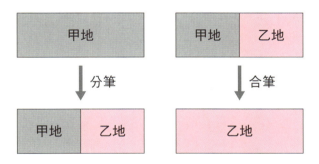

　しかし，例外的に，**一筆の土地の一部が別の地目となり，又は地番区域を異にするに至ったときは，登記官は職権で分筆の登記をしなければなりません**（不登法39条2項）。

　また，**登記官は，地図を作成するため必要があるときは，表題部所有者又は所有権の登記名義人の異議がないときに限り，職権で，分筆又は合筆の登記をすることができます**（不登法39条3項）。

（5）建物の合併・分割・区分・合体の登記

建物の合併・分割・区分の登記は，いずれも建物の物理的な形状は変更せず，登記記録上の一個の建物の範囲を変更することを内容とする登記です（不登法54条，56条）。

これに対して，**建物の合体による登記**は，建物を工事により物理的に変更した場合になされる登記です（不登法49条，50条）。

建物の合体による登記の場合，**合体後の建物についての建物の表題登記**及び**合体前の建物についての建物の表題部の登記の抹消**を申請しなければなりません（不登法49条1項）。

【建物の合併・分割・区分・合体の登記】

建物の合併の登記	表題登記のある数個の建物を法律上一個の建物とするためになされる登記
建物の分割の登記	登記簿上，それまで附属建物（物置など）と扱われていた建物を法律上独立した一個の建物とするためになされる登記
建物の区分の登記	①表題登記のある一個の建物を2以上の区分建物とするため，又は，②附属建物の一部を独立の一個以上の建物とするためになされる登記
建物の合体の登記	2以上の建物が合体して一個の建物となった場合になされる登記

（6）表示に関する登記の手続き

新築のときにしなければならない儀式

Aは，Bから買い受けた土地上に家を建てました。このように新築の家を建てた場合，Aは登記について何か義務があるでしょうか。（→ 解答は205頁）

ケーススタディ 11-1

表題登記や滅失登記など一定の表示に関する登記には，

申請義務が課せられています。表示に関する登記は，どこに
どんな不動産があるのかを確認するといった公益目的でなさ
れるものであり，登記しておく必要性が高いからです。

　例えば，**新築した建物の所有権を取得した者は，取得の
日から1カ月以内に表題登記を申請しなければなりませんし**
（不登法47条1項），また，区分建物である建物を新築した場
合において，その所有者について相続その他の一般承継が
あったときは，相続人その他の一般承継人も，被承継人を表
題部所有者とする当該建物についての表題登記を申請する
ことができます（不登法47条2項）。さらに，**土地や建物が滅
失した場合には，表題部所有者又は所有権の登記名義人は，
滅失の日から1カ月以内に滅失の登記を申請しなければなり
ません**（不登法42条，57条）。

　また，**表示に関する登記は，申請がなくても，登記官が職
権ですることができます**（不登法28条）。

ケーススタディ11-1の答え

　Aは登記の申請義務があり，表題登記を申請しなくてはなりません。

合格ステップ 48

反復チェック / / /

表示に関する登記 …… ランク

(1)目的	土地・建物の物理的現況の公示
(2)対抗力	原則として，対抗力はない
(3)申請手続き	・**新築**した建物の所有権を取得した者は，取得の日から**1カ月以内**に表題登記を申請しなければならない。 ・土地や建物が**滅失**した場合，表題部所有者又は所有権の登記名義人は，滅失の日から**1カ月以内**に滅失の登記を申請しなければならない。 ・表示に関する登記は，**登記官が職権**ですることができる。

宅建試験に「出る！」問題

建物が滅失したときは，表題部所有者又は所有権の登記名義人は，その滅失の日から1月以内に，当該建物の滅失の登記を申請しなければならない。(2009-14-4)

解答：○（上記合格ステップ(3)参照）

 問68…(2) 問70…(4) 問71…(1)(3) 問169…(1)

3 権利に関する登記

(1)権利に関する登記とは

「第10章 物権変動」で学習したように，Aさんの所有する土地がBさんとCさんに二重に売却された場合，BさんとCさんのどちらがその土地の所有権を主張できるかは，登記の有無によって，決まります。

このように，不動産についての**権利関係に関する登記**のことを**権利に関する登記**といいます。

Aさんから土地を購入したBさんがCさんにその土地の所有権を主張するためには，権利部のうち，所有権に関する事項を記録する「甲区」に登記をしておく必要があります。

(2)権利に関する登記の対抗力
　権利に関する登記は，人の権利を守ることが目的ですから，**権利に関する登記には，対抗力があります**。

(3)権利に関する登記の申請義務
　権利に関する登記は，人の権利を守ることが目的ですから，**権利に関する登記には，原則として申請義務はありません**。但し，**相続（相続人に対する遺贈を含む。）による所有権移転登記**は，相続人が所有権の取得を知った日から3年以内にしなければなりません。

講師からのアドバイス
所有者不明土地が多くなり周辺の環境悪化や公共工事の阻害が社会問題となっていることから，相続登記が義務付けられました。

(4)登記された権利の順位
　同一の不動産について**登記された権利の順位は，原則として，登記の前後による**こととされています（不登法4条1項）。
　そして，登記の前後は，登記記録の同一の区（甲区又は乙区）にした登記相互間については**順位番号**，別の区にした登記相互間については**受付番号**によります（規則2条1項）。
　なお，付記登記の順位は主登記の順位により，同一の主登記に係る付記登記の順位はその前後によることとされています（不登法4条2項）。

【主登記・付記登記】

主登記	独立の順位番号を有する登記
付記登記	それ自体独立の順位番号を有さず，他の登記に付記してなされる登記

第11章　不動産登記法

合格ステップ 49

権利に関する登記

ランク

(1)目的	人の権利保全目的
(2)対抗力	対抗力あり
(3)申請義務	原則，なし 但し，相続（相続人に対する遺贈を含む。）による所有権移転登記義務あり
(4)権利の順位	・1つの不動産に関して，2つ以上の登記がなされた場合，登記した権利の順位は，原則として，登記の前後による。 ・登記の前後は，登記記録の同一の区（甲区又は乙区）にした登記相互間については順位番号，別の区にした登記相互間については受付番号による。 ・付記登記の順位は主登記の順位により，同一の主登記に係る付記登記の順位はその前後による。

(5)所有権の保存の登記

ある不動産についてはじめてする所有権の登記のことを所有権の保存の登記といいます。

所有権の保存の登記がなされることで権利部が開設されます。つまり，土地や建物を人に売却して所有権の移転登記をしたり，借金をするために抵当権の設定登記をすることは，所有権の保存の登記がなされてはじめて可能となるのです。

所有権の保存の登記はそれまで権利部が開設されていない不動産についてなされるものですから，**その申請は単独で行うことになります**。そのため，所有権の保存の登記を申請できる者の範囲は限定されています（不登法74条）。

合格ステップ 50

所有権の保存の登記 ······ ランク A

(1)意味	ある不動産についてはじめてする所有権の登記
(2)申請者	所有権保存の登記は，原則として，以下の者以外は申請することができない。 ①表題部所有者又はその相続人その他の一般承継人 ②所有権を有することが確定判決によって確認された者 ③収用によって所有権を取得した者 ④区分建物につき，表題部所有者から直接所有権を取得した者

宅建試験に「出る！」問題

所有権の登記がされていない建物について，その所有権が自己にあることを確定判決によって確認された者は，当該建物の所有権保存の登記を申請することができる。(2000-14-1)

解答：○（上記合格ステップ(2)②参照）

ウォーク問① 問69…(1)(3) 問71…(1)(4) 問102…(2) 問169…(4)

(6)仮登記

登記の予約ってできるの？

BはAから土地を購入する予約をしましたが，Aが第三者に売却してしまうのではないか不安です。何か方法はないでしょうか。（→ 解答は211頁）

ケーススタディ 11-2

本ケースの場合，まだ予約の段階ですから，Bさん名義の本登記をすることはできません。

しかし，そのまま何も登記をしないでいると，AさんがCさ

んにその土地を売却し，所有権移転登記をされてしまうかも
しれませんので，Bさんとしては不安です。

そこで，そのような場合に備えて，仮登記という制度が設
けられています。

つまり，**本登記をすることはできないが，あらかじめその
順位を保全する目的でなされる登記のこと**を仮登記といい
ます。

仮登記は，あくまでも仮の登記ですから**対抗力はありませ
ん**。しかし，その後に**仮登記に基づく本登記がなされると，
その順位は仮登記の順位によることになります**（順位保全の
効力，不登法106条）。

仮登記は，以下の場合にすることができます（不登法105
条）。

【仮登記ができる場合】

①	登記の申請に必要な情報を登記所に提供できないとき
②	物権変動を生じさせる請求権を保全しようとするとき

そして，仮登記の申請は，原則として共同申請ですが（不
登法60条），以下の場合，**仮登記権利者が単独ですることが
できます**（不登法107条1項）。

【仮登記の申請を単独でできる場合】

①	仮登記の登記義務者の承諾があるとき
②	仮登記を命ずる処分があるとき

その後，所有権に関する仮登記に基づく本登記をする場
合，**登記上の利害関係を有する第三者がいるときは，その
第三者の承諾があるときに限り申請することができます**（不
登法109条）。

ここで，「第三者の承諾があるとき」とは，**登記所にその第
三者の承諾情報又は第三者に対抗することができる裁判が
あったことを証する情報を提供して登記申請がなされた場合**

をいいます（登記令別表69項イ）。

　なお，仮登記の抹消は，**仮登記の登記名義人が仮登記の登記識別情報を提供して単独で申請することができます。**また，**登記上の利害関係人（仮登記義務者を含む）は，仮登記名義人の承諾を証する情報を提供して，単独で申請することができます。**（不登法110条）。

【仮登記の具体例】

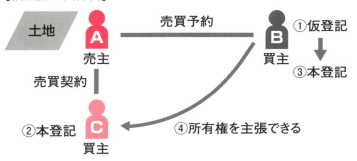

ケーススタディ11-2の答え

仮登記で順位を保全する方法があります。

【仮登記の登記記録】

権利部（甲区）（所有権に関する事項）			
順位番号	登記の目的	受付年月日・受付番号	権利者その他の事項
1	所有権保存	平成11年5月20日 第210号	所有者　豊島区○○ 　　　　A
2	所有権移転請求権仮登記	平成11年6月21日 第321号	原因　　平成11年6月21日売買予約 権利者　中野区○○ 　　　　B
	余白	余白	余白
3	所有権移転	平成11年8月21日 第432号	原因　　平成11年8月21日売買 所有者　品川区○○ 　　　　C

【仮登記の本登記の登記記録】

権利部（甲区）（所有権に関する事項）			
順位番号	登記の目的	受付年月日・受付番号	権利者その他の事項
1	所有権保存	平成11年5月20日 第210号	所有者　豊島区○○ 　　　　A
2	所有権移転請求権仮登記	平成11年6月21日 第321号	原因　　平成11年6月21日売買予約 権利者　中野区○○ 　　　　B
	所有権移転	平成12年7月31日 第543号	原因　　平成12年7月31日売買 所有者　中野区○○ 　　　　B
3	所有権移転	平成11年8月21日 第432号	原因　　平成11年8月21日売買 所有者　品川区○○ 　　　　C
4	3番所有権抹消	余白	2番仮登記の本登記により 平成12年7月31日登記

合格ステップ 51

仮登記

ランク B

(1)仮登記が認められる要件	①登記の申請に必要な情報を登記所に提供することができないとき ②権利の変動の請求権を保全しようとするとき
(2)仮登記の申請	次の場合には仮登記権利者が単独で申請することができる。 ①仮登記の登記義務者の承諾があるとき ②仮登記を命じる処分があるとき
(3)仮登記の効力	仮登記には対抗力はないが，仮登記を本登記に改めた場合，その登記の順位は仮登記の順位による（順位保全の効力）。
(4)仮登記の抹消	次の者は単独で申請することができる。 ①仮登記の登記名義人 ②仮登記の登記名義人の承諾がある場合の利害関係人

宅建試験に「出る!」問題

1 仮登記の申請は，仮登記義務者の承諾があるときは，仮登記権利者が単独ですることができる。(2004-15-1改題)

解答：○（上記合格ステップ(2)①参照）

2 仮登記の抹消は，仮登記名義人の承諾がある場合には，仮登記義務者が単独で申請することができる。(1998-15-4改題)

解答：○（上記合格ステップ(4)参照）

ウォーク問① 問72 問73…(1)(2)(4)

4 登記の手続き

(1) 申請主義

登記は，原則として，**当事者の申請**（官庁・公署なら嘱託）がなければすることができません（**申請主義**，不登法16条1項）。ただし，**表示に関する登記**など一定の場合には，**登記官が職権で登記をすることができます**（不登法28条等）。そして，登記申請の方法としては，以下の3つのものがあります。

【登記申請の方法】

従来，登記は原則として当事者又はその代理人（司法書士など）が登記所に出頭して申請しなければならないとされていましたが，平成16年の法改正によりオンライン申請が導入されたことに伴って，**必ずしも登記所に出頭して行う必要はなくなりました**（**当事者出頭主義の廃止**，旧不登法26条1項）。

なお，登記の申請をする者の委任による代理人の権限は，本人の死亡によっては，消滅しません（不登法17条1号）。

(2) 要式主義

登記の申請をするにあたっては，一定の情報を登記所に提供しなければなりません（**要式主義**，不登法18条）。なお，この**要式主義には例外はありません**。不動産の所在，地番や申請人の氏名など，一定の情報がなければ登記の申請はできないからです。

（3）共同申請主義

登記は1人でできるの？

BはAから土地を買い受けました。Bは売買代金を支払ったが、土地の登記名義はAのままになっています。Bはどうすればこの土地の登記名義を自分のものにできるのでしょうか。
（→解答は本頁下）

権利に関する登記の申請は、原則として、登記権利者及び登記義務者が共同して行う必要があります（**共同申請主義**，不登法60条）。

【共同申請主義の具体例】

 売買契約 ▶ AとBが共同して登記の申請をする必要あり

売主（登記義務者） 買主（登記権利者）

ケーススタディ11-3の答え

原則として、AとBが共同して権利移転の登記を申請すれば、登記名義を変更できます。

ただし、以下のような場合には、一定の者が単独で登記の申請をすることができます（不登法63条、64条、74条）。

【共同申請主義の例外】

①	登記手続きを命じる確定判決による登記
②	相続（相続人に対する遺贈を含む。）による所有権移転登記
③	法人の合併による登記
④	登記名義人の氏名等の変更・更正の登記
⑤	所有権の保存の登記
⑥	起業者が行う収用による所有権の移転の登記

合格ステップ 52

反復チェック　/　/　/

登記手続きに関する原則と例外 …………… ランク A

原則	例外
申請主義 →当事者の申請が必要	表示に関する登記などは，登記官の職権によりすることができる。
要式主義 →法令に定められた申請情報を登記所に提出することが必要	例外なし
共同申請主義 →権利に関する登記は，当事者が共同して申請することが必要	①登記手続きを命じる確定判決による登記 ②相続（相続人に対する遺贈を含む。）による所有権移転登記 ③法人の合併による登記 ④登記名義人の氏名等の変更・更正の登記 ⑤所有権の保存の登記 ⑥起業者が行う収用による所有権の移転の登記 などは，一定の者が単独で登記を申請することができる。

宅建試験に「出る！」問題

1 登記の申請を共同してしなければならない者の一方に登記手続をすべきことを命ずる確定判決による登記は，当該申請を共同してしなければならない者の他方が単独で申請することができる。（2005-16-1）

解答：○（上記合格ステップ①参照）

2 相続又は法人の合併による権利の移転の登記は，登記権利者が単独で申請することができる。（2005-16-2）

解答：○（上記合格ステップ②③参照）

ウォーク問① ▶ 問67…(1)(2)(3)

（4）登記申請に必要な情報

　登記申請に必要な情報について，以下，まとめておきます（不登法18条，22条，23条，61条，26条）。

申請情報 →「申請書」に相当するもの	①不動産を識別するために必要な事項 ②申請人の氏名又は名称 ③登記の目的 ④その他の登記申請に必要な事項
登記識別情報 →「登記済証(いわゆる権利書)」に相当するもの	・登記権利者及び登記義務者が共同して権利に関する登記を申請する場合，登記名義人の**本人確認をするための手段**としてその提供が求められる。 ・登記識別情報は，一定の登記が完了したとき，登記名義人となる申請人（登記権利者）に対し，登記官より通知される情報であり，その者でしか知りえない情報である。この登記識別情報は，登記事項及び登記名義人ごとに作成される，ローマ字と算用数字を羅列的に組合わせた12桁程度の情報である。 ・なお，**減失・亡失等の事情があっても，再通知（再発行）されることはない。** ・減失・亡失等の事情により，登記識別情報を提供することができない場合の本人確認の手段として，①**事前通知制度**※1，②**資格者代理人による本人確認制度**※2がある。
登記原因証明情報 →「登記原因を証する書面(登記原因証書)」に相当するもの	・原則として，権利に関する登記を申請する場合に提供しなければならない情報である。登記原因の真実性を確保し，後日その不動産の取引に入ろうとする者が，不動産の権利関係について調査することを可能にするためにその提供が求められている。

※1　登記識別情報を提供することができない場合，登記官は，登記義務者に対し，①登記申請があった旨，②その申請の内容が真実であると思料するときは一定の期間内にその旨の申出をすべき旨，を通知しなければならない(**事前通知制度**)。

※2　登記識別情報を提供できない登記申請が，登記の申請を業務とすることができる資格者代理人(司法書士，土地家屋調査士，弁護士)によってされた場合には，登記官がその代理人から申請人が登記義務者であることを確認するために必要な情報の提供を受け，その内容を相当と認めるときは，登記義務者への事前通知をする必要がない。

第12章 抵当権(ていとうけん)

超頻出 Aランク

学習のポイント

学習項目	'14	'15	'16	'17	'18	'19	'20 (10月)	'20 (12月)	'21 (10月)	'21 (12月)	'22	'23
1 抵当権とは												
2 抵当権の成立・目的物	★			★							★	
3 抵当権の性質												
4 抵当権の効力		★	★	★		★				★		
5 第三者との関係		★	★		★					★	★	
6 抵当権の処分	★	★				★						★
7 根抵当権	★											

　「抵当権」の分野は、過去10年間で9回出題されています。

　抵当権に関しては、本試験では、毎年のように出題されており、また、実務上も重要度の高い項目といえます。

　しかし、出題範囲が広く、また、内容も複雑であることから、本試験では得点しづらい問題が出題されることが多いです。

　そこで、抵当権の分野を勉強するにあたっては、本試験でよく出題されている「抵当権の効力」と「第三者との関係」を中心に、基本的知識をまとめておきましょう。

何を学ぶか？ どこに着目するか？

何を学ぶか？

本章では，抵当権について学んでいきます。そもそも抵当権とはどのような制度なのかを学んだ上で，その特徴を学んでいきます。

抵当権って，何？

借りたお金を返せなかった場合，土地や建物を強制的に売る（競売）ことができ，その代金から貸したお金を回収できるようにします。そのために土地や建物に設定する権利を抵当権といいます。この「強制的に売る（競売にかける）」ことを「抵当権の実行」といいます。

抵当権って怖い権利なの？

返すことができなくなる可能性がある人には，なかなかお金を融資しにくいものです。抵当権は万が一の事故に備えて設定する権利です。住宅ローンを組んで住宅を購入した場合，銀行等の金融機関はその住宅に抵当権を設定するのが普通です。抵当権は普通に設定されている権利であって，別段怖い権利ではありません。

じゃあ，抵当権がついていてもどうということはないのですか？

抵当権が設定されていること自体は，ごく普通のことです。ただ，返済が滞り，抵当権が実行されるとなると話は別です。競売にかけられてしまうのですから，「実行」となると強力な意味を持つ権利と考えてください。

合格への着眼点は？

抵当権はほぼ毎年出題される分野ですが，複雑な難問として出題されることが多いテーマといえます。「無駄な失点をしない」程度の心構えで臨むべきテーマと考えましょう。

1 抵当権とは

　例えば，AさんがBさんとCさんからそれぞれ1,000万円ずつお金を借りたとします。ところが，Aさんは一銭もお金を返さずに夜逃げしてしまいました。Aさんには，1,000万円の土地のみがあります。では，Aさんの1,000万円の財産は，どのように分配されることになるのでしょうか。

　先にお金を貸した者が**優先**する，と思うかもしれません。しかし，債権には**優劣**の関係はなく，どの債権も効力は平等です（**債権者平等の原則**）。具体的には，BさんとCさんは，1,000万円を自己の債権額に応じてもらうことになります。Bさんの債権額とCさんの債権額は1,000万円：1,000万円＝1：1なので，500万円ずつ返してもらうことになります。

　これに対して，もしBさんがAさんから**抵当権**の設定を受けて登記も備えていた場合には，Bさんは1,000万円全額を返してもらうことができます。

　つまり，**債務者**が抵当権で**担保**された債権（**被担保債権**）を返済しない場合，**抵当権者**は抵当権設定者（債務者など）との間で締結した抵当権に基づいて抵当目的物を競売にかけて，お金に換えることができます。そして，抵当権者は，他の債権者に**優先**して，そのお金を自己の被担保債権の返済にあてることができるのです。

【抵当権の基本構造】

　抵当権設定者と債務者は常に同一人物であるとは限りません。債務者が適当な不動産をもっていない場合には、債務者以外の者が所有する不動産に抵当権を設定してもらうことがあります。このように債務者以外の者の財産に担保権を設定する場合を「**物上保証**」といい、その財産を提供する者のことを「**物上保証人**」といいます。

【物上保証人】

2 抵当権の成立・目的物

（1）抵当権の成立

　抵当権は、抵当権設定者と抵当権者との「抵当権を設定する」旨の合意（抵当権設定契約）だけで成立し、**書面の作成や**

登記等は不要です。登記は自己の抵当権を第三者に主張するために必要となるものにすぎません。

(2) 抵当権の目的物

抵当権は，どんな物に設定することができるのでしょうか。

まず，土地・建物等の**不動産**に抵当権を設定することができます。さらに，**地上権・永小作権**にも抵当権を設定することができます(民法369条2項)。したがって，不動産をもっていなくても，永小作権等に抵当権を設定することができるのです。

なお，1つの債権を担保するために，複数の目的物に抵当権を設定することもできます(「**共同抵当**」，民法392条)。

合格ステップ 53

反復チェック / / /

抵当権の目的物 ……………………………………… ランク C

抵当権の目的物＝①**不動産**(土地・建物)，②**地上権**，③永小作権
なお，賃借権には，抵当権を設定することはできない。

3 抵当権の性質

(1) 抵当権の付従性

借金の担保に抵当権設定をしたが，融資を取り消された場合，抵当権はどうなるのか？

Bは資金をA銀行から借入れ，担保として自宅建物に抵当権を設定しました。その際，Bは架空の事業内容を偽って交渉していたので，A銀行は融資契約を詐欺を理由に取り消しました。この場合，抵当権はどうなるのでしょうか。(▶ 解答は224頁)

そもそも，抵当権を設定する契約を結んだ理由は，債務の支払いを確実にするためです。つまり，抵当権は，被担保債権のために存在するのです。そこで，抵当権は，**被担保債権に付いて従う性質**があります（**付従性**）。

したがって，被担保債権が無効などで成立しなかった場合には，抵当権も成立しません（成立の付従性）。

これと同じように，抵当権は，**被担保債権が弁済や時効により消滅すると抵当権も消滅します**（消滅の付従性）。

ケーススタディ12-1の答え

抵当権の被担保債権が取り消されて消滅すれば，付従性により抵当権も消滅します。

また，**被担保債権が移転すると抵当権も移転します**（移転の付従性あるいは**随伴性**）。

📄 合格ステップ 54

反復チェック	/	/	/

抵当権の付従性 .... ランク **B**

- (1) 被担保債権が成立しなければ，抵当権は成立しない。
- (2) 被担保債権が消滅すると，抵当権も消滅する。
- (3) 被担保債権が移転すると，抵当権も移転する。

宅建試験に「出る!」問題

抵当権の消滅時効の期間は20年であるから，AのBに対する債務の弁済期から10年が経過し，その債務が消滅しても，Aは，Bに対し抵当権の消滅を主張することができない。（1995-6-4）

解答：✕（上記合格ステップ(2)参照）

ウォーク問① ▶ 問77…(4)

(2) 順位上昇の原則

1つの不動産について，2つ以上の債権を担保するため，2つ以上の抵当権を設定することができます。この場合の抵当権相互の優劣は，登記の先後によります。そして，第1順位の抵当権者の被担保債権が弁済等により消滅したら，第2順位の抵当権は，順位が繰り上がって第1順位になります。このように**先順位の抵当権が消滅して後順位の抵当権の順位が繰り上がること**を，抵当権順位上昇の原則といいます。

4 抵当権の効力

(1) 抵当権の効力の及ぶ範囲

抵当権の効力はどこまで及ぶのでしょうか。また，抵当権を設定した不動産以外にも及ぶのでしょうか。

まず，抵当権の効力は，土地だけではなく，庭木のように抵当目的物である不動産にくっついており，その不動産と一体になったもの（**付加一体物**）にも及びます（民法370条）。

また，建物の畳やふすま・エアコンなどのように，建物の効用を高めているもの（**従物**）も，建物（**主物**）にくっついているほうがよいので，抵当権設定当時に存在した従物にも抵当権の効力が及びます（民法87条2項）。

なお，抵当権の対象不動産が**借地上の建物**であった場合，特段の事情がない限り，抵当権の効力は当該建物のみならず**借地権についても及びます**。

しかし，後述するように，抵当権設定者は，自由に目的物を使用・収益・処分することができますので，目的不動産から生じるりんごなどの**天然果実**や賃料などの**法定果実**には，原則として，抵当権の効力は及びません。もっとも，抵当権の被担保債権について不履行があったときは，その後に生じた果実にも抵当権の効力が及びます（民法371条）。

（2）被担保債権の範囲

元本の他，利息全部が抵当権で担保されるとすれば，後順位抵当権者が弁済を受けることができる分が少なくなってしまうおそれがあります。

そこで，**利息その他の定期金については**満期の来た「**最後の2年分**」についてのみ優先的に弁済を受けることができることになっています（民法375条）。

ただ，これは，後順位抵当権者等を保護するためのものですから，**後順位抵当権者等がいない場合には，抵当権者は，満期の来た最後の2年分を超える利息についても抵当権を行うことができます。**

（3）物上代位

ローン完済前に火災で消滅した場合，融資会社は保険金その他で損失補填できるのか？

Bは資金をA銀行から借入れ，担保として自宅建物に抵当権を設定しました。その後，建物は放火によって焼失してしまいましたが，その代わりにBは火災保険金と放火した第三者に対する損害賠償請求権を取得しました。Aは何か主張できないでしょうか。（➡解答は本頁下）

この場合，**保険金**や**賠償金**は，家の経済的価値が乗り移ったもの（「**価値代替物**」）といえます。そして，この価値代替物である金銭に抵当権の効力は及びます。これを，**物上代位**といいます（民法372条，304条，判例）。

ケーススタディ12-2の答え

Aは火災保険金と賠償金に物上代位することができます。

【物上代位】

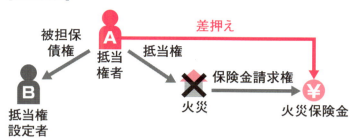

また、抵当権設定者が抵当目的物を売却した場合の**売買代金**や、賃貸した場合の**賃料**も、価値代替物といえるので、これらにも物上代位をすることができます（判例）。ただし、物上代位をするには、金銭が抵当権設定者に支払われる前に、抵当権者が**差押え**をすることが必要です。

> **プラスアルファ**
> 転貸借がなされている場合において賃借人が取得すべき転貸賃料債権について、原則として物上代位権を行使することはできません（判例）。

合格ステップ 55

抵当権の効力 ランク A

(1) 抵当権の及ぶ範囲

抵当権の効力は、付加一体物又は抵当権設定時の従物に及ぶ。したがって、借地上の建物に対する抵当権は、借地権にも及ぶ。

(2) 被担保債権の範囲

利息その他の定期金については、満期の来た**最後の２年分についてのみ**優先弁済を受ける。

ただし、**後順位抵当権者がいない**場合は、その２年分を超える利息についても優先弁済を受けることが**できる**。

(3) 物上代位

抵当権者は、目的物の滅失等に伴って、抵当権設定者が受け取るべき金銭に、物上代位をすることができる。例えば、**保険金請求権・損害賠償請求権・賃料・売買代金**等が物上代位の対象となる。

ただし、物上代位をするためには、金銭が抵当権設定者に**支払われる前に**、抵当権者が**差押え**をしなければならない。

宅建試験に「出る!」問題

Ａの抵当権設定登記があるＢ所有の建物が火災によって焼失してしまった場合，Ａは，当該建物に掛けられた火災保険契約に基づく損害保険金請求権に物上代位することができる。（2012-7-3）

解答：〇（上記合格ステップ参照）

ウォーク問① 問76…(1) 問77…(3)

（4）抵当権設定者のできること

　例えば，土地に抵当権を設定した場合，誰がこの抵当権の付いた土地を使うことになるのでしょうか。この点，抵当権者の目的は，貸したお金が返済されない場合にその土地を競売にかけることにすぎず，土地を使うことではありません。そこで，抵当権設定後実行までの間は，**抵当権者の同意がなくても，抵当権設定者は，自由に目的物を使うことができる**のです。

　また，抵当権設定者は，抵当権者の**同意がなくとも，**抵当権のついた物件を人に**処分（売却）**することもできます。抵当権者としては，その物件を誰が使おうがかまわないからです。

　また，同様の理由で，抵当権設定者は，**抵当権者の同意がなくとも，自由に目的物を収益（賃貸等）することができます**。これによって，抵当権設定者は，賃料を得ることができます。

　なお，抵当権設定者は，目的物を使用・収益・処分することができますが，壊す等好き勝手にしてもよいわけではありません。抵当権者は，抵当権設定者が通常の利用方法を逸脱し目的物を損傷するような場合，抵当権に基づき**妨害排除請求**をすることができます。

合格ステップ 56

抵当目的物の使用・収益・処分　ランク A

抵当権設定者は，抵当権者の同意がなくとも，自由に目的物を使用・収益・処分することができる。

ただし，抵当権設定者が通常の利用方法を逸脱して，滅失，損傷等の行為を行う場合は，抵当権者は抵当権に基づき妨害排除請求をすることができる。

宅建試験に「出る!」問題

Aは，Bに対する貸付金債権の担保のために，B所有の更地である甲土地に抵当権を設定し，その旨の登記をした。その後，Bはこの土地上に乙建物を築造し，自己所有とした場合，Aは，Bに対し，乙建物の築造行為は，甲土地に対するAの抵当権を侵害する行為であるとして，乙建物の収去を求めることができる。(2002-6-1)

解答：×（上記合格ステップ参照）

第12章 抵当権

5 第三者との関係

（1）第三取得者との関係

【第三取得者】

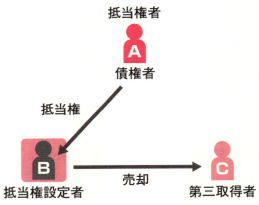

　抵当権設定者は，抵当権者の同意がなくとも，自由に目的物を売却することができます。ここで，もし抵当権を設定した物件を買った者のほうが抵当権者より先に登記をしていた場合には，抵当権者は，債務者が債務を弁済しなかったとしても抵当権を実行することができません。

逆に、抵当権者のほうが先に登記をしていた場合、債務者が債務を弁済しないときは、買主（**第三取得者**）は抵当権を実行されて所有権を失ってしまいます。そして、この場合、第三取得者を保護するための手段があります。これには、第三者弁済、抵当権消滅請求、代価弁済、自ら競落するなどの手段があります。

【第三取得者の保護の制度】

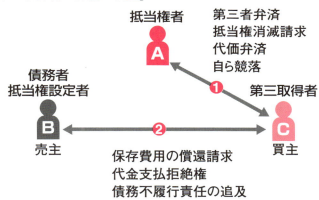

(a) 第三者弁済

　第三取得者保護の手段として、まず第三者弁済があります（第7章参照）。Cさんは、Bさんに代わって弁済することができるのです。

　すなわち、**第三取得者**は、抵当権が実行されると抵当目的物の所有権を失う関係にあり、弁済をするについて正当な利益がありますので、債務者と債権者があらかじめ第三者の弁済を禁止し、もしくは制限する旨の反対の意思を表示（特約）していなければ、**債務者の意思に反しても**、弁済することができます（民法474条1項）。さらに、弁済した場合には、債務者に弁済額の支払い（償還）を求めることができます。

合格ステップ 57

第三取得者による弁済　ランク B

抵当不動産の第三取得者は，当事者があらかじめ反対の意思を表示していない場合には，債務者に代わって債務を弁済し，抵当権の実行を防止することができる。代わりに弁済した第三取得者は，弁済額の償還を債務者に求めることができる。

講師からのアドバイス
主債務者や保証人は，この抵当権消滅請求をすることはできません。

プラスアルファ
抵当権消滅請求の他に代価弁済というものもあります。代価弁済とは，抵当不動産について所有権又は地上権を買い受けた第三者が，抵当権者の請求に応じて，抵当権者にその買受代金を支払って，自分のために抵当権を消滅させることをいいます。

(b) 抵当権消滅請求

抵当権消滅請求とは，抵当不動産について所有権を取得した者（抵当不動産の第三取得者）が，売買代価又は自己の指定した金額を，抵当権者に弁済又は供託して，抵当権を消滅させる制度のことをいいます（民法379条）。

なお，抵当権者が抵当権消滅請求を望まないときは，抵当権者は，抵当権消滅請求の書面による通知の送付を受けてから2カ月以内に抵当権の実行をして競売の申立てをしなければなりません（民法384条1号）。

そして，抵当権消滅請求の通知を受けた債権者が抵当権の実行をするときには，通知を受けてから2カ月以内に，債務者及び抵当不動産を譲渡した者にその旨の通知をしなければなりません（民法385条）。なぜなら，抵当権が実行されることによって抵当不動産の所有権を失った第三取得者が，債務者に対して求償したり，抵当不動産を譲渡した者に損害賠償請求権を行使したりする可能性があることから，債務者や抵当不動産を譲渡した者に弁済の機会を与える必要があるからです。

合格ステップ 58

抵当権消滅請求

抵当不動産について所有権を取得した第三者(抵当不動産の第三取得者)は，売買代価又は自己の指定した金額を，抵当権者に弁済又は供託して，抵当権を消滅させることができる(抵当権消滅請求)。

ただし，主たる債務者，保証人は，抵当権消滅請求をすることができない。

宅建試験に「出る!」問題

抵当不動産の被担保債権の主債務者は，抵当権消滅請求をすることはできないが，その債務について連帯保証をした者は，抵当権消滅請求をすることができる。(2015-6-2)

解答：×(上記合格ステップ)

ウォーク問① 問75…(4) 問78…(2)

(c) 自ら競落

さらに，抵当権を消滅させられず，抵当権が実行されたとしても，**第三取得者自ら競落**することにより，所有権を確保することができます(民法390条)。

合格ステップ 59

自ら競落

第三取得者は，自ら競落する(競買人になる)ことができる。

(d) その他の手段

買い受けた不動産について契約の内容に適合しない抵当権が存していた場合において，その抵当目的物の第三取得者が，自ら費用を支出して所有権を保存したとき，買主であ

る第三取得者は、売主に対し、善意・悪意を問わず、**保存費用の償還請求**をすることができます（民法570条）。

また、抵当権が実行され、抵当不動産の所有権を失ってしまった場合は、買主として、売主に対して債務不履行を理由とする損害賠償請求と契約の解除をすることができます。

さらに、買い受けた不動産について契約の内容に適合しない抵当権の登記があるときは、**買主は、抵当権消滅請求の手続きが終わるまでは代金の支払いを拒絶**することができます（民法577条1項前段）。

（2）抵当権に後れる賃借人の地位

【抵当不動産の賃貸借】

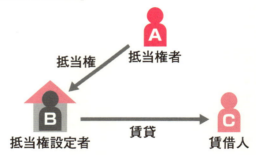

抵当権設定者は、抵当権者の同意がなくとも、目的物を第三者に賃貸することができます。ただし、**抵当権の登記後に抵当不動産を賃借した者は、抵当権が実行されてしまうと、原則として、買受人に対して賃借権を主張することができません**。

なお、この場合、直ちに明渡請求ができるとするのは酷なので、次の2つの制度が設けられました。

1つは、抵当権設定登記後に設定された**建物**賃貸借で、競売手続開始前からその建物の使用・収益をしていた賃借人等については、その抵当権が実行されて買受人が買受け

をした時から6カ月間は明渡しが猶予されるという制度です（民法395条1項）。

　ただし，買受人の買受けの時より後に建物の使用をしたことの対価について，買受人が抵当建物使用者に対し相当の期間を設けてその1カ月分以上の支払いを催告し，その期間内に履行がないときには，明渡しの猶予を受けることができません（民法395条2項）。なお，明渡猶予制度は**建物についてのものであり，土地については認められません。**

　次に，登記された賃借権については，その登記前に登記をした抵当権を有するすべての者が同意をし，かつ，その同意の登記があるときは，賃借人はその同意をした抵当権者に対して賃借権を対抗することができるという制度が設けられました（民法387条1項）。

　なお，抵当権者がこの同意をするためには，**転抵当**（抵当権者がその抵当権をもって他の債権の担保とすること）権者など，その抵当権を目的とする権利を有する者その他抵当権者の同意によって不利益を受けるべき者の承諾を得なければなりません（民法387条2項）。

📈 合格ステップ 60

反復チェック	/	/	/

抵当権に対抗することができない建物賃借人の保護 …… B

ランク

(1) 原則

　　抵当権設定登記後に設定された賃借権は，原則として，抵当権者（買受人）に対抗できない。

(2) 建物明渡しの猶予

　　抵当権の設定登記後に設定された建物賃貸借で，競売手続開始前からその建物の使用・収益をしていた賃借人等については，その抵当権が実行された場合に，買受人の買受けの時から6カ月はその建物の明渡しが猶予される。

第12章　抵当権

LEC東京リーガルマインド　2024年版出る順宅建士 合格テキスト ①権利関係　235

宅建試験に「出る!」問題

AはBから2,000万円を借り入れて土地とその上の建物を購入し、Bを抵当権者として当該土地及び建物に2,000万円を被担保債権とする抵当権を設定し、登記した。この場合Bの抵当権設定登記後にAがDに対して当該建物を賃貸し、当該建物をDが使用している状態で抵当権が実行され当該建物が競売された場合、Dは競落人に対して直ちに当該建物を明け渡す必要はない。(2010-5-3)

解答：〇（上記合格ステップ(2)参照）

ウォーク問① 問75…(2) 問76…(3)

(3) 法定地上権・一括競売

競売で建物だけ入手した場合、土地所有者に追い出されるのか？

Bさんは、土地とその上の建物を所有していましたが、Aさんから借金するにあたり、このうち建物だけに抵当権を設定しました。しかし、結局借金を返済することができず、建物は競売にかけられCさんのものとなりました。その後、土地の所有者であるBさんは、建物の所有者であるCさんに対して「ここはオレの土地だ。お前にはここを使う権利はないのだから、早く建物を取り壊して出ていけ」と主張しましたが、これは認められるでしょうか。（➡解答は237頁）

ケーススタディ 12-3

【法定地上権】

すでに説明したように、土地と建物は独立した別々の不動産です。そのため、競売の結果、土地と建物の所有者が別々になることがあります。もし土地と建物の所有者が抵当権の設定以前から別々の人であったとしたら、通常は、建物のために土地の利用権が設定されているので問題は少ないですが、抵当権設定当時、土地と建物が同一人所有の場合は、このような権利がないのに、土地と建物の所有者が別々の人になってしまいます。この場合、土地の所有者を勝たせて、建物を壊すのは、非常にもったいないことです。

そこで、法律によって、このような建物の所有者に「**法定地上権**」という土地を利用することができる権利を与えました。**法定地上権**とは、**抵当権設定当時土地の上に「建物が存在」し、その土地及び建物が「同一の所有者」に属する場合に、土地又は建物の一方又は双方を抵当に入れ、競売の結果、土地と建物の所有者が別々になる場合**には、競売のときに地上権を設定したものとみなされるという制度のことです（民法388条、判例）。

ケーススタディ12-3の答え

Cさんには法定地上権が成立し、Bさんは、Cさんに対して「出ていけ」と言うことは認められません。

【一括競売】

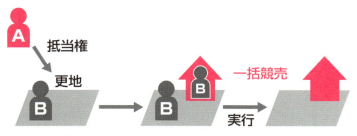

次に、更地に抵当権を設定した後建物を建てた場合を考

えてみると，この土地を競売したときは，建物所有者と土地所有者とが別々の人になります。しかし，**法定地上権は成立しません。**抵当権設定当時，土地の上に建物が存在していないので，法定地上権の成立要件を満たさないからです。実際上も，更地に抵当権を設定した場合にまで法定地上権の成立を認めると，結局競売の際には安い値段しかつかず，更地として担保価値を高く評価した抵当権者の利益を害することになります。

　ただ，建物を存続させるために，法定地上権とは別の制度があります。すなわち，**更地に抵当権を設定した後に，その土地に建物が築造された場合には，**抵当権者は土地とともに建物を一括して競売にかけることができるのです（**一括競売**，民法389条本文）。

　ここで注意してほしいのは，土地に対する抵当権の効力は，建物には及んでいないのですから，競売の結果，**抵当権者が優先的に弁済を受けることができるのは，土地の代金についてだけである**という点です（民法389条1項但書）。建物についての代金は，当然建物の所有者に支払われることになります。

重要条文

＜民法＞

第388条（法定地上権）

　土地及びその上に存する建物が同一の所有者に属する場合において，その土地又は建物につき抵当権が設定され，その実行により所有者を異にするに至ったときは，その建物について，地上権が設定されたものとみなす。この場合において，地代は，当事者の請求により，裁判所が定める。

📈 合格ステップ 61

反復チェック / / /

法定地上権・一括競売 ············· ランク A

(1) 法定地上権

以下の要件を満たすときは，法定地上権が成立する。

①	抵当権設定時に，土地の上に建物が存在すること →建物について登記がなされている必要はない
②	抵当権設定時に，土地と建物の所有者が同一人であること →抵当権設定後に，土地あるいは建物のどちらかが譲渡され，土地と建物が別人の所有に属した場合でもよい
③	土地と建物の一方又は両方に抵当権が存在すること
④	競売の結果，土地と建物の所有者が別々になること

(2) 一括競売

更地に抵当権を設定した後，抵当地に建物が築造されたときは，抵当権者は，原則として，土地とともにその建物を競売することができる（一括競売）。ただし，優先的に弁済を受けられるのは土地の代価についてのみである。

宅建試験に「出る！」問題

Aは，Bに対する貸付金債権の担保のために，B所有の更地である甲土地に抵当権を設定し，その旨の登記をした。その後，Bはこの土地上に乙建物を築造して自己所有とした場合において，Bが，甲土地及び乙建物の双方につき，Cのために抵当権を設定して，その旨の登記をした後（甲土地についてはAの後順位），Aの抵当権が実行されるときは，乙建物のために法定地上権が成立する。（2002-6-2）

解答：×（上記合格ステップ(1)①参照）

ウォーク問❶ 問75…(3) 問78…(4) 問79…(1)(2)(4)

第12章 抵当権

LEC東京リーガルマインド 2024年版出る順宅建士 合格テキスト ①権利関係 239

6 抵当権の処分

抵当権の優先弁済権を他者に譲渡する等，その優先弁済権を変更することを抵当権の処分といいます。

抵当権の処分には，（１）抵当権の譲渡・放棄，（２）抵当権の順位の譲渡・放棄，（３）抵当権の順位の変更及び（４）転抵当があります（民法376条１項，374条）。

（１）抵当権の譲渡・放棄

抵当権の**譲渡**とは，抵当権者の優先弁済権を**一般債権者**（抵当権等の担保権を有しない債権者）に譲渡することです。抵当権の**放棄**とは，抵当権者の優先弁済権を抵当権者と**一般債権者**の債権額の割合で分け合うことです。

【具体例】

甲土地（5,000万円）
- 一番抵当権者Ａ（3,000万円）
- 二番抵当権者Ｂ（2,000万円）
- 一般債権者　Ｃ（2,000万円）

（元の配当額）
A：3,000万円
B：2,000万円
C：　　0円

【ＡからＣに抵当権の譲渡をした場合】

Ａの有する優先弁済権3,000万円について，Ｃが2,000万円配当を受け，残額の1,000万円につきＡが配当を受けます。Ｂの配当額は変わりません。

譲渡後の配当額
A：1,000万円
B：2,000万円
C：2,000万円

【ＡからＣに抵当権の放棄をした場合】

Ａの有する優先弁済権3,000万円について，ＡとＣが債権額の割合（３：２）に応じて分け合うことになります。Ｂの配当額は変わ

放棄後の配当額
A：1,800万円
B：2,000万円
C：1,200万円

りません。

（２）抵当権の順位の譲渡・放棄

抵当権の**順位の譲渡**とは，**後順位抵当権者に**，先順位抵当権者の優先弁済権を譲渡することです。抵当権の**順位の放棄**とは，先順位抵当権者の優先弁済権を先順位抵当権者と**後順位抵当権者**の債権額の割合で分け合うことです。

【具体例】

乙土地（6,000万円）一番抵当権者A（3,000万円）
二番抵当権者B（2,000万円）
三番抵当権者C（2,000万円）

（元の配当額）
A：3,000万円
B：2,000万円
C：1,000万円

【AからCに抵当権の順位の譲渡をした場合】

Aの有する優先弁済権3,000万円について，Cが2,000万円配当を受け，残額の1,000万円につきAが配当を受けます。さらに，順位譲渡前のCの配当額はAがその配当を受けます。Bの配当額は変わりません。

順位譲渡後の配当額
A：2,000万円
B：2,000万円
C：2,000万円

【AからCに抵当権の順位の放棄をした場合】

Aの有する優先弁済権3,000万円について，AとCの債権額の割合に応じて分け，順位放棄前のCの配当額もAとCの債権額の割合に応じて分けます。

順位放棄後の配当額
A：2,400万円
B：2,000万円
C：1,600万円

すなわち，Aの優先弁済権とCの順位放棄前の配当額の合計額である4,000万円をAとCの債権額の割合（3：2）に応じて分けます。Bの配当額は変わりません。

（3）抵当権の順位の変更

抵当権の順位の変更とは，各抵当権者の合意によって，抵当権の順位を変更することです。例えば，[1番抵当：A，2番抵当：B，3番抵当：C]の順位を，[1番抵当：C，2番抵当：B，3番抵当：A]に変更することです。この場合，ＡＢＣの合意が必要となります。抵当権の順位の変更は，その登記をしなければ，効力を生じません（民法374条2項）。

（4）転抵当

転抵当とは，抵当権者が，抵当権を他の債権者の有する債権の担保とすることです（民法376条1項前段）。転抵当権者は，抵当権者の有する担保価値から，優先的に配当を受けることができます。

7 根抵当権

（1）根抵当権とは

継続的な借入れ取引に有用な抵当権って？

Aは資金をB銀行から借入れ，担保として自宅建物に抵当権を設定しました。その後，AとB銀行間で土地を担保とした貸し付けと弁済が頻繁に行われるようになりました。しかし，その度に抵当権を設定し直すことに煩わしさを感じています。何か有効な方法はないでしょうか。（解答は243頁）

一定の範囲内の不特定の債権を極度額を限度として担保する目的で設定する抵当権を根抵当権といいます（民法398条の2第1項）。

本ケースのように，繰り返し取引をする場合には，いくつ

もの債権が発生しますが，その度にいちいち抵当権を設定しなおすのは手間がかかります。このような場合，根抵当権を設定することが多いのです。

ケーススタディ12-4の答え

根抵当権を設定する方法があります。

根抵当権は，元本確定前は普通の抵当権と違い，**付従性・随伴性がありません**。例えば，元本の確定前に根抵当権者より債権を取得した者は，その債権について根抵当権を行うことができないのです(民法398条の7第1項前段)。

また，確定した**元本**ならびに**利息**その他の定期金及び債務の不履行によって生じた損害の賠償の全部につき，**極度額を限度**として根抵当権を行うことができます(民法398条の3第1項)。すなわち，利息などにつき，「**最後の2年分**」の制限がありません。

(2)極度額

根抵当権においては，不特定の債権を担保することから，一定限度の枠(例えば，「1億円の範囲内で担保」)を設けることで，担保する金額が無限にならないようにしています。この金額の枠のことを**極度額**といいます。

極度額は，利害関係を有する者(後順位抵当権者等)の**承諾**があれば，変更することができます(民法398条の5)。

(3)元本の確定

根抵当権により担保される債権を決めることを，**元本の確定**といいます。根抵当権においては，担保される債権は不確定ですから，どの債権が担保されるのかを決める必要があるのです。そして，元本確定の日より後に発生する債権は担保されません。

では，元本はいつ確定するのでしょうか。まず，**元本確定期日を定めた場合**，元本はその期日に確定します（民法398条の19第3項）。

次に，**元本確定期日を定めなかった場合，根抵当権者**はいつでも元本の確定を請求することができ，その請求の時に元本が確定します（民法398条の19第2項）。これに対し，**根抵当権設定者**は，根抵当権設定時より3年を経過すれば，元本の確定を請求することができ，請求の時より2週間後に元本が確定します（民法398条の19第1項）。

合格ステップ 62

根抵当権 ランク B

(1) 根抵当権は，一定の範囲内の不特定の債権を極度額を限度として担保する目的で設定される。

(2) 元本の確定前に根抵当権者より債権を取得した者はその債権につき根抵当権を行うことができない（根抵当権には，付従性・随伴性がない）。

(3) 根抵当権者は確定した元本ならびに利息その他の定期金及び債務の不履行によって生じた損害の賠償の全部につき極度額を限度としてその根抵当権を行うことができる。

宅建試験に「出る！」問題

元本の確定前に根抵当権者から被担保債権の範囲に属する債権を取得した者は，その債権について根抵当権を行使することはできない。 （2011-4-2）

解答：〇（上記合格ステップ(2)参照）

ウォーク問① ▶ 問81…(1)(2)　問82…(2)(3)

第13章 保証・連帯債務

超頻出Aランク

学習のポイント

学習項目	'14	'15	'16	'17	'18	'19	'20 (10月)	'20 (12月)	'21 (10月)	'21 (12月)	'22	'23
1 保証とは												
2 保証債務の成立・範囲等		★					★					
3 保証債務の性質												
4 連帯保証							★					
5 個人根保証契約							★					
6 連帯債務				★					★			
7 分割債務・不可分債務												

「保証・連帯債務」の分野は、過去10年間で4回出題されています。

保証・連帯債務は、新聞やテレビなどで連帯保証人が負う責任などについて目にすることから、比較的なじみのある制度であるものの、本試験では、制度そのものに関する正確な知識が身に付いているかどうかを試す問題が出題されるため、勉強を始めた頃は難しく感じるところでもあります。

ただ、本試験で問われている内容はかなり限られており、おぼえるべき知識の数はそれほど多くないことから、本書を読んで内容を一通り押さえた後で、過去の本試験問題を何度も繰り返し解くことで、十分得点源とすることができる項目であるといえます。

なお、問題を解くにあたっては、図をしっかりと描いて登場人物の関係を明確にしたうえで問題に取り組む必要があります。

何を学ぶか？どこに着目するか？

何を学ぶか？

これまで勉強してきた分野のほとんどは，当事者が一対一である場合を基本としています。本章では，当事者が複数である場合を学習します。

保証って，何ですか？

保証というのは簡単に言えば，借金した人が返済できないときに保証人に支払ってもらえる制度です。とりあえず保証人に立て替えてもらうことができるので，債権者は安心してお金を貸すことができます。

連帯保証人って何ですか？

保証の中でも，債権者にとってより確実な弁済を期待できるのが連帯保証です。連帯保証人は，通常の保証人と違い，ほとんど債務者と同様の弁済義務を負うことになります。

連帯債務って何ですか？

債権者は，連帯債務を負っているすべての債務者に対して，同時に全額の請求ができます。このように，債権者が，債務者の全員に，同時に，全額の請求ができる場合を連帯債務といいます。

合格への着眼点は？

複数の登場人物が現れる債務者関係は覚えることも多く，一見難しそうに見えます。しかし，実際はパズルのように解くことができますので，楽しんで問題に取り組む意識を持ってください。

1 保証とは

　例えば、AさんがBさんにお金を貸した場合、Aさんとしては、借金の当事者以外のCさんに「**保証**」をしてもらうという方法を採ることができます。つまり、CさんがBさんの保証人になると、BさんがAさんに返済できない場合は、Cさんが代わりにAさんに支払わなければならなくなります。このように、「**保証人**」は「**主たる債務者**」がその債務（「**主たる債務**」）を履行しない場合には、主たる債務者の代わりに債務を履行する義務を負います（民法446条）。そして、**保証人が債権者に対して負担する義務のこと**を保証債務といいます。

【保証】

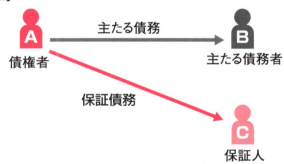

2 保証債務の成立・範囲等

（1）保証債務の成立

　保証債務の成立には**保証契約**が必要ですが、保証契約は債権者と保証人との間で結ばれるものです。そして、保証契約は、書面又は電磁的記録でしなければ、その効力を生じません（民法446条2項、3項）。これに対し、保証委託契約（保

証人になってもらうよう依頼する契約）は，保証契約に必ず
しも必要なものではありません。つまり，主たる債務者から
**委託を受けていなくても，また，主たる債務者の意思に反し
ても，保証契約を結ぶことができます。**

（2）保証人の資格

（a） 主たる債務者が保証人を立てる義務を負う場合には，
保証人は，①**行為能力者**であり，かつ，②**弁済の資力**を
有する者でなければなりません（民法450条1項）。

（b） 保証人が上記の②の**条件を欠く**に至った場合には，債
権者は，②の条件を備える者に保証人を**代えるよう請求**
することができます（民法450条2項）。

（c） 上記の(a)，(b)は，債権者が**保証人を指名した場合に
はあてはまりません**（民法450条3項）。

（3）保証債務の範囲

保証債務は主たる債務の支払いを担保するための手段で
あるから，その範囲には，主たる債務そのもの（元本）はもち
ろん，利息，違約金などの**主たる債務に従たるものも含まれ
ます**（民法447条1項）。**保証人は保証債務についてのみ，違
約金又は損害賠償の額を債権者と約束することができます**
（民法447条2項）。

重要条文

＜民法＞
第446条（保証人の責任等）
1 保証人は，主たる債務者がその債務を履行しないときに，その履行をする責任を負う。
2 保証契約は，書面でしなければ，その効力を生じない。
3 保証契約がその内容を記録した電磁的記録（電子的方式，磁気的方式その他人の知覚によっては認識することができない方式で作られる記録であって，電子計算機による情報処理の用に供されるものをいう。）によってされたときは，その保証契約は，書面によってされたものとみなして，前項の規定を適用する。

第447条（保証債務の範囲）
1 保証債務は，主たる債務に関する利息，違約金，損害賠償その他その債務に従たるすべてのものを包含する。
2 保証人は，その保証債務についてのみ，違約金又は損害賠償の額を約定することができる。

合格ステップ 63

保証債務の成立

ランク A

(1) 保証契約は，**主たる債務者の意思に反して**結ぶことも可能である。
(2) 保証契約は**書面**（又は，電磁的記録）でしなければ，その効力を生じない。

宅建試験に「出る！」問題

保証人となるべき者が，口頭で明確に特定の債務につき保証する旨の意思表示を債権者に対してすれば，その保証契約は有効に成立する。(2010-8-2)

解答：×（上記合格ステップ(2)参照）

ウォーク問① 問83…(1)(2)

3 保証債務の性質

（1）保証債務の付従性・随伴性

借主本人は免除されて，保証人だけ支払わされることがあるのか？

BはAから金銭を借り入れるにあたり，Cが保証人となりました。その後，AとBの話合いで借金はチャラにしてもらうことになりました。この場合，保証人であるCはAが支払いを請求してきたら支払わなくてはならないでしょうか。（→解答は251頁）

　保証債務は，主たる債務の支払いを確実にするための手段ですから，主たる債務と運命をともにします。この性質を抵当権の場合と同様，**付従性**といいます。以下はそのあらわれです。

① 主たる債務が成立していない場合には，保証債務も成立しません。

② 主たる債務が消滅すると，それに伴って保証債務も消滅します。

③ 主たる債務が軽くなれば，それに伴って保証債務も軽くなります。例えば，債権者が主たる債務者の借金を一部まけた（債務の一部免除）場合には，保証債務もその分減少します。

④ 保証債務の内容が主たる債務よりも重いときは，保証債務は主たる債務の限度に減額されます（民法448条1項）。例えば，主たる債務の額が1,000万円の場合，保証債務の額が1,500万円と定められたときでも，保証債務は1,000万円の限度でしか成立しないのです。逆に，保証債務の内容が主たる債務よりも軽くなることはさし

つかえありません。

⑤ **主たる債務者について生じた事由の効力は**，原則として，**保証人にも及びます**。例えば，**主たる債務の消滅時効の完成猶予・更新は**，**完成猶予事由・更新事由のいかんを問わず**，**すべて保証人にも効力が及びます**（民法457条1項）。

⑥ ただし，**主たる債務が重くなってもそれに伴って保証債務も重くなるわけではありません**（民法448条2項）。例えば，債権者と主たる債務者との間で利息をアップすることにしても，保証人は変更前の利息で足ります。保証人の関知しないところで勝手に利息が変更され，それに伴って保証債務も重くなるとすると，保証人がかわいそうだからです。

ケーススタディ13-1の答え

Cが支払う必要はありません。

合格ステップ **64**

反復チェック　／　／　／

保証債務の付従性 ‥‥‥‥‥‥‥‥‥‥‥‥‥‥‥‥‥ ランク **A**

(1) **主たる債務が成立していない**場合には，**保証債務も成立しない**。

(2) **主たる債務が消滅**すると，それに伴って**保証債務も消滅**する。

(3) 主たる債務者について生じた事由の効力は，原則として**保証人にも及ぶ**。例えば，**主たる債務の消滅時効の完成猶予・更新**は，**保証人にもその効力が及ぶ**。

(4) ただし，主たる債務の内容が重くなっても，**保証債務の内容は重くならない**。

宅建試験に「出る!」問題

AからBが1,000万円を借り入れ，Cがその借入金返済債務についてBと連帯して保証する場合において，Aが，Bに対して履行を請求した効果はCに及ぶ。(2008-6-2改題)

解答：○（上記合格ステップ(3)参照）

ウォーク問① 問84…(2)　問87…(1)(2)(3)

なお，保証債務には，抵当権と同じく**随伴性**があります。すなわち，主たる債務が移転すると，それに伴って保証債務も移転します。したがって，保証人は，債権譲渡（第22章参照）による債権の譲受人に対して保証債務を負うことになります。

では，**保証債務に生じた事由**は，**主たる債務**に**影響する**でしょうか。

保証債務に生じた事由は，主たる債務には影響しないのが原則です。

しかし，例外として，①保証債務が「**弁済**」によって消滅した場合，②保証人が債権者との間で「**相殺**」して保証債務が消滅した場合，主たる債務は消滅します。相殺は実質的に

は弁済と変わりないからです。

【主たる債務者の相殺】

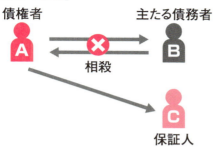

主たる債務者が債権者との間で相殺して，主たる債務が消滅した場合

↓

保証債務も消滅する(付従性)。

【保証人の相殺】

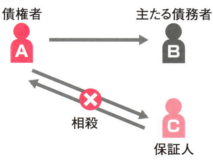

保証人が債権者との間で相殺して，保証債務が消滅した場合

↓

主たる債務も消滅する。

(2) 抗弁権の援用

保証債務の付従性から，主たる債務者が債権者に対して

主張することができることは，保証人も債権者に対して主張することができます。すなわち，保証人は，主たる債務者の有する**抗弁権**(こうべんけん)(債権者からの請求を拒絶する権利)を援用することができるのです(民法457条2項)。この「**抗弁権の援用**」に関しては，「**相殺の抗弁権の援用**」が出題されています。以下説明します。

【相殺の抗弁権の援用】

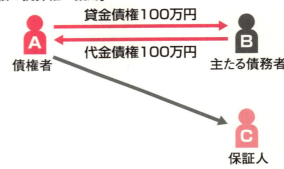

　上の図のように，主たる債務者は債権者との間で相殺できる状態ですが，まだ相殺していない場合，**保証人は，債権者に対し，主たる債務者が相殺で債務を免れるべき限度において履行を拒むことができます。**
　上の図であれば代金債権と貸金債権が共に100万円ですから，CはAに対して100万円全額につき支払拒絶をできます。
　仮に代金債権が60万円で貸金債権が100万円だとすると，BがAに対して相殺をなしうる金額が60万円となるため，CはAに対して60万円は支払拒絶をできますが，残りの40万円は支払わなければなりません。

（3）補充性

> **借主本人をすっとばして、保証人に支払わせることは可能か？**
>
> AさんはBさんに1,000万円を貸し付け、Cさんがその1,000万円について保証人となりました。Bさんは弁済期にAさんに1,000万円を返さなかったので、Aさんはいきなり Cさんに、「1,000万円を支払え」と請求してきました。Cさんは1,000万円を支払わなければならないでしょうか。（解答は256頁）

【補充性】

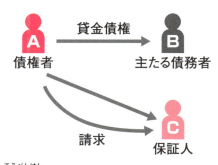

（a）催告の抗弁権

連帯保証の場合と異なり、通常の保証契約を結んだ場合、保証債務は主たる債務が支払われない場合に備えた補充的な手段です（保証債務の**補充性**）。したがって、**債権者が主たる債務者に催告（支払ってくれと請求すること）もせずに、いきなり保証人に請求した場合には、原則として保証人は、「まず主たる債務者に催告をしてくれ」と言って、支払いを拒むことができます**（民法452条本文）。これが、保証人の**催告の抗弁権**です。

（b）検索の抗弁権

保証債務の補充性から導かれる保証人の権利として、検

索の抗弁権もあります（民法453条）。すなわち，債権者が主たる債務者に催告をした後でも，保証人が，①主たる債務者に弁済の資力があり，かつ，②強制執行が容易にできること，を証明した場合には，債権者は，まず，主たる債務者の財産について執行をしなければなりません。

ケーススタディ13-2の答え

Cさんは，催告の抗弁権を主張して，Aさんの請求を拒むことができます。

合格ステップ 65

反復チェック / / /

ランク A

補充性

(1) 債権者が主たる債務者に催告することなく，いきなり保証人に請求してきた場合には，原則として保証人は，「まず，主たる債務者に催告してくれ」と言って，請求を拒むことができる（催告の抗弁権）。

(2) 債権者が主たる債務者に催告をした後でも，保証人が，①主たる債務者に弁済の資力があり，かつ，②強制執行が容易にできること，を証明した場合には，債権者は，まず，主たる債務者の財産について執行をしなければならない（検索の抗弁権）。

宅建試験に「出る！」問題

連帯保証ではない場合の保証人は，債権者から債務の履行を請求されても，まず主たる債務者に催告すべき旨を債権者に請求できる。ただし，主たる債務者が破産手続開始の決定を受けたとき，又は行方不明であるときは，この限りでない。(2010-8-3)

解答：○（上記合格ステップ(1)参照）

ウォーク問① ▶ 問83…(3)

（4）分別の利益

保証人が数人いる場合（共同保証）には、原則として、それぞれの保証人は、主たる債務の額を保証人の頭数で割った額についてのみ保証債務を負担すればよいです（民法456条、427条）。これを**分別の利益**といいます。

【共同保証と分別の利益】

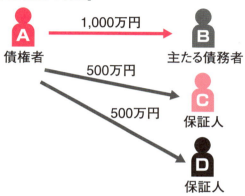

【保証のまとめ】

保証債務の成立	(1) 保証人と債権者との間で、保証契約を締結することで保証債務は成立する。保証人は、主たる債務者から委託を受けていなくてもよく、さらには主たる債務者の意思に反しても保証契約を締結することができる。 (2) 保証契約は、書面でしなければ、その効力を生じない。
性質　付従性	(1) 主たる債務が消滅すると保証債務も消滅する。 (2) 主たる債務について生じた事由の効力は、原則として保証人にも及ぶ。例えば、主たる債務の消滅時効の完成猶予・更新は、保証人に対してもその効力が及ぶ。
性質　随伴性	主たる債務が移転すると、保証債務も移転する。保証人は、新債権者に対して保証債務を負うことになる。
性質　補充性	(1) 催告の抗弁権 →債権者がいきなり保証人に請求してきた場合には、保証人は、「まず、主たる債務者に催告してくれ」といって、請求を拒むことができる。 (2) 検索の抗弁権 →債権者が主たる債務者に催告した後でも、保証人が主たる債務者に弁済の資力があり、かつ、強制執行が容易であることを証明した場合、債権者は、まず、主たる債務者の財産について執行をしなければならない。

保証債務の範囲	(1) 保証債務の範囲には，主たる債務に従たるもの（利息・違約金・損害賠償など）も含まれる。 (2) 保証人は，保証債務についてのみ，違約金又は損害賠償の額を定めることができる。
分別の利益	保証人が数人いる場合を共同保証という。この場合，原則として，各保証人は，主たる債務の額を保証人の頭数で割った額についてのみ保証債務を負担すればよい。

4 連帯保証

1問/10年

（1）連帯保証の性質

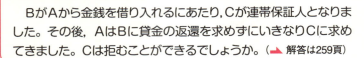

主たる債務者と同格に扱われる保証人とは？

BがAから金銭を借り入れるにあたり，Cが連帯保証人となりました。その後，AはBに貸金の返還を求めずにいきなりCに求めてきました。Cは拒むことができるでしょうか。（→ 解答は259頁）

ケーススタディ13-3

　現実の社会においては，通常の保証よりも保証人の責任の重い保証（**連帯保証**）が用いられることが多いです。

　連帯保証も通常の保証と同様，債権者と連帯保証人との間の契約で成立しますが，書面（又は電磁的記録）でしなければその効力を生じません。そして，連帯保証債務の範囲も，主たる債務に従たるものも含まれます。連帯保証人となる資格も，保証人となる資格と同様です。また，連帯保証にも付従性・随伴性が認められています。さらに，主たる債務者が有する抗弁権の援用は，連帯保証人にも認められているのです。

　しかし，連帯保証には補充性が認められておらず，連帯保証人は，**催告・検索の抗弁権を主張することができません**（民法454条）。その結果，債権者は，直ちに連帯保証人に請求

することができます。また，連帯保証人には**分別の利益はな
く**，他に保証人が何人いても，連帯保証人は主たる債務者
の債務全額について保証人としての責任を負います（判例）。

このように，連帯保証では通常の保証と異なる点が出題の
ポイントとなるため注意が必要です。

ケーススタディ13-3の答え

連帯保証人Cは請求を拒むことはできず，ただちに支払わなくてはいけません（454条）。

重要条文

＜民法＞
第452条（催告の抗弁）
　債権者が保証人に債務の履行を請求したときは，保証人は，まず主たる債務者に催告をすべき旨を請求することができる。ただし，主たる債務者が破産手続開始の決定を受けたとき，又はその行方が知れないときは，この限りでない。
第453条（検索の抗弁）
　債権者が前条の規定に従い主たる債務者に催告をした後であっても，保証人が主たる債務者に弁済をする資力があり，かつ，執行が容易であることを証明したときは，債権者は，まず主たる債務者の財産について執行をしなければならない。
第454条（連帯保証の場合の特則）
　保証人は，主たる債務者と連帯して債務を負担したときは，前2条の権利を有しない。

第13章　保証・連帯債務

合格ステップ 66

連帯保証の性質

ランク A

連帯保証とは	連帯保証とは，主たる債務者と連帯して債務を保証する保証債務である。
連帯保証債務の成立	(1)連帯保証も通常の保証と同様に，債権者と連帯保証人との間で連帯保証契約を締結することにより成立する。 (2)連帯保証も，書面でしなければ，その効力を生じない。
性質	付従性，随伴性は認められるが，補充性は認められない。 →連帯保証人は，催告・検索の抗弁権を行使することができない。
分別の利益	連帯保証人には通常の保証のような分別の利益はない。 →他に保証人がいても，連帯保証人は主たる債務者の債務全額について保証人としての責任を負う。

宅建試験に「出る！」問題

1 AがBに1,000万円を貸し付け，Cが連帯保証人となった場合，Aは，自己の選択によりB及びCに対して，各別に又は同時に，1,000万円の請求をすることができる。（1998-4-1）

解答：○（上記合格ステップ参照）

2 連帯保証人が2人いる場合，連帯保証人間に連帯の特約がなくとも，連帯保証人は各自全額につき保証責任を負う。（2010-8-4）

解答：○（上記合格ステップ参照）

ウォーク問① 問83…(4) 問85…(1)(2) 問86…(1)(2)(3)

（2）連帯保証債務と主たる債務の相互の影響

付従性により，主たる債務者に生じた事由は，原則として連帯保証人にも及びますが，連帯保証人に生じた事由は，主たる債務者に影響するでしょうか。

連帯保証の場合，主たる債務と連帯するという性質から，以下のように影響を及ぼすこと(絶対効)があります。

合格ステップ 67

反復チェック ／ ／ ／

連帯保証の絶対効　ランク A

連帯保証人に生じた事由は，「弁済」「相殺」の他に「混同」「更改」についても，主たる債務者に対して効力が生じる。絶対効がこの4つである点は，後述の連帯債務と同じである。

宅建試験に「出る!」問題

AがBに1,000万円を貸し付け，Cが連帯保証人となった場合，AがCに対して請求の訴えを提起することにより，Bに対する関係で消滅時効の完成猶予及び更新の効力が生ずることはない。(1998-4-3)

解答：○（上記合格ステップ参照）

ウォーク問① ▶ 問85…(3)　問87…(1)(2)(3)

5 個人根保証契約

根保証契約とは，一定の範囲に属する不特定の債務を主たる債務とする保証契約のことをいいます。根保証契約においては，保証人は不特定の債務を保証しなければならないこととなるため，保証人が個人である場合は，その個人が契約当初は想定していなかった多額の債務を負担しなければならなくなるおそれがあります。**個人が保証人**となる**個人根保証契約**においては，その個人保証人が負担すべき**極度額**(保証限度額)を定めなければ個人根保証契約の効力が生じません(民法465条の2第1項，2項)。なお，根保証契約の保証人が法人の場合には，極度額を定める必要はありません。

講師からのアドバイス

賃貸借契約に基づく賃借人が賃貸人に負う一切の債務を，その賃借人の知人や親族等の個人が保証する場合，個人根保証契約に該当します。

6 連帯債務

(1) 連帯債務とは

連帯がつくと、ワリカン請求ではなく、全額請求をそれぞれにできるのか？

AとBはお金を出し合って連帯してCから1000万円の別荘を購入する契約を締結しました。Cは売買代金の支払いをどのように請求できるのでしょうか。（解答は263頁）

このような場合、2人がそれぞれ500万円ずつの債務を負い、売主は、各人に500万円の支払いを請求するのが普通でしょう（**分割債務関係の原則**、民法427条）。

ところで、A、Bそれぞれに1,000万円全額請求することができたらどうでしょうか。売主にとっては、このほうが、すぐにお金を払ってくれそうな人に対して請求することができ、早く確実に代金全額を回収することができます。

このように、債務者が数人いて、債権者がそのなかの1人に対して債務の全部の履行を請求できるような債務を「**連帯債務**」といいます。

【連帯債務】

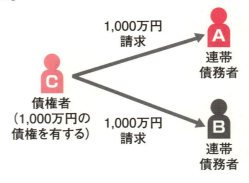

そして、連帯債務者のうちの1人が債務を弁済すれば、他の債務者も債務を免れます。しかし、本来各債務者はそれぞれ弁済をすべき義務を負っているのですから、弁済した債務者は他の債務者に対し、それぞれが支払うべき分について自分に支払えと請求することができます（**求償権**、民法442条）。そして、各債務者が具体的にいくら支払うべきかは、原則として連帯債務者相互間の事前の話し合いによって定まりますが、そのようにして定まった額を、「**負担部分**」といいます。

もし、定めがなければ債権額を頭数で平等に割ったものが負担部分となります。

➕α **プラスアルファ**
弁済した額が自己の負担部分以下であっても、弁済した連帯債務者は、他の連帯債務者に負担部分の割合に応じて求償できます。

ケーススタディ13-4の答え

CはA・Bどちらにも全額の支払いを請求できます（436条）。

（2）連帯債務者の相互間の影響

連帯債務において各債務者が負う債務は本来別個独立の債務です。債権者Cに対してAとBが1,000万円の連帯債務を負っているという場合、AとBが1つの債務をCに対して連帯して負っているのではなく、AとBがCに対してそれぞれ1本ずつの債務を負っており（つまり債務は2つ）、その2つの債務が連帯関係にあるということです。

図式化すると以下のようになります。

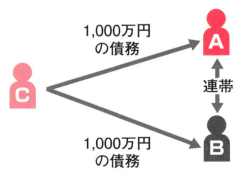

すると，この2つの債務の関係が問題となります。

例えばAがCに対して1,000万円を支払えば（つまり債務を弁済すれば），Aの債務のみならずBの債務も消滅して，あとはAB間の求償関係が残るだけになります。このように連帯債務の一方につき弁済があった場合に，その債務のみならず他の債務にも弁済の効力が及びます。このように，連帯債務者の1人に生じた事由が，他の連帯債務者にも及ぶことを「絶対効」といいます。

これに対して，CがAに対して債務を免除する旨の意思表示をした場合，免除を受けたAの債務は消滅しますが，Bの債務には免除の効力は及ばず，Bの債務は存続します。

つまり上記の弁済と異なり，免除は他の債務には影響しません。このように，連帯債務者の1人に生じた事由が，他の連帯債務者にも及ばないことを「相対効」といいます。

民法は相対効の原則を採用し（民法441条），例外的に以下の4つの場面でのみ絶対効を採用しています。

① **弁済**（債務者の1人が弁済すれば，他の債務者の債務も消滅する。）

② **更改**（債務者の1人が，前の債務とは違う新しい債務を成立させて，前の債務を消滅させれば，他の債務者の債務も消滅する。）（438条）

③ **相殺**（債務者の1人が，自己の有する債権者に対する反対債権で相殺すれば，他の債務者の債務も消滅する。ただし，他人の債務の反対債権を用いる場合は，その債務者の負担部分の限度で債務の履行を拒むことができるが，相殺そのものはできない。（439条）

④ **混同**（相続等によって債権者と債務者の地位が同一人になり債務が消滅すれば，他の債務者の債務も消滅する。）（440条）

合格ステップ 68

連帯債務 ランク

(1) 債権者は，連帯債務者の1人又は数人に対して同時又は順次に全部又は一部を自由に請求することができる。
(2) 連帯債務において，絶対効となるのは，「弁済」・「更改」・「相殺」・「混同」である。
(3) 上記4つの絶対効事項以外のものは相対効である。例えば債権者が連帯債務者の1人に対して請求や免除の意思表示をした場合でも，他の連帯債務者には影響しない。また連帯債務者の1人の債務が時効消滅しても他の連帯債務者には影響しない。さらには，連帯債務者の1人が債権者の権利の承認をしても，他の連帯債務者には影響しない。

宅建試験に「出る！」問題

1　A及びBは，Cの所有地を買い受ける契約をCと締結し，連帯して代金を支払う債務を負担している場合，CがBに対して支払いを請求して，Cの代金債権の消滅時効が完成猶予及び更新されたときは，Aの債務についても，完成猶予及び更新される。(1991-6-3)
　　　　　　　　　　　　　　　　解答：×（上記合格ステップ(2)参照）

2　A及びBは，Cの所有地を買い受ける契約をCと締結し，連帯して代金を支払う債務を負担している場合，AがCの債権を承認して，Cの代金債権の消滅時効が更新されたときでも，Bの債務については，更新されない。(1991-6-4改)
　　　　　　　　　　　　　　　　解答：〇（上記合格ステップ(3)参照）

ウォーク問① 問87…(1)(2)(3)　問88…(1)(2)　問89…(1)(3)(4)　問90…(1)(2)(3)

ラクしておぼえる
L式 暗記法

連帯債務の絶対効は以下のゴロ合わせでおぼえましょう。

総理	**今度は**	**後悔する。**
相殺・履行（弁済）	混同	更改

 7 分割債務・不可分債務

（1）分割債務

例えば友人のAさんとBさんがレストランで2万円の食事を楽しんだ場合、代金の支払いを割り勘で1万円ずつ支払うようなことをいいます。複数の人間が債務者になる場合には、この分割債務となるのが、民法の原則です（民法427条）。

（2）不可分債務

これに対し、例えばAさんとBさんとが共有している1台の自動車を、Cさんに売る契約をした場合には、分割債務となるわけではありません。自動車を半分に割って引き渡すというわけにはいかないからです。このように、分割することが不可能な債務のことを、不可分債務といいます（民法430条）。

（３）まとめ

【多数当事者の債権債務】

	対外的効力	1人につき生じた事由		内部関係
分割債務	債権者は，分割された部分についてのみ債務者に請求することができる	影響を与えない		原則として，事後的に内部で求償するということはない
不可分債務	債権者は1人又は数人に対して同時又は順次に全部の履行を請求することができる	原則─無影響 例外─弁済・更改・相殺は絶対効		支払い等をした債務者は，その負担割合に応じて，他の債務者に求償することができる
連帯債務	債権者は1人又は数人に対して同時又は順次に全部又は一部を自由に請求することができる	原則─無影響 例外─弁済・更改・混同・相殺は絶対効		支払い等をした債務者は，その負担割合に応じて，他の債務者に求償することができる
保証債務	保証人には，催告及び検索の抗弁権がある	主たる債務者に生じた事由 原則として付従性により保証人に及ぶ	保証人に生じた事由 原則─無影響 例外─弁済・相殺は絶対効	保証人もしくは連帯保証人が弁済した場合には，主たる債務者に求償することができる
連帯保証債務	連帯保証人には，催告及び検索の抗弁権がない		弁済・更改・混同・相殺は絶対効	

MEMO

第14章 共有

学習のポイント

学習項目	'14	'15	'16	'17	'18	'19	'20 (10月)	'20 (12月)	'21 (10月)	'21 (12月)	'22	'23
1 共有とは				★				★				
2 共有物の管理等				★	★			★				
3 共有物の分割												

「共有」の分野は，過去10年間で3回出題されています。

本試験では少ない知識で1点取れる問題しか出題されていませんので，得点源とすべき項目であるといえます。

共有とは，ある物を2人以上の者が所有している場合をいい，その取扱いについてのルールを民法は定めているのです。そして，宅建士試験では，この共有に関する規定のうち，①共有物の管理等に関するルールと，②共有物の分割に関するルールについて出題されることが多いです。そこで，それらを勉強する際のポイントについて以下，説明します。

まず，①共有物の管理等に関するルールについては，共有者各自が単独でできるものと，持分価格の過半数の賛成が必要となるもの，共有者全員の賛成がなければできないものの3つに分かれますが，それぞれどのような行為についてどの程度の賛成が必要なのか，具体例を見て判断できるようにしておくとよいです。

次に，②の共有物の分割に関するルールについては，原則としていつでも自由に共有物の分割を請求することができるという点をおさえておきましょう。

何を学ぶか？ どこに着目するか？

何を学ぶか？

本章では，共有について学んでいきます。1つの物を複数人が所有している場合に，どうやってその物を管理したり使用したりするのかのルールを学びます。

共有って，何？

共有とは，1つの物を2人以上で共同して所有している状態をいいます。1つの物を区切って所有しているのではなく，全体を2人以上で所有しています。

全部を使っていいの？

共有者全員で物全部を所有しているので，共有者一人一人は共有物の全部を使うことができます。例えば，2人が家を持分2分の1ずつとして共有している場合，それぞれ，建物の上半分，下半分だけ使えるといった物理的な分け方をしても意味がないからです。

勝手に売ることはできませんよね？

その通りです。売ってしまうことを法律の世界では「変更行為」といいます。共有物の変更行為は，共有者全員の同意が必要です。

合格への着眼点は？

共有の分野は頻出とはいいがたい分野ですが，出題されやすい基本的知識をおさえておけば得点できるので，しっかり理解しておきたいところです。管理のルールなどを覚えていきましょう。

1 共有とは

　例えば，AさんとBさんの2人が共同でお金を出し合って別荘を買ったとします。この場合，2人ともお金を出したのだから，この別荘は2人のものになるのが普通でしょう。このように，**1つのものを数人が共同して所有すること**を**共有**といいます。

　ただ，2人で1つのものをもっている以上，必ずしも自分の思うがままに使えるとは限りません。したがって，例えば，AさんとBさんが2人で別荘を共有する場合には，2人の間の内部的な**持分**（要するに共有物に対する所有権の割合）に応じて，その別荘を使用することができるのです。ここで注意してほしいのは，2人とも別荘の**全部**を使うことができますが，各人のもつ**持分に応じて**使える程度が違ってくるのです（民法249条）。したがって，他の共有者との**協議に基づかないで一人で共有物全部を占有**する共有者に対しても，**他の共有者は**，当然に共有物の**明渡しを求めることができるわけではありません**（判例）。この場合，共有物を使用する共有者は，別段の合意がある場合を除き，他の共有者に対し，自己の持分を超える使用の対価を償還する義務を負います（民法249条2項）。また，共有者は，善良な管理者の注意をもって，共有物の使用をしなければなりません（民法249条3項）。

　なお，各共有者の持分の決定については，共有者間で特別の約束があれば，それに従います。ただ，**持分が不明な場合**，**持分は平等**と推定します（民法250条）。

⬆合格ステップ 69

| 反復チェック | / | / | / |

きょうゆうぶつ しよう もちぶん
共有物の使用・持分 ‥‥‥‥‥‥ ランク B

(1) 各共有者は，共有物の全部につき，その持分に応じた使用をすることができる。したがって，協議に基づかずに共有物全部を占有する共有者に対し，他の共有者は，当然には明渡しを求めることができない。

(2) 各共有者の持分は，平等と推定される。

(3) 共有者の1人が相続人なくして死亡し特別縁故者に対する財産分与もなされない場合，又は，共有者の1人が持分を放棄した場合には，その持分は他の共有者に帰属する。

(4) 共有者が自己の持分を処分するには，他の共有者の同意を得る必要はない。

宅建試験に「出る!」問題

他の共有者との協議に基づかないで，自己の持分に基づいて1人で現に共有物全部を占有する共有者に対し，他の共有者は単独で自己に対する共有物の明渡しを請求することができる。（2011-3-4）

解答：×（上記合格ステップ（1）参照）

ウォーク問1 ▶ 問91…(4)　問92…(1)　問94…(4)

2 共有物の管理等

> 共有財産の修繕，賃貸，売却，一人でもできることある？
>
> AさんとBさんとCさんが3人で1つの別荘を共有する場合（持分平等），以下の各行為は，どのようにして行えばよいでしょうか。
> (1) 雨漏りがしてきたので修繕を頼むこと
> (2) Dさんに賃貸している別荘の賃貸借契約を解除すること
> (3) 別荘をDさんに売り渡すこと（➡ 解答は274頁）

（１）共有物の管理

【共有物の修繕・賃貸・売却】

例(1) 修繕

　上の各行為を，各共有者はどれくらいの賛成があればできるのでしょうか。ここで，(1)のような**共有物の現状を維持する行為**を**保存行為**といい，(2)のような**共有物を利用・改良する行為**を**管理行為**といい，(3)のような**共有物の形や性質に変更を加える行為**を**変更行為**といいます。

　保存行為は，他の共有者のためにもなる行為ですから，1人でできます（民法252条5項）。他にも，土地の不法占拠者に対する明渡請求が保存行為にあたります。なお，不法占拠者に損害賠償を請求する場合，持分の割合を超えて請求することはできません。

　管理行為は，**持分価格の過半数**（注意：頭数ではない）の

賛成で行うことができます（民法252条1項）。管理行為の具体例は次のようになります。

- ・賃借権等で以下の一定期間を超えないものの設定をすること
    - ①樹木の栽植及び伐採を目的とする山林の賃借権等 10年
    - ②上記以外の土地の賃借権等　5年
    - ③建物の賃借権等　3年
    - ④動産の賃借権等　6カ月
- ・共有物の賃貸借契約を解除すること
- ・共有物の管理者の選任及び解任
- ・共有物の形状又は効用の著しい変更を伴わない変更行為（軽微な変更）

なお，管理の費用は，持分に応じて各共有者が負担します（民法253条1項）。そして，ある共有者がこの負担義務を1年以内に履行しない場合，他の共有者は，相当の償金を支払ってその共有者の持分を取得できます（民法253条2項）。

変更行為（その形状又は効用の著しい変更を伴わないものを除く。）は，各共有者の利益に大きくかかわりますから，共有者**全員の同意**が必要です（民法251条1項）。

ケーススタディ14-1の答え

　（1）の場合，AさんとBさんとCさんはそれぞれ1人で，（2）の場合，持分価格の過半数の賛成で，（3）の場合には，全員の同意で行うことができます。

（2）共有者の所在等不明な共有物

　共有者のうち現在の共有者が誰であるか，又はその所在を知ることができないことにより，管理行為の決議要件を満たすことができず，共有物の管理を適切に行うことができない場合に対応する規定が設けられました。

　共有者が他の共有者を知ることができず，又はその所在を

知ることができないとき，当該他の共有者以外の共有者の請求により，裁判所は，他の共有者以外の共有者の持分の価格に従い，その過半数で共有物の管理に関する事項を決する旨の裁判をすることができます(民法252条2項1号)。

また，共有者が他の共有者に対し相当の期間を定めて共有物の管理に関する事項を決することについて賛否を明らかにすべき旨を催告した場合において，当該他の共有者がその期間内に賛否を明らかにしないときも，当該他の共有者以外の共有者の請求により，裁判所は，他の共有者以外の共有者の持分の価格に従い，その過半数で共有物の管理に関する事項を決する旨の裁判をすることができます(民法252条2項2号)。

（3）共有物の管理者

共有者は，共有物の管理者を選任することができます。そして，共有物の管理者は，共有物の管理に関する行為をすることができます。ただし，共有者の全員の同意を得なければ，共有物に変更(その形状又は効用の著しい変更を伴わないものを除く。)を加えることができません(民法252条の2第1項)。

共有物の管理者が選任されている場合において，当該共有物の管理者が共有者を知ることができず，又はその所在を知ることができないときは，裁判所は，共有物の管理者の請求により，当該共有者以外の共有者の同意を得て共有物に変更(その形状又は効用の著しい変更を伴わないものを除く。)を加えることができる旨の裁判をすることができます(民法252条の2第2項)。

合格ステップ 70

共有物の管理等 ランク B

(1) 共有物に関する管理等は、以下のようになっている。

	具体例	どのように行うか
保存行為	・共有物の修繕を頼むこと ・不法占拠者へ明渡しを請求すること	・各共有者は1人でできる
管理行為	・賃借権等で一定期間を超えないものの設定をすること ・共有物の賃貸借契約を解除すること ・共有物の管理者の選任及び解任 ・共有物の形状又は効用の著しい変更を伴わない変更行為（軽微な変更）	・各共有者の持分価格の過半数の賛成で行う ・管理の費用は、持分に応じて各共有者が負担する
変更行為	・共有物の変更（その形状又は効用の著しい変更を伴わないものを除く。） ・共有物を第三者に売り渡すこと ・建物の建替え、増改築	・共有者の全員の同意が必要である

(2) 不法占拠者に損害賠償を請求する場合、持分の割合を超えて請求することはできない（判例）。

(3) 管理の費用は、持分に応じて各共有者が負担する。

(4) ある共有者が(3)の負担義務を1年以内に履行しないときは、他の共有者は、相当の償金を支払ってその共有者の持分を取得することができる。

宅建試験に「出る!」問題

1 各共有者は，共有物の不法占拠者に対し，妨害排除の請求を単独で行うことができる。(2011-3-3)

解答：○（上記合格ステップ(1)参照）

2 A，B及びCが，持分を各3分の1として甲土地を共有している事例において，甲土地全体がEによって不法に占有されている場合，Aは単独でEに対して，Eの不法占有によってA，B及びCに生じた損害全額の賠償を請求できる。(2006-4-2)

解答：×（上記合格ステップ(2)参照）

ウォーク問① 問91…(1)(2)　問92…(2)(3)　問93…(1)(3)　問94…(3)

3 共有物の分割

共有は紛争の母！紛争回避の方策はあるのか？

A・B・Cは12部屋あるマンションを共同購入して資産運用していましたが，仲が悪化したのでAは共有関係を解消したいと考えています。共有関係を解消したい場合，どのような方法があるでしょうか。（➡解答は278頁）

ケーススタディ 14-2

各共有者は，原則としていつでも自由に共有物の分割を請求することができます（民法256条1項本文）。

ただ，共有者が「共有物の分割を禁止する特約」を結んだ場合には，分割を禁止する期間が5年を超えないものに限ってこれを認めています（民法256条1項但書）。また，この契約は更新することができますが，これも更新時より5年以内に限って許されています（民法256条2項）。

具体的な共有物の分割方法は共有者で協議をして決めることになりますが，協議が調わないとき，又は協議をすることができないときは，裁判所に分割の請求をすることができます（民法258条1項）。

　そして，裁判による分割の場合は，**現物分割**（共有物そのものを分割してしまう方法）又は，**価格賠償**（共有者の1人の単独所有とし，他の共有者に価格を支払う方法）が原則となります（民法258条2項）。ただし，現物を分割できないときや，分割により価格を著しく減少させるおそれがあるときは，競売を命じて**代金分割**（共有物を売却して代金を分ける方法）とすることができます（民法258条3項）。

ケーススタディ14-2の答え

マンションを4部屋ずつ分割するなどの方法があります（256条以下）。

合格ステップ 71

共有物の分割請求

ランク

(1) 各共有者は，いつでも共有物の分割を請求することができる。
(2) ただし，共有者が5年を超えない期間内は共有物の分割をしない旨の契約をすることはできる。
(3) (2)の契約は，更新することができる。ただし，その期間は，更新の時から5年を超えることができない。
(4) 共有物の分割について共有者間に協議が調わないときは，その分割を裁判所に請求することができる。

宅建試験に「出る！」問題

各共有者は何時でも共有物の分割を請求できるのが原則であるが，5年を超えない期間内であれば分割をしない旨の契約をすることができる。（2003-4-4）

解答：〇（上記合格ステップ(1)(2)参照）

ウォーク問① 問93…(4)　問94…(1)

MEMO

第15章 建物区分所有法

学習のポイント

学習項目	'14	'15	'16	'17	'18	'19	'20(10月)	'20(12月)	'21(10月)	'21(12月)	'22	'23
1 建物区分所有法の全体構造												
2 専有部分と共用部分				★			★	★	★	★		★
3 敷地利用権と敷地権									★			
4 管理組合の管理者と管理組合法人	★	★	★					★		★	★	
5 規約					★			★		★		
6 集会	★	★		★	★	★		★	★	★	★	★
7 義務違反者に対する措置												
8 復旧及び建替え												
9 区分建物の登記							★	★				

「建物区分所有法」の分野は，毎年出題されている項目です。建物区分所有法は，近時は難問も多く出題されていますので，深入りすることは得策ではありません。そこで，まずは，建物区分所有法特有の言葉の使い方と，区分所有者の数などに応じて，何ができるのかをおさえておきましょう。

何を学ぶか？ どこに着目するか？

何を学ぶか？

本章では，1つの建物にたくさんの人が住んでいるマンションのルールを定めた建物区分所有法について学んでいきます。

建物区分所有法は何のためにあるの？

マンションは，「自分だけの部屋」と「みんなで使う廊下等」が渾然一体となった建物です。つまり，単独所有部分と共有部分が両立しているという特殊な建物です。この特性に応じた法律が建物区分所有法です。

民法のルールではだめなのですか？

民法では変更行為は全員の同意が必要でした。これを何十人，何百人の所有者がいるマンションに適用することは非現実的です。

では，どのようなルールにしたのですか？

変更行為でも，全員の同意を必要とせず，大きな変更（重大変更）は4分の3，小さな変更（軽微変更）は過半数でできるようにして，その調整を図っています。

合格への着眼点は？

まずは，言葉に慣れることです。マンション一室の所有者のことを「区分所有者」といい，その部屋のことを「専有部分」といっています。一方，エントランスなどの区分所有者で共有している部分を「共用部分」としています。「習うより慣れろ」の気持ちで始めましょう。

建物区分所有法の全体構造

　一戸建ての住宅とは異なり，マンションの場合，1つの建物に多くの住民が暮らしています。そこで，マンションの管理の仕方や，迷惑をかける人に対する対応などの特別ルールを設ける必要があることから，**建物区分所有法**でさまざまなルールが定められています。

【マンションとその用語】

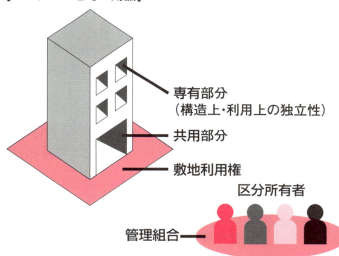

専有部分と共用部分

(1) 専有部分

　マンションを購入するとき，マンション1棟を丸ごと買う人はあまりいません。「501号室」のようなマンションの1室を購入するのが通常です。

つまり，購入者は，マンションのうち，「501号室」を「区分」して「所有する」ことになります（**区分所有権**）。

この501号室のような，**区分所有権の目的たる建物の部分**のことを専有部分といいます（区分所有法2条3項）。

501号室が専有部分となるためには，隣の502号室，上階の601号室，下階の401号室との境が，壁・床・天井などで仕切られている必要があります（**構造上の独立性**）。

また，外部に直接通じる出入口も必要となります（**利用上の独立性**）。

（2）共用部分

マンションには，専有部分だけでなく，エレベーター室や集会室のようにマンションの住民が共同で使用する部分もあります。このような，**専有部分以外の建物の部分などのこと**を共用部分といいます（区分所有法2条4項）。

そして，共用部分には，基礎・土台部分やエレベーター室など構造上区分所有者全員の共用に供されるべき建物の部分（**法定共用部分**）と，集会室のように本来は専有部分となりうるにもかかわらず，規約で共用部分とされる部分（**規約共用部分**）があります（区分所有法2条4項，4条）。

ここで，**法定共用部分はそもそも区分所有権の目的とならない**ことから，その旨の登記をすることができません。それに対して，**規約共用部分は，登記をしなければ共用部分であることを第三者に対抗することができません**（区分所有法4条2項）。

共用部分に関して，一部の区分所有者のみの共用に供されるべきことが明らかな共用部分（例えば，下層階が店舗や事務所などに利用され，上層階が住宅として利用されている複合用途型マンションの居住者用のエントランスなど）を一部共用部分といいます。この一部共用部分は，区分所有者全員の共有に属するのではなく，これを共用すべき区分所有

者の共有に属します。また，その管理や規約設定は，原則として，その一部共用部分の区分所有者で行います。

合格ステップ 72

専有部分と共用部分　ランク B

(1)専有部分		区分所有権の目的たる建物の部分のこと
(2)共用部分	①法定共用部分	構造上区分所有者全員の共用に供されるべき建物の部分 法定共用部分はそもそも区分所有権の目的とならないことから，その旨の登記をすることができない。
	②規約共用部分	本来は専有部分となりうるにもかかわらず，規約で共用部分とされる部分 規約共用部分は，登記をしなければ共用部分であることを第三者に対抗することができない。

共用部分は，原則として区分所有者全員の共有に属するとされています（区分所有法11条1項）。この場合，**各共有者の持分は，規約で別段の定めをしない限り，その有する専有部分の床面積の割合によります**（区分所有法14条1項，4項）。この場合，**専有部分の床面積は，他の建物と異なり，壁その他の区画の内側線で囲まれた部分の水平投影面積により算出**します（区分所有法14条3項）。

【内側線と中心線】

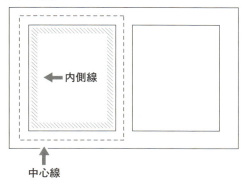

← 内側線

↑ 中心線

第15章 建物区分所有法

合格ステップ 73

反復チェック / / /

ランク **B**

きょうよう ぶ ぶん しょゆうけいたいとう
共用部分の所有形態等

(1) 共用部分は，区分所有者全員の共有になり，共有持分の割合は原則として**各区分所有者が所有する専有部分の床面積の割合**による。ただし，規約で別段の定めをすることができる。

(2) **専有部分の床面積**は，壁その他の区画の**内側線**で囲まれた部分の水平投影面積による。

宅建試験に「出る!」問題

規約に別段の定めがある場合を除いて，各共有者の共用部分の持分は，その有する専有部分の壁その他の区画の内側線で囲まれた部分の水平投影面積の割合による。
(2011-13-2)

解答：〇（上記合格ステップ（2）参照）

（3）共用部分の持分の処分

共有者の持分（つまり共用部分の共有持分）は，その有する専有部分の処分（例：売却，抵当権設定）に従います（区分所有法15条１項）。そして，共有者は，原則として，その有する専有部分と分離して持分を処分することができません（区分所有法15条２項）。

（4）共用部分の管理

共用部分の管理については，以下の合格ステップのようになっています。

＋α プラスアルファ

各区分所有者は，規約に別段の定めがない限り，その持分に応じて，共用部分の負担を負い，共用部分から生じる利益を収取します。

合格ステップ 74

反復チェック ／ ／ ／

共用部分の管理と変更 ……………………… ランク **B**

		要件	規約による別段の定め
（1）保存行為		各区分所有者が各自**単独**ですることができる。	できる
（2）管理行為		区分所有者及び議決権※3の各**過半数**による集会の決議に基づく。	できる
（3）変更行為	**軽微変更**※1	区分所有者及び議決権※3の各**過半数**による集会の決議に基づく。	できる
	重大変更※2	区分所有者及び議決権※3の各**4分の3**以上の多数による集会の決議に基づく。	**区分所有者の定数**のみ，過半数まで減ずることができる。

※1　**軽微変更**とは，その形状又は効用の著しい変更を伴わない変更行為をいう。
※2　**重大変更**とは，その形状又は効用の著しい変更を伴わない変更行為を**除く**変更行為をいう。
※3　各区分所有者の議決権は，共用部分の持分の割合（その有する専有部分の床面積の割合）による。

宅建試験に「出る!」問題

共用部分の保存行為は，規約に別段の定めがない限り，集会の決議を経ずに各区分所有者が単独ですることができる。(2012-13-1)

解答：〇（上記合格ステップ（1）参照）

ウォーク問① 問95…(1)(2) 問101…(1)(3) 問168…(3)

（5）管理所有とは

共用部分であっても，**規約で定めることにより，一部の区分所有者又は管理者を所有者**とすることができます（管理所有，区分所有法11条2項，27条1項）。

管理所有とは，共用部分の管理を円滑に行うために，一定の管理行為について特定の者に権限を与えて**管理を行わせる**ことをいいます。そして，この特定の者を**管理所有者**といいます。この場合，管理所有者が共用部分を所有することとなります。ただ，管理所有者に共用部分の独占的使用を認めるものではなく，管理所有者の権利義務は次のように定められています。

【管理所有者の権利義務】

管理所有者の権利	区分所有者に対する管理費用の請求
管理所有者の義務	共用部分の管理義務
管理所有者に対する制限	重大変更にあたる共用部分の変更は，管理所有者が単独ですることができず，集会の決議によらなければこれをすることができない。

3 敷地利用権と敷地権

（1）敷地利用権

マンションを建てるためには，土地を買ったり，土地を借りたりして，その敷地として利用する権利である**敷地利用権**が必要となります。ここで，**敷地利用権**とは，専有部分を所有するための建物の敷地に関する権利をいいます（区分所有法2条6項）。

このように，敷地利用権は，マンションを維持するために必要不可欠な権利ですから，**敷地利用権が数人で有する所有権その他の権利である場合**には，**区分所有者は，その有する専有部分とその専有部分に係る敷地利用権とを分離して処分することができません**（区分所有法22条1項本文）。

ただし，**規約に別段の定めがあるときは，区分所有者は，その有する専有部分とその専有部分に係る敷地利用権とを分離して処分**することができます（区分所有法22条1項但書）。

なお，規約に別段の定めがないときには，共有者の一人が敷地利用権の持分を放棄したとき又は相続人なく死亡したときでも，その持分は他の共有者に帰属しません（区分所有法24条）。

合格ステップ 75

敷地利用権の処分　　ランク B

敷地利用権は，原則として，**専有部分と分離して処分することはできない**。ただし，規約で別段の定めをすることができる。

宅建試験に「出る!」問題

敷地利用権が数人で有する所有権その他の権利である場合には、区分所有者は、規約で別段の定めがあるときを除き、その有する専有部分とその専有部分に係る敷地利用権とを分離して処分することができる。(2010-13-3)

解答：×（上記合格ステップ参照）

(2) 敷地権

敷地権とは、敷地利用権として登記した権利であり、かつ、建物又は附属建物と分離して処分することができないものをいいます(不登法44条1項9号)。

(3) 法定敷地と規約敷地

マンションの敷地としては、法定敷地と規約敷地の2つのものがあります。

法定敷地とは、**マンションが所在する土地**をいいます(区分所有法2条5項)。つまり、マンションの底地のことです。

これに対し、**規約敷地**とは、**規約によりマンションの敷地とされた土地**をいいます(区分所有法5条1項)。つまり、庭や通路など、区分所有者がマンションと一体として管理又は使用をする土地は、規約によりマンションの敷地とすることができるのです。

 ## 4 管理組合の管理者と管理組合法人

(1) 管理組合の管理者

(a) 管理組合の管理者とは

管理組合とは、区分所有者全員で法律上当然に構成される団体で、建物などの管理を行うものです。マンションの管

理は管理組合が行いますが、**いつでも**管理組合、つまり区分所有者全員が管理をするのは困難であることも多いですから、管理組合は、管理者を置くことができます。

管理者とは、共用部分等一定のものを保存し、集会の決議を実行し、ならびに規約で定めた行為をする権利を有し、**義務を負う者**です（区分所有法26条1項）。

(b) 管理者の選任及び解任

管理者は、**規約に別段の定めがない限り、集会の決議によって、選任され、解任されます**（区分所有法25条1項）。そして、区分所有法は管理者の資格について特に制限を設けていませんので、区分所有者以外の者を管理者に選任することもできます（区分所有法25条1項参照）。

(c) 管理者の権限・義務

管理者は、その職務に関し、区分所有者を代理します。（区分所有法26条2項）。そして、管理者がその職務の範囲内で第三者との間で行った行為の責任は、規約に別段の定めがない限り、各区分所有者が共用部分の持分割合に応じて負担します（区分所有法29条1項、14条1項）。また、管理者は、規約又は集会の決議により、その職務に関し、区分所有者のために原告又は被告となることができます（区分所有法26条4項）。そして、管理者は、集会において、**毎年一回**一定の時期に、その事務に関する**報告**をしなければなりません。

講師からのアドバイス

管理者については、任期の定めは、ありません。

(2) 管理組合法人

管理組合は、区分所有者及び議決権の各**4分の3以上**の多数による集会の決議で法人となる旨ならびにその名称及び事務所を定め、かつ、その主たる事務所の所在地において登記をすることによって法人となることができます（管理組合法人、区分所有法47条1項、2項）。法人になれば、自然人と同じように、自分の名前で、物を買ったり、電話を開設したり、お金を借りたりすることができるようになるのです。

管理組合法人には，理事及び監事を置かなければなりません(区分所有法49条1項，50条1項)。

合格ステップ 76

管理組合法人

ランク B

管理組合は，
(1) 区分所有者及び議決権の各**4分の3**以上の多数による集会の決議に基づくこと
(2) 主たる事務所の所在地において，**登記**をすること
以上の要件を満たせば，法人となることができる。

5 規約

3問/10年

(1) 規約の設定・変更・廃止

建物や敷地の利用や管理など，区分所有者どうしの事項について集会で定めたルールのことを「**規約**」といいます。この規約の設定・変更・廃止等についてのポイントを，合格ステップでまとめておきます。

合格ステップ 77

反復チェック ／ ／ ／

規約の設定・変更・廃止 ……………… ランク B

(1) 規約の設定，変更又は廃止は，原則として，区分所有者及び議決権の各4分の3以上の多数による集会の決議によってする。

(2) 規約の設定，変更又は廃止が一部の区分所有者の権利に特別の影響を及ぼすときは，その承諾を得なければならない。その承諾が得られない場合は，規約の設定，変更，廃止をすることができない。

(3) 規約は，その設定，変更又は廃止当時の区分所有者だけでなく，その特定承継人に対しても，その効力を生ずる。

(4) 占有者は，建物又はその敷地もしくは附属施設の使用方法につき，区分所有者が規約に基づいて負う義務と同一の義務を負う。

宅建試験に「出る!」問題

占有者は，建物又はその敷地若しくは附属施設の使用方法につき，区分所有者が規約又は集会の決議に基づいて負う義務と同一の義務を負う。(1998-13-3)

解答：〇（上記合格ステップ(4)参照）

ウォーク問① 問98…(1)(4)

---

(2) 公正証書による規約の設定

　規約は原則として区分所有者がマンションの分譲後に作るものですが，分譲前に確定しておいた方が都合のよいこともあります。そこで，**最初に建物の専有部分の全部を所有する者**(例えば，分譲業者など)は，**公正証書**により，あらかじめ，次の①から④までの事項について，規約を設定することができます。

① 規約共用部分に関する定め

② 規約敷地に関する定め

③ 専有部分と敷地利用権の分離処分を可能とする定め

LEC東京リーガルマインド　2024年版出る順宅建士 合格テキスト ①権利関係　293

④　敷地利用権の割合の定め

(3) 規約の保管及び閲覧

規約の保管及び閲覧のポイントを，以下まとめておきます。

【規約の保管及び閲覧】

規約の保管	管理者あり	管理者が保管する。
	管理者なし	規約又は集会の決議の定めにより，次の者が保管する。 ①建物を使用している区分所有者 ②その代理人
利害関係人の閲覧請求	原則	規約の閲覧を拒めない。
	例外	正当な理由がある場合は拒める。
保管場所		建物内の見やすい場所に掲示しなければならない。
規約の保管及び閲覧の規定の準用事項		①集会の議事録 ②書面決議

6 集会

(1) 招集権者

　管理者は，少なくとも**毎年1回集会を招集**しなければなりません（区分所有法34条2項）。

　ただ，管理者が，集会をする必要があるときに，いつでも集会を招集してくれるとは限りませんので，**区分所有者の5分の1以上で議決権の5分の1以上を有するもの**は，管理者に対し，会議の目的たる事項を示して，**集会の招集**を請求することができます。ただし，この定数は，**規約で減ずる**ことができます（区分所有法34条3項）。なお，この請求に対して，管理者が一定期間内に集会の招集通知を発しないときには，その請求をした区分所有者は，集会を招集することがで

きます(区分所有法34条4項)。

　また,管理者がないときは,区分所有者の5分の1以上で議決権の5分の1以上を有するものは,集会を招集することができます。ただし,この定数は,規約で減ずることができます(区分所有法34条5項)。

合格ステップ 78

集会の招集　　ランク B

(1) 管理者は,少なくとも毎年1回集会を招集しなければならない。
(2) 区分所有者の**5分の1**以上で議決権の**5分の1**以上を有するものは,管理者に対して,会議の目的たる事項を示して**集会の招集**を請求することができる。
(3) 管理者がいないときは,区分所有者の**5分の1**以上で議決権の**5分の1**以上を有するものは集会を招集することができる。
(4) いずれの場合にも,定数は規約で**減ずる**ことができる。

宅建試験に「出る!」問題

管理者がないときは,区分所有者の5分の1以上で議決権の5分の1以上を有するものは,集会を招集することができる。ただし,この定数は,規約で減ずることができる。(2022-13-2)

解答:○(上記合格ステップ(3)(4)参照)

ウォーク問① 問97…(1)(2)　問100…(4)

(2) 招集の通知

　集会の招集通知についてのポイントを,以下まとめておきます。

(a) 手続き

| 原則 | 集会の招集通知は,会日より少なくとも**1週間前**(建替え決議の場合を除く)に,会議の目的たる事項を示して,**各区分所有者**に発しなければならない。※ |

例外	①招集期間は，規約で伸縮することができる。 ②区分所有者全員の同意があるときは，招集通知不要。

※　建替え決議を目的とする集会を招集するときは，その招集の通知は，当該集会の会日より少なくとも2カ月前に発しなければなりませんが，この期間は，規約で伸長することができます(区分所有法62条4項)。

(b)専有部分の共有者に対する通知

原則	専有部分が数人の共有に属する場合には，議決権を行使すべきと定められた者1人に通知すれば足りる。
例外	議決権を行使すべきと定められた者がいないときは，共有者の1人に通知すれば足りる。

(c)通知のあて先

区分所有者が管理者に対して，集会の通知場所を通知していた場合	通知していた場所に通知する
区分所有者が管理者に対して，集会の通知場所を通知していなかった場合	区分所有者の所有する専有部分が所在する場所に通知する

(d)掲示による通知

①建物内に住所を有する区分所有者 ②管理者に対して集会の通知場所を通知していない区分所有者	規約で定めれば，建物内の見やすい場所に掲示してすることができる
管理者に対して集会の通知場所を通知している区分所有者	通知していた場所に通知

(e)重要な決議事項の場合の通知

　集会において，次の決議をしようとする場合，集会の招集通知には，議案の要領(決議の内容についての案を要約したもの)をも通知しなければなりません。

【議案の要領の通知が必要となる重要な決議事項】

①	共用部分の重大変更
②	規約の設定・変更・廃止
③	建物の大規模滅失の場合の復旧
④	建替え決議
⑤	その他

（3）集会の決議事項の制限

原則	招集通知に記載されていた事項に限られる。
例外	①特別の定数が定められている事項を除いて，規約で別段の定めをすることができる。 ②招集手続きが省略された場合は，制限されない。

（4）決議の方法

　集会の議事は，この法律又は規約に別段の定めがない限り，**区分所有者及び議決権の各過半数で決します**（区分所有法39条1項）。集会の議事録が書面で作成されているときは，議長及び集会に出席した区分所有者の2人がこれに署名しなければなりません（区分所有法42条3項）。

　建物区分所有法又は規約により集会において決議をすべき場合において，区分所有者全員の承諾があるときは，書面又は電磁的方法による決議をすることができます（区分所有法45条1項）。

　なお，専有部分が数人の共有に属するときは，共有者は，議決権を行使すべき者1人を定めなければなりません（区分所有法40条）。

（5）集会の決議の効力

　集会の決議は，決議当時の区分所有者だけでなく，その**特定承継人に対しても，その効力を生じます**（区分所有法46

条1項)。また，**占有者**は，建物又はその敷地もしくは附属施設の使用方法につき，区分所有者が集会の決議に基づいて負う義務と同一の義務を負います(区分所有法46条2項)。

(6)占有者の取扱い

区分所有者の承諾を得て専有部分を占有する者は，会議の目的たる事項につき利害関係を有する場合には，集会に出席して意見を述べることができます(区分所有法44条1項)。しかし，占有者には議決権はありません。

合格ステップ 79

反復チェック　／　／　／

占有者の扱いと集会の決議の効力 ……………… ランク B

(1) 区分所有者の承諾を得た占有者は，会議の目的につき利害関係を有する場合，集会に出席して意見を述べることができる。しかし，議決権を行使することはできない。

(2) 集会の決議は，決議当時の区分所有者だけでなく，その特定承継人に対しても，その効力を生ずる。また，占有者は，建物又はその敷地もしくは附属施設の使用方法につき，区分所有者が集会の決議に基づいて負う義務と同一の義務を負う。

宅建試験に「出る!」問題

区分所有者の承諾を得て専有部分を占有する者は，会議の目的たる事項につき利害関係を有する場合には，集会に出席して議決権を行使することができる。(2013-13-1)

解答：×(上記合格ステップ(1)参照)

ウォーク問① 問98…(4)　問99…(2)

7 義務違反者に対する措置

　マンションでは，1つの建物に大勢の人が生活をしていることから，中にはルール違反を犯す人もいます。

　そこで，そのような義務違反者に対して，どのような措置を講じることができるのか，また，それらの措置を講じるための要件はどのようなものがあるか，以下の合格ステップにまとめておきます。

合格ステップ 80

反復チェック / / /

義務違反者に対する措置　……　ランク C

内容	要件
行為の停止等の請求	①行為の停止等の請求は，他の区分所有者の全員又は管理組合法人が行うことができる。 ②行為の停止等の請求の訴訟を提起するには，集会において，区分所有者及び議決権の各過半数の賛成による決議が必要である。
専有部分の使用禁止の請求	区分所有者及び議決権の各4分の3以上の賛成による決議に基づき，かつ，訴えをもって行うことが必要である。
区分所有権等の競売の請求	
占有者に対する契約解除，引渡しの請求	

8 復旧及び建替え

(1) 復旧

　建物の一部が滅失したときには，建物を復旧する必要があります。ただ，この復旧は，**各区分所有者に与える影響が大きい**ですから，滅失の程度に応じて，復旧の方法は異なります。

まず，建物の価格の**2分の1以下**に相当する部分が滅失した(**小規模滅失**)ときは，各区分所有者は，滅失した共用部分及び自己の専有部分を復旧することができます(区分所有法61条1項)。ただし，各区分所有者が共用部分を復旧する工事に着手するまでに，区分所有者及び議決権の各過半数による復旧の決議，又は後述する建替え決議があったときには，各区分所有者は，その工事をすることができなくなります。

なお，小規模復旧については，**規約で別段の定めをすることができます**(区分所有法61条4項)。

これに対して，建物の価格の**2分の1を超える部分**が滅失した(**大規模滅失**)ときは，集会において，区分所有者及び議決権の各**4分の3以上**の多数で，滅失した共用部分を復旧する旨の決議をすることができます(区分所有法61条5項)。

大規模復旧については，**規約で別段の定めをすることはできません**(区分所有法61条参照)。

そして，この決議に基づいて，滅失した共用部分を復旧する工事が行われることになります。ただ，この工事にかかる費用は，区分所有者全員が負担することになります。したがって，このままでは，大規模復旧の決議に賛成しなかった区分所有者なども，工事費用を負担することになってしまいますので，**大規模復旧の決議**が行われた場合，その決議の日から2週間を経過したときは，その決議に賛成した区分所有者以外の区分所有者は，決議賛成者の全部又は一部に対し，自己の有する建物及びその敷地に関する権利を**時価で買い取るべきことを請求することができます**(「**買取指定者**」が指定されている場合は，この者にのみ買取請求をすることができます)。

＋α プラスアルファ

この場合において，その請求を受けた決議賛成者は，その請求の日から2カ月以内に，他の決議賛成者の全部又は一部に対し，決議賛成者以外の区分所有者を除いて算定した持分割合に応じて当該建物及びその敷地に関する権利を時価で買い取るべきことを請求することができます(区分所有法61条7項，8項)。

合格ステップ 81

大規模復旧について

ランク **B**

建物の価格の**2分の1を超える部分**が滅失した場合は集会において，区分所有者及び議決権の各**4分の3以上の多数**で，減失した共用部分を復旧する旨の決議をすることができる。規約によっても別段の定めを設けることは認められない。

ラクしておぼえる L式 暗記法

4分の3以上の賛成が必要なものに関しては，以下のゴロ合わせを使って，しっかりとおぼえましょう。

妻子 4分の3

大変 重大変更

法事 管理組合法人

客 規約の設定・変更・廃止

大 大規模滅失の復旧

福

使用 使用禁止訴訟

拒 競売請求訴訟

否 引渡請求訴訟

第15章 建物区分所有法

（2）建替え

老朽化した分譲マンションの建替えには，所有者全員の同意が必要か？

Xの所有するマンションは，建設されてから数十年が過ぎ，老朽化し建替えをする必要性が出てきました。この場合，区分所有者全員の賛成が必要でしょうか。（解答は本頁下）

建物は，時間の経過により，その効用を維持し，又は回復するのに多額の費用がかかることがあります。その場合には，建物全体を建て替えることができると都合がよいですが，建替えが区分所有者に与える影響は，きわめて大きいです。そこで，集会において，区分所有者及び議決権の各5分の4以上の多数で，建物を取り壊し，かつ，当該建物の敷地もしくはその一部の土地又は当該建物の敷地の全部もしくは一部を含む土地に新たに建物を建築する旨の決議（以下「**建替え決議**」という。）をすることができるという厳しいルールが設けられています(区分所有法62条1項)。

なお，建替え決議については，**規約で別段の定めをすることはできません**(区分所有法62条参照)。

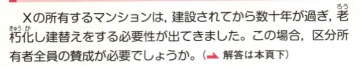

区分所有者及び議決権の5分の4以上の賛成があれば建替えの決議をすることができます。

合格ステップ 82

建替え　ランク B

集会においては，区分所有者及び議決権の**各5分の4**以上の多数で，建物を取り壊し，かつ，当該建物の敷地もしくはその一部の土地又は当該建物の全部もしくは一部を含む土地に新たに建物を建築する旨の決議をすることができる。規約によっても別段の定めを設けることは認められない。

建替え決議に関しては，以下のゴロ合わせを使って，しっかりとおぼえましょう。

講　師が　家を　**建替え**た
5分の4　　　　　　建替え決議

　この建替え決議があったときは，集会を招集した者は，遅滞なく，建替え決議に賛成しなかった区分所有者（その承継人を含む）に対し，建替え決議の内容により建替えに参加するか否かを回答すべき旨を書面又は区分所有者の承諾を得て電磁的方法により催告しなければなりません。催告を受けた区分所有者は，催告を受けた日から2月以内に回答しなければならず，この期間内に回答しなかった区分所有者は，建替えに参加しない旨を回答したものとみなされます（区分所有法63条1項，2項，3項，4項）。

　催告期間が経過したときは，**建替え決議に賛成した**各区

分所有者もしくは建替え決議の内容により建替えに参加する旨を回答した各区分所有者（これらの者の承継人を含む）又はこれらの者の全員の合意により区分所有権及び敷地利用権を買い受けることができる者として指定された者は，催告期間の満了日から2カ月以内に，建替えに参加しない旨を回答した区分所有者（その承継人を含む）に対し，**区分所有権及び敷地利用権を時価で売り渡すべきことを請求すること**ができます（区分所有法63条5項）。

【建物区分所有法のまとめ】

	できること	規約で別段の定めをすること
単独	保存行為	できる
	行為の停止等請求（訴訟外）	
	小規模滅失における共用部分の復旧※2	
5分の1以上※1	集会の招集	定数を減じることのみできる
過半数※1	管理行為	できる
	軽微変更	
	行為の停止等請求（訴訟）	
	小規模滅失の場合の復旧の決議	
4分の3以上※1	重大変更	区分所有者の定数のみ，過半数まで減じることができる
	管理組合の法人化	できない
	規約の設定・変更・廃止	
	専有部分の使用禁止請求訴訟，区分所有権等の競売請求訴訟，占有者に対する引渡し請求訴訟	できない
	大規模滅失の場合の復旧	できない
5分の4以上※1	建替え	できない

※1　区分所有者及び議決権である
※2　集会による復旧決議，建替え決議があったときを除く

9 区分建物の登記

マンション（登記の場面では「区分建物」といいます）や敷地権をめぐる権利関係は，戸建ての住宅に比べて，複雑になりますので，登記を分かりやすくするために，区分建物の登記については，以下のような特別な取扱いがなされています。

【区分建物である建物の登記記録】

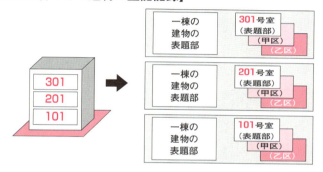

なお，法定共用部分は区分建物として登記をすることができません。また，区分建物が規約による共用部分である旨の登記は，当該区分建物の登記記録の表題部になされます。

(1) 建物の表題登記

区分建物の表題登記の申請は，その一棟の建物に属する他の区分建物の表題登記の申請と共にしなければなりません（不登法48第1項）。したがって，具体的には，分譲業者など，最初に一棟全体をすべて所有している者が建物の表題登記をまとめて申請することになります。

↗合格ステップ 83

反復チェック / / /

区分建物の表題登記 ································· ランク C

区分建物の表題登記の申請は，その一棟の建物に属する他の区分建物の表題登記の申請と共にしなければならない。

宅建試験に「出る!」問題

区分建物の表題登記は，その一棟の建物に属する他の区分建物の表題登記とともに申請しなければならない。（1996-16-1改題）

解答：○（上記合格ステップ参照）

ウォーク問① ▶ 問102…(1)

（2）所有権保存の登記

所有権保存の登記は，通常，表題部所有者又は相続人その他の一般承継人，所有権を有することが確定判決によって確認された者及び収用により所有権を取得した者が申請することができます（不登法74条1項）。それに加え，**区分建物においては，表題部所有者より所有権を取得した者も，所有権保存の登記をすることができます**（不登法74条2項）。これは，表題登記をした分譲業者が所有権保存の登記をし，ついで分譲業者と購入者とが所有権移転登記をするという方法をとらなくてもよいことにして，分譲業者が登録免許税を節約することができるようにするためなのです。

なお，建物が敷地権付区分建物であるときは，敷地権の登記名義人の承諾を得なければなりません。

（3）敷地権の登記

各区分所有者は，区分建物の敷地について，共有持分又

は借地権の準共有持分を有しています。そうすると、専有部分の多いマンションでは、一筆の土地の登記記録に記録される共有持分又は準共有持分に関する登記が莫大になり、かつ、複雑なものになりますので、登記記録の記録内容が分かりにくくなるといった弊害が生じます。

そこで、専有部分と分離して処分することができない敷地権をめぐる権利関係を分かりやすく明らかにするため、**区分建物の登記記録の表題部について最初に敷地権の登記をするときは、登記官はその敷地権の目的である土地の登記記録の権利部に職権で、所有権・地上権等の権利が敷地権である旨の登記をしなければなりません**（不登法46条）。

合格ステップ 84

敷地権の表示の登記

ランク **C**

(1) 敷地権の表示の登記は、区分建物の登記記録の表題部になされる。
(2) 登記官は、敷地権について区分建物の表題部に最初に登記するときは、その敷地権の目的である土地の登記記録の権利部に、職権で、所有権、地上権その他の権利が敷地権である旨の登記をしなければならない。

宅建試験に「出る！」問題

登記官は、区分建物に関する敷地権について表題部に最初に登記をするときは、敷地権の目的たる土地の登記記録の表題部に敷地権の目的となった旨の登記をしなければならない。（1996-16-4）

解答：×（上記合格ステップ(2)参照）

ウォーク問① 問102…(4)

この手続きをとれば、その後に区分建物と敷地権とを処分した場合、区分建物の甲区又は乙区に登記をすれば、それだけで、土地に対して登記したものとして扱われます（不登法

73条1項)。

　その反面，**敷地権の登記がなされた後は，原則として，土地のみ又は敷地権のみを目的とする処分をした旨の登記をすることはできなくなります**(不登法73条2項)。

【一棟の建物の表題部】

専有部分の家屋番号	3－1－101　3－1－102　3－1－201　3－1－202				
表　題　部　（一棟の建物の表示）		調製	余白	所在図番号	余白
所在	新宿区下落合一丁目3番地1	余白			
建物の名称	ＬＥＣマンション	余白			
①構　　造	②床　面　積　　　m²	原因及びその日付〔登記の日付〕			
鉄筋コンクリート造陸屋根2階建	1階　300：60　2階　300：40	〔平成15年3月15日〕			
表　題　部　（敷地権の目的である土地の表示）					
①土地の符号	②所在及び地番	③地目	④地　積　　m²	登記の日付	
1	新宿区下落合一丁目3番1	宅地	350：56	平成15年3月15日	

【専有部分の建物の表題部】

表　題　部　（専有部分の建物の表示）			不動産番号	1234567891011
家屋番号	下落合一丁目3番1の101		余白	
建物の名称	101		余白	
①種類	②構　造	③床　面　積　　m²	原因及びその日付〔登記の日付〕	
居宅	鉄筋コンクリート造1階建	1階部分　150：42	平成15年3月11日新築〔平成15年3月15日〕	
表　題　部　（敷地権の表示）				
①土地の符号	②敷地権の種類	③敷地権の割合	原因及びその日付〔登記の日付〕	
1	所有権	4分の1	平成15年3月11日敷地権〔平成15年3月15日〕	
所有者	新宿区下落合一丁目6番9号　ＭＭマンション販売株式会社			

【敷地権たる旨の登記】

（敷地権が**所有権**の場合）

権利部(甲区)（所有権に関する事項）			
順位番号	登記の目的	受付年月日・受付番号	権利者その他の事項
2	所有権移転	平成○年○月○日 第○○号	原因　　平成○年○月○日売買 所有者　新宿区下落合○丁目○番○号 　　　　A
3	所有権敷地権	余白	建物の表示　新宿区下落合○丁目○番地○ 一棟の建物の名称　○○マンション 平成○年○月○日登記

（敷地権が**賃借権**の場合）

権利部(乙区)（所有権以外の権利に関する事項）			
順位番号	登記の目的	受付年月日・受付番号	権利者その他の事項
1	賃借権設定	平成○年○月○日 第○○号	原因　　　平成○年○月○日設定 目的　　　鉄筋コンクリート造建物所有 存続期間　○○年 賃料　　　１月○円 支払時期　毎月末日 賃借権者　新宿区下落合○丁目○番○号 　　　　　A
2	1番賃借権 敷地権	余白	建物の表示　新宿区下落合○丁目○番地○ 一棟の建物の名称　○○マンション 平成○年○月○日登記

第16章 賃貸借

超頻出 Aランク

学習のポイント

学習項目	'14	'15	'16	'17	'18	'19	'20(10月)	'20(12月)	'21(10月)	'21(12月)	'22	'23
1 賃貸借契約とは		★										
2 賃貸人・賃借人の権利・義務	★	★	★	★	★			★			★	★
3 賃貸借の存続期間等	★	★		★		★						
4 賃借権の対抗力等	★						★	★				
5 転貸・賃借権の譲渡		★	★	★		★		★		★	★	
6 敷金		★	★				★		★		★	

「賃貸借」の分野は，過去10年間で12回出題されています。本試験では，まるまる１問の形式で出題される場合と，借地借家法などの問題の選択肢の１つとして出題される場合があります。

この賃貸借は，後で勉強する「借地借家法」の基本となる項目です。つまり，「賃貸借」は，土地や建物を借りる場合の他に，レンタカーやレンタルDVDを借りるような場合も含むのに対して，「借地借家法」では，住む目的で建物を借りたり，家を建てる目的で土地を借りたりする場合のように，借り手側を特に保護する必要性が高い場面において適用されることになっているのです。

何を学ぶか？ どこに着目するか？

何を学ぶか？

本章では，民法の賃貸借のルールについて学んでいきます。建物や土地の賃貸借については，借地借家法で修正されています。ここでは賃貸借契約の一般的なルールについて学んでいきます。

賃借って賃料を払って物を借りることですよね？

賃料を払って物を貸借する契約を「賃貸借契約」といいます。このほか，賃料を払わずただ（無償）で物を貸借する契約を「使用貸借契約」といいますが，賃貸借とはルールに違いがあります。

「民法」とわざわざ強調するのはなぜですか？

借家や借地は，借地借家法（次章以下で学習します）において特別なルールが定められています。その特別なルールがある場合は，一般的なルールである民法の規定は適用されません。試験対策上重要なのは借地借家法ですので，混乱のないように強調しています。

合格への着眼点は？

宅建士試験は「土地の賃貸借」又は「建物の賃貸借」について出題されますので，重要なのは借地借家法です。しかし，一般的な賃貸借にかかわるルールを理解せずに，特別なルールである借地借家法の理解はできません。まず，民法の賃貸借契約からしっかりと身につけましょう。

賃貸借契約とは

　例えば，Ａさんが自分の持っている家をＢさんに貸して，1カ月10万円の賃料を手に入れたいと考えたとします。この場合，Ａさんはとの間で「**賃貸借契約**」を結ぶことになります。このように，**賃料を払って物を貸し借りする契約のことを賃貸借契約**といいます。賃貸借契約は口頭で契約しても，有効に成立します。

講師からの
アドバイス

賃料のない（すなわち「無償」）の貸借は「使用貸借」という契約になります（第25章「その他の問題点②」参照）。

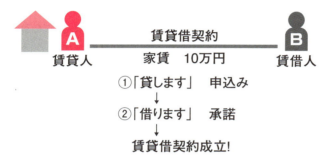

　ここで，一般的に，貸す人のことを「**大家さん・地主さん**」とか**貸主**，借りる人のことを**借主**などと呼びますが，宅建士試験では，別の表現が使われることが多いので，以下，まとめておきます。

【貸す人・借りる人の呼び方】

	貸す人（貸主）	借りる人（借主）
建物の賃貸借の場合	賃貸人	賃借人
土地の賃貸借の場合	賃貸人 借地権設定者	賃借人 借地権者

　なお，民法では，土地や建物の貸し借りのみならず，ＤＶＤをレンタルする場合まで，**賃貸借契約を結ぶ際の共通ルール**が定められています。

　しかし，土地や建物の賃貸借契約の場合，賃借人はそこ

で生活していることも多く，賃借人を保護する必要性が高いです。

そこで，一定の土地や建物の賃貸借契約については，賃借人を保護するため，**借地借家法**が適用されます。そして，**借地借家法に特別ルールが定められている場合には，民法の規定は適用されず，借地借家法の規定が適用されること**になっています。

また，賃貸人と賃借人との間で**民法の規定と異なる特約を結んだ場合，その特約は原則として有効**です。これに対して，賃貸人と賃借人との間で**借地借家法の規定と異なる特約を結んだ場合，その特約が賃借人に有利なものであれば原則として有効ですが，賃借人に不利なものであれば原則として無効**です。

合格ステップ 85

民法と借地借家法の関係 …… ランク B

(1) 借地借家法に特別ルールが定められている場合，民法の規定は適用されず，借地借家法の規定が適用される。
(2) 賃貸人と賃借人との間で借地借家法の規定と異なる特約を結んだ場合，その特約が賃借人に不利なものであれば原則として無効となる。

宅建試験に「出る!」問題

借地借家法の規定によれば，ＡＢ間で，3年間は家賃を減額しない旨特に書面で合意した場合，その特約は効力を有しない。(2001-13-4)

解答：〇（上記合格ステップ(2)参照）

ウォーク問① 問113…(4)

2 賃貸人・賃借人の権利・義務

8問/10年

　賃貸借契約が結ばれた場合，賃貸人と賃借人には，どのような権利・義務が生ずるのでしょうか。

　まず，賃貸借契約とは，賃料を支払って物を借りる契約ですから，**賃借人は賃貸人に対して，物を使用・収益させろと請求することができ**，その反面，**賃貸人は賃借人に対して，賃料を支払えと請求することができる**のです。なお，建物，宅地の賃料は，特約がなければ**毎月末**（すなわち後払い）に，支払わなければなりません（民法614条）。

　また，契約が終了したときに，貸主は借主に対して**物を返還せよ**と請求できます（民法601条）。

【基本的な権利・義務】

　使用・収益させろと請求できる　
賃借人

　賃料を払えと請求できる　

賃貸人

　では，他にどんな権利・義務があるでしょうか。例えば，賃貸借契約の目的物の一部が壊れた場合，賃貸人と賃借人には，どんな権利・義務が生ずるのでしょうか。

借りている家の雨漏りは，誰が修繕すべきなのか？

　Bさんは，Aさんから家を借りることを約束し，その家に住んでいた。ところが，台風によって屋根が壊され，雨漏りするようになってしまいました。Bさんとしては，どうすればよいのでしょうか。（→解答は316頁）

ケース
スタディ
16-1

まず，Ｂさんとしては，Ａさんに屋根を修繕するように請求することができます。Ａさんとしては，お金をもらって家を貸している以上，Ｂさんの請求に応じる義務があります。

　すなわち，賃貸人には**修繕をする義務**があり，賃借人には**修繕を請求する権利**があるのです。ただし，修繕が必要になったことにつき賃借人の責めに帰すべき事由がある場合は，賃貸人の修繕義務は発生せず，賃借人は修繕を請求することはできません。例えば，雨漏りの原因が台風でなく，Ｂさんが建物を乱暴に使ったことが原因であったような場合は，ＢさんはＡさんに対して修繕を請求することができないのです（民法606条１項）。

　なお，ＢさんがＡさんに修繕が必要である旨を通知し，又はＡさんがその旨を知ったにもかかわらず，Ａさんが**相当の期間内に必要な修繕をしないとき**には，Ｂさんは，その修繕をすることができます（民法607条の２第１号）。また，**急迫の事情**があるときは，Ｂさんが修繕することができます（民法607条の２第２号）。Ｂさんがかかった費用（**必要費**）を支出した場合は，「**直ちに**」，Ａさんに費用を返してもらうように請求することができます（民法608条１項）。

ケーススタディ16-1の答え

　Ｂさんは，Ａさんに修繕を請求してもよいですし，Ａさんが修繕が必要なこと知っているのに相当な期間内にしない場合は，Ｂさんは自ら修繕業者に修繕を頼むこともできます。自分で直してＡさんに必要費を請求しても構いません。

　一方，Ａさんにとっては，自分の家が雨漏りをしているのだから，家の天井や床が腐る前に修繕したいはずです。そこで，**たとえ賃借人であるＢさんが反対したとしても修繕をする権利**があります（民法606条２項）。

　なお，賃借人が目的物の価値を増加させるための費用（**有益費**）を支出した場合には，**賃貸借終了の時**において，目的

物の**価格の増加**が**現存**している限り，賃貸人は，支出された費用又は増価額のどちらかを「**賃貸人**」が選択して支払わなければなりません（民法608条2項本文，196条2項）。

さらに，賃貸借の目的物の一部が滅失その他の事由により使用及び収益をすることができなくなった場合において，それが賃借人の責めに帰することができない事由によるものであるときは，賃料は，その使用及び収益をすることができなくなった部分の割合に応じて，当然に減額されます。さらに残った部分だけでは賃貸借をした目的を達することができなければ，賃借人は契約の解除をすることができます（民法611条）。以上をまとめると，以下の合格ステップの表のようになります。

なお，賃貸借契約が終了した場合，借主は，借りた物を返還するとき，原状に復して，これに付属させた物を収去する権利を有し，義務を負うことになります（民法621条，622条・599条1項，2項）。

重要条文

＜民法＞

第601条（賃貸借）

　賃貸借は，当事者の一方がある物の使用及び収益を相手方にさせることを約し，相手方がこれに対してその賃料を支払うこと及び引渡しを受けた物を契約が終了したときに返還することを約することによって，その効力を生ずる。

第606条（賃貸物の修繕）

1　賃貸人は，賃貸物の使用及び収益に必要な修繕をする義務を負う。ただし，賃借人の責めに帰すべき事由によってその修繕が必要となったときは，この限りでない。

2　賃貸人が賃貸物の保存に必要な行為をしようとするときは，賃借人は，これを拒むことができない。

第16章　賃貸借

合格ステップ 86

賃貸人・賃借人の権利・義務

場面	権利・義務の内容
(1)賃料の支払い	建物，宅地の賃料は，特約がなければ**毎月末払い**となる。
(2)賃貸物の修繕	① **賃貸人**は，賃貸物の使用・収益に必要な修繕をする義務を負う。 ② 賃貸人が賃貸物の保存に必要な行為をしようとする場合，**賃借人は，これを拒むことができない**。 ③ 賃貸人が賃借人が賃借をした目的を達成できなくなるような保存行為をしようとする場合，賃借人は，**契約を解除できる**。 ④ 賃借物の修繕が必要である場合において，次の場合には，賃借人は，その修繕をすることができる。 (a)賃借人が賃貸人に修繕が必要である旨を通知し，又は賃貸人がその旨を知ったにもかかわらず，**賃貸人が相当の期間内に必要な修繕をしないとき**。 (b)**急迫の事情**があるとき。
(3)賃借人が費用を支出した場合	① 賃借人が賃貸人の負担に属する**必要費**を支出した場合 →賃貸人に対し，**直ちにその償還を請求できる**。 ② 賃借人が**有益費**を支出した場合 →**賃貸人**は，**賃貸借の終了の時**に，目的物の価格の増加が現存している場合に限り，支出された費用又は増価額のいずれかを選択して，償還しなければならない。
(4)賃借物の一部が滅失した場合	賃借物の一部が賃借人の過失によらずに滅失した場合，賃料は滅失の割合に応じて当然に減額される。 →残存する部分だけでは**賃借した目的を達成できない場合**，賃借人は，**契約を解除できる**。

宅建試験に「出る!」問題

1 建物の賃貸人が賃貸物の保存に必要な修繕をする場合,賃借人は修繕工事のため使用収益に支障が生じても,これを拒むことはできない。(2013-8-4)

解答:○(上記合格ステップ(2)②参照)

2 AがBからBの所有する建物を賃借している場合において,Aは,Bの負担すべき必要費を支出したときは,ただちに,Bに対しその償還を請求することができる。(1991-13-2)

解答:○(上記合格ステップ(3)①参照)

ウォーク問① 問107…(2)　問109…(2)(3)　問164…(1)(2)(4)

3 賃貸借の存続期間等

賃貸借契約は物を貸し借りする契約ですから,どの程度の期間借りられるのか,また,更新することができるのかといったことが問題となります。ただ,本試験では,後述する借地借家法上のルールの方がよく出題されていますので,ここではポイントだけを簡単にまとめておきます。

【賃貸借の存続期間等（民法の規定）】

契約期間	最長期間	50年
	最短期間	制限なし
更新・解約申入れ	期間の定めがある場合	1　原則として，期間満了によって終了する。ただし，更新することができる。 2　期間満了後に賃借人が賃借物の使用・収益を継続し，賃貸人がこれを知りながら異議を述べない場合，契約を更新したものと推定される（黙示の更新）。 →この場合，各当事者は，解約申入れができる。
	期間の定めがない場合	当事者は，いつでも解約の申入れができる。この場合，解約の申入れの日から ①土地の賃貸借の場合：1年 ②建物の賃貸借の場合：3カ月 を経過することによって終了する。

 4 賃借権の対抗力等

(1)借りている土地のオーナー（所有者）が変更，新しいオーナーに賃借権を主張できるのか？(2)新しいオーナーは，賃借人の同意が必要か？

(1) AとBはAの土地の賃貸借契約を結びました。しかし，賃借権の登記をしないうちにAはBに賃貸している土地をCに売却してしまいました。その後CがBに対して「その土地から出て行け」と主張してきた場合，Bは出て行かなければならないのでしょうか。

(2) CがAから土地を買い受けた場合，土地の所有権がAからCに移転するのは当然ですが，土地の賃貸人の地位もAからCに移転するのでしょうか。賃貸人の地位が移転するとした場合に，その移転につき賃借人Bの同意は必要でしょうか。（　解答は321，322頁）

まず，(1)の事例の場合について考えてみましょう。

【賃借権の対抗力】

　土地や建物を借りている場合に，持ち主が変わったからといって必ず出て行かなければならないというのでは，あまりにも賃借人がかわいそうです。

　そこで民法は，**不動産の賃貸借は，これを登記したときは，その後にその不動産を購入した者に対抗できる**ことにしています（民法605条）。

　したがって，Bは賃借権の登記をしていれば出て行かなくてもすみます。

　なお，土地や建物を借りる時に登記することはあまりありません。また，**賃借人には登記請求権が認められません**（判例）。そこで，後述する借地借家法で賃借人を保護するための特別ルールが設けられています。

ケーススタディ16-2の答え

(1)賃借権の登記を欠くのでBは出て行かなければなりません。

　では，次に(2)の事例を考えてみましょう。

　土地の所有権の移転に伴って賃貸人の地位も移転するかという点については，Bが賃借権の対抗要件を備えているか否かによって結論が異なります。**Bが対抗要件を備えている場合は，AからCへの所有権移転に伴って賃貸人の地位も**

当然にＣに移転するのが原則であり，賃貸人の地位の移転につきＢの同意は不要です（民法605条の２第１項）。

　Ｂが**対抗要件を備えていない場合**は，ＡからＣへの所有権移転があっても当然には**賃貸人の地位は移転せず**，ＡＣ間で賃貸人の地位を移転する旨の合意があって初めて移転します。この場合もＢの同意なくしてＡＣ間で賃貸人の地位を移転させる合意ができます。

　いずれの場合にせよ，Ｃが賃貸人の地位に基づいてＢに対して賃料を請求するには，Ｃが土地につき**所有権移転の登記を備えている必要があります**（民法605条の２第３項）。

ケーススタディ16-2の答え

(2) Ｂの同意を得る必要はありません。

【賃貸借の対抗力等】

賃貸借の対抗力	賃借権の登記 →ただし，賃借人の登記請求権は認められない。
賃貸人の変更	賃借人の承諾は不要である。 →ただし，新賃貸人は，登記を備えていなければ，賃借人に賃料を請求することができない。

5　転貸・賃借権の譲渡

（１）転貸・賃借権の譲渡とは

　賃借人が賃貸人から借りている物を第三者に又貸しすることを**転貸**といい，賃借権を第三者に譲ることを**賃借権の譲渡**といいます。

　転貸の場合，簡単にいえば又貸しですから賃貸人と賃借

人との関係は続きますが,賃借権の譲渡の場合には,賃借権そのものを第三者に譲渡してしまいますので,賃貸人と賃借人との関係はなくなり,賃貸人と賃借権の譲受人(=新賃借人)との関係だけが残ることになります。

【転貸・賃借権の譲渡】

(2)転貸・賃借権の譲渡の要件

アパートを又貸しするのは,自由なのか？

AはBに対してアパートの一室を賃貸しました。まもなくしてBは,会社の海外支店設置に関する打ち合わせのため1年程日本を離れることになりました。その間,アパートの部屋は友人のCに貸そうと思っていますが,これは可能でしょうか。(→解答は324頁)

ケーススタディ 16-3

　賃借権の譲渡や転貸をするためには,「**賃貸人の承諾**」が**必要**です(民法612条1項)。賃貸人にとって,貸しているものを勝手に知らない人に使われては困るからです。

　そして,賃借人が賃貸人の承諾を得ずに,第三者に賃借物を使用又は収益させた場合,**賃貸人は,賃貸借契約を解除できる**とされています(民法612条2項)。

　民法612条2項が無断譲渡・転貸の場合に賃貸人に解除を認めた趣旨は,賃貸借契約が信頼関係を基礎にする継続的

契約であるところ,無断譲渡・転貸は一般的に信頼関係を破壊する背信的行為と考えられるからです。そこで,無断譲渡・転貸がなされた場合でも,例えばワンルームマンションの賃借人が,大家さんの承諾なく,親族に転貸したときのように,**背信的行為と認めるに足りない特段の事情があるときは,賃貸人は賃貸借契約を解除することができない**とされています(判例)。

ケーススタディ16-3の答え

原則賃貸人Aの承諾がない限りできません。もっとも,その転貸が背信的行為と認めるに足りない特段の事情がある場合は例外的に可能です。

重要条文

＜民法＞
第612条(賃借権の譲渡及び転貸の制限)
1 賃借人は,賃貸人の承諾を得なければ,その賃借権を譲り渡し,又は賃借物を転貸することができない。
2 賃借人が前項の規定に違反して第三者に賃借物の使用又は収益をさせたときは,賃貸人は,契約の解除をすることができる。

合格ステップ 87

転貸・賃借権の譲渡の要件

ランク A

①	転貸・賃借権の譲渡をするためには「賃貸人の承諾」が必要
②	賃借人が賃貸人の承諾を得ずに,第三者に賃貸物の使用又は収益をさせた場合, 原則:賃貸人は,賃貸借契約を解除できる。 例外:背信的行為と認めるに足りない特段の事情がある場合,賃貸人は賃貸借契約を解除できない。

宅建試験に「出る!」問題

AがB所有の建物について賃貸借契約を締結し，引渡しを受けた場合において，AがBの承諾なく当該建物をCに転貸しても，この転貸がBに対する背信的行為と認めるに足りない特段の事情があるときは，BはAの無断転貸を理由に賃貸借契約を解除することはできない。(2006-10-1)

解答：〇（上記合格ステップ②参照）

ウォーク問1 ▶ 問112…(1)　問120…(3)(4)　問155…(2)

（3）転貸・賃借権の譲渡の効果

適法な転貸や賃借権の譲渡があった場合，賃貸人は転借人や賃借権の譲受人に対して賃料を請求できるでしょうか。

まず，転貸の場合，転借人は，賃貸人と賃借人との間の賃貸借に基づく賃借人の債務の範囲を限度として，賃貸人に対して転貸借に基づく債務を直接履行する義務を負います。したがって，賃貸人は，賃借人のみならず，転借人に対しても，賃料を直接請求することができます。

この場合，**賃料が転借料よりも低額のときは，転借人は賃料の額を限度として賃貸人に賃料を支払えば足ります**。これに対して，**賃料よりも転借料の金額が低いときは，転借人は転借料の額を限度として賃貸人に賃料を支払えば足ります**。なお，転借人は，賃料の前払いをもって賃貸人に対抗することができません（民法613条1項）。

【転借人の賃料支払い義務】

賃料＜転借料の場合	賃料＞転借料の場合
転借人は「賃料」の額を限度に支払えばよい	転借人は「転借料」の額を限度に支払えばよい

次に，賃借権の譲渡の場合，賃貸人と賃借権の譲受人（＝新賃借人）との関係だけが残ることになりますので，譲渡後の賃料については，**賃借権の譲受人に対してのみ請求でき**

ることになります。

合格ステップ 88

反復チェック　/　/　/

転貸・賃借権の譲渡の効果 ランク **B**

(1)転貸の場合	賃貸人は，賃借人のみならず，転借人に対しても，賃料を直接請求することができる。 ①賃料＜転借料の場合 　転借人は「賃料」の額を限度に支払えばよい。 ②賃料＞転借料の場合 　転借人は「転借料」の額を限度に支払えばよい。
(2)賃借権の 譲渡の場合	賃貸人は，賃借権の譲受人に対してのみ賃料を請求できる。

宅建試験に「出る!」問題

Aは，Bに対し建物を賃貸し，Bは，その建物をAの承諾を得てCに対し適法に転貸している場合において，BがAに対して賃料を支払わないとき，Aは，Bに対する賃料の限度で，Cに対し，Bに対する賃料を自分に直接支払うよう請求することができる。(2011-7-1)

解答：○(上記合格ステップ(1)参照)

ウォーク問① ▶ 問103…(2)　問110…(1)

6 敷金

オーナーチェンジ，借主チェンジ，敷金返還義務者・請求権の行方は？

(1) AはBとの間で，A所有の建物について賃貸借契約を結びました。そして，賃貸借の途中でAはCに建物を売り渡し，賃貸人がAからCに交代しました。この場合，BはA，Cのいずれに敷金返還請求をすべきでしょうか。

(2) AはBとの間で，A所有の建物について賃貸借契約を結びました。そして，賃貸借の途中で今度はBがDに対してAの承諾のもとに賃借権を譲渡し，賃借人がBからDに交代しました。この場合，B，DのいずれがAに敷金の返還を請求できるのでしょうか。（➡解答は328，329頁）

　不動産の賃貸借においては，**敷金**という名目のお金が賃借人から賃貸人に渡されることが通常です。敷金とは，**いかなる名目によるかを問わず，賃料債務その他の賃貸借に基づいて生ずる賃借人の賃貸人に対する金銭の給付を目的とする債務を担保する目的で，賃借人が賃貸人に交付する金銭**をいいます（民法622条の2第1項かっこ書）。

　例えば，賃借人に未払賃料があるときには，賃貸人は，賃貸借の存続中であっても，敷金を未払賃料に充当することができます。逆に，敷金は，賃貸人のための金銭ですから，**賃借人の側から充当を請求することはできません**（民法622条の2第2項後段）。

　また，**敷金返還請求権は，目的物を返還するまでに発生した賃貸人の賃借人に対する債権に，敷金を充当して，なお残額があるときに初めて発生します**（民法622条の2第1項1号，判例）。このように，目的物を明け渡さなければ，敷金

返還請求権は発生しませんので、賃借人は、**敷金の返還と引換えでなければ建物を明け渡さないと主張することができません**（民法622条の2第1項1号，判例）。

では，(1)の事例について考えてみましょう。

【賃貸人がかわった場合】

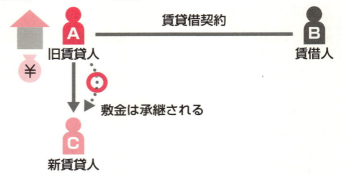

　敷金は賃貸人の債権の担保のためという性質上，賃貸人の地位と密接に結びついていますし，賃借人の立場からすれば，敷金返還請求は，新賃貸人に行ったほうが便利です。

　したがって，**新賃貸人は原則として敷金を旧所有者から引き継ぎ，賃借人は新賃貸人に返還請求することができること**になります（民法605条の2第4項，判例）。ただし，**新賃貸人に引き継がれる敷金は，旧賃貸人が有していた債権額を差し引いた残高だけです**（民法622条の2第1項，判例）。

　なお，**建物賃貸借契約が終了した後，建物の明渡し前に，建物の所有権が移転した場合，敷金に関する権利義務は，旧所有者と新所有者の合意のみによっては，新所有者に承継されません**（判例）。

ケーススタディ16-4の答え

(1) Bは原則として新賃貸人Cに対して敷金返還請求すべきです。

では次に,（2）の事例の場合はどうでしょうか。

【賃借人がかわった場合】

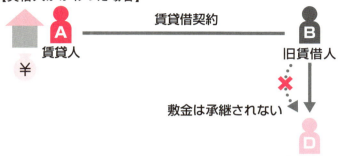

賃借権の譲渡人(旧賃借人)としては，自分自身の債務を担保するために敷金を渡したのであって，譲受人(新賃借人)が新しく負担する債務まで担保する意思はないのが通常です。

そのため，原則として，貸借権の**譲渡人**(前賃借人)が**敷金の返還を請求することができる**ことになります(民法622条の2第1項2号，判例)。

ケーススタディ16-4の答え

(2) BがAに敷金の返還を請求できます。

合格ステップ 89

敷金 ランク A

(1) 敷金とは	いかなる名目によるかを問わず，賃料債務その他の賃貸借に基づいて生ずる賃借人の賃貸人に対する金銭の給付を目的とする債務を担保する目的で，賃借人が賃貸人に交付する金銭。
(2) 敷金の承継	①賃貸人が変更した場合 →新賃貸人に承継される。 ②賃借人が変更した場合 →原則として，新賃借人に承継されない。
(3) 敷金返還請求権	原則として，賃貸借契約終了後における目的物の明渡し後に行使することができる。
(4) 同時履行の関係	建物明渡債務と敷金返還債務とは，原則として，同時履行の関係に立たない（明渡しが先）。

宅建試験に「出る！」問題

1 Aは，自己所有の甲建物（居住用）をBに賃貸し，引渡しも終わり，敷金50万円を受領した。その後Aが甲建物をCに譲渡し，所有権移転登記を経た場合，Bの承諾がなくとも，敷金が存在する限度において，敷金返還債務はAからCに承継される。(2008-10-2)

解答：○（上記合格ステップ(2)①参照）

2 建物の賃貸借契約が期間満了により終了した場合において，賃借人から敷金の返還請求を受けた賃貸人は，賃貸物の返還を受けるまでは，これを拒むことができる。(2020(10月)4-3)

解答：○（上記合格ステップ(4)参照）

ウォーク問① 問27…(ア) 問105…(3) 問106…(1)(2)(3)

第17章 借地借家法①―借家

超頻出 Aランク

学習のポイント

学習項目	'14	'15	'16	'17	'18	'19	'20(10月)	'20(12月)	'21(10月)	'21(12月)	'22	'23
1 借地借家法の適用範囲												
2 建物賃貸借契約の存続期間等		★	★	★	★	★			★	★		★
3 建物賃借権の対抗力		★								★	★	
4 造作買取請求権		★	★				★					
5 転借人等の保護	★		★	★	★	★			★	★		
6 借賃増減請求権		★										★
7 特殊な建物賃貸借契約	★	★	★	★	★	★	★	★			★	

　「借地借家法」は毎年２問出題されている重要項目ですが，そのうち，「借家」に関しては，例年１問出題されています。借地借家法の分野は範囲が広く，多くの受験生が苦手意識をもっているところですが，本試験では，ごく基本的な内容さえ理解できていれば１点取ることができる問題が多く出題されていますので，ポイントをしぼって勉強する必要があります。

何を学ぶか？ どこに着目するか？

何を学ぶか？

本章では，借家，つまり建物の賃貸借のルールについて学びます。借主保護という視点が，どのように具体化されているかを学んでいきます。

借地借家法（借家）では，民法をどのように修正しているの？

借地借家法は，借主の保護を目的とした法律です。そこで，賃貸借の期間が満了しても当然には終了しない等の規定を設けて借主の保護を図っています。

なぜ，そのように借主を保護するの？

建物や土地は，衣食住の「住」の基本となります。つまり，人間が生きていくために必要な根本部分の一要素です。そして，土地や建物を所有していない人は，誰かの土地・建物を借りなければなりません。そこで，不利な条件を強いられることがないように，借地借家法が借主を保護するのです。

建物であれば，すべて借家のルールが適用されますか？

選挙事務所の賃貸借のように「一時使用が明らか」な場合は適用がありません。賃料を取らずに貸し借りをする「使用貸借」にも適用がありません。

合格への着眼点は？

貸主は建物の所有者です。これを借主が使っていることになります。当たり前のことですが，細かい知識にばかり気を取られますと，この基本を見失いがちです。借主保護のために作られた法律ですが，建物所有者である貸主に対する配慮も意識するようにしましょう。

1 借地借家法の適用範囲

借地借家法では，建物や土地の賃貸借契約を締結するに当たって，**賃借人を保護するためのルール**を定めています。

そして，借地借家法のうち，「借家」に関する部分については，**「建物の賃貸借契約」**について**適用されます**（借地借家法1条）。居住目的であろうと，商売を営む目的であろうと，借地借家法が適用されます。なお，これから説明する借地借家法は，平成4年8月1日に施行されたものですので，それ以前に締結された賃貸借契約については旧法（建物保護法，借地法，借家法）が適用されます。

ただし，建物の賃貸借契約であっても，例えば，貸別荘や選挙事務所として利用するといった**「一時使用目的」**のために**建物の賃貸借契約を結んだことが明らかな場合**や，**タダで建物を借りる場合（使用貸借）**には，民法のみが適用され，**借地借家法は適用されません**（借地借家法40条）。

【借地借家法（借家）の適用範囲】

 賃貸借契約 ▶ 借地借家法（借家）が適用される
賃貸人 （一時使用目的を除く） 賃借人

合格ステップ 90

借地借家法の適用範囲 ……

(1)「建物の賃貸借契約」については，原則として借地借家法が適用される。
(2) ただし，次の場合は民法のみ適用され，借地借家法は適用されない。
　① 「一時使用目的」のために建物の賃貸借契約を結んだことが明らかな場合
　② タダで建物を借りる場合（使用貸借）

2 建物賃貸借契約の存続期間等

> **2年の契約を結んだ場合，期間満了で即座に出て行かなくてはならないのか？**
>
> Aは所有する建物を契約期間を2年としてBに賃貸しました。2年経過して存続期間が満了した場合，直ちにBは建物から出て行かなくてはならないでしょうか。（➡ 解答は本頁下）

借地借家法は，賃借人がなるべく長い期間建物を借りられるようにするための特別ルールを設けています。

なお，借地上の建物について，借地権の存続期間の満了により土地を明け渡すべきときは，**建物の賃借人が借地権の存続期間が満了することをその1年前までに知らなかった場合に限り**，裁判所は，建物の賃借人の請求により，**建物の賃借人がこれを知った日から1年を超えない範囲内において**，土地の明渡しにつき相当の期限を許与することができます（借地借家法35条1項）。

ケーススタディ17-1の答え

出て行く必要はありません（借地借家法26条1項，2項）。

合格ステップ 91

| 反復チェック | / | / | / |

借家契約の存続期間等 ······· ランク A

(1) 契約期間・更新

①契約期間	最長期間	制限なし
	最短期間	制限なし →ただし，期間を**1年未満**とした場合，**期間の定めがないものとみなされる。**
②更新・解約申し入れ	期間の定めがある場合	1　当事者が期間の満了の**1年前から6カ月前**までに相手方に対して**更新をしない旨の通知**をしなかった場合，**契約を更新したものとみなされる（法定更新）。** →通知をした場合でも，期間満了後に賃借人が使用を継続し，**賃貸人が遅滞なく異議を述べなかった場合，更新したものとみなされる（法定更新）。** 2　**賃貸人**による更新拒絶の通知には，「**正当事由**」が必要である。
	期間の定めがない場合	1　**賃貸人**が解約の申入れをした場合，賃貸借契約は，解約の申入れの日から**6カ月**の経過により終了する。 →解約申入れをした場合でも，その日から6カ月経過後に賃借人が使用を継続し，**賃貸人が遅滞なく異議を述べなかった場合，更新したものとみなされる（法定更新）。** 2　**賃貸人**による解約申入れには，「**正当事由**」が必要である。

※法定更新後の契約は従前の契約と同じとなる。ただし，存続期間の**定めのない**ものとなる。

(2) 正当事由の内容

①	建物の賃貸人及び賃借人が建物の使用を必要とする事情
②	建物の賃貸借に関する従前の経過
③	建物の利用状況及び建物の現況
④	建物の賃貸人が提供する財産上の給付の申出

宅建試験に「出る!」問題

1 期間の定めのある建物賃貸借において、賃貸人が、期間満了の1年前から6月前までの間に、更新しない旨の通知を出すのを失念したときは、賃貸人に借地借家法第28条に定める正当事由がある場合でも、契約は期間満了により終了しない。(2002-14-1)

　　　　　解答：○(上記合格ステップ(1)②　期間の定めがある場合　参照)

2 A所有の甲建物につき、Bが一時使用目的ではなく賃料月額10万円で賃貸借契約を締結する場合において、期間の定めがないとき、AはBに対して正当な事由があるときに限り、解約を申し入れることができる。(2009-12-2)

　　　　　解答：○(上記合格ステップ(1)②　期間の定めがない場合　参照)

ウォーク問① 問108…(1)(2)　問115…(4)　問116…(3)　問117…(1)　問167…(1)

3 建物賃借権の対抗力

建物のオーナー(所有者)が変更！借り続けることはできないのか？

BはAの所有する建物を賃借して、建物の引渡しを受け事務所として使用していましたが、賃借権の登記はしていませんでした。その後、Aは建物をCに売却し、CがBに「その建物から出て行け」と言ってきました。この場合、Bは出て行かなければならないでしょうか。(→解答は337頁)

ケーススタディ 17-2

【建物賃借権の対抗力】

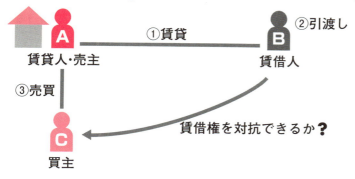

この場合，Bさんが賃借権の登記をしていれば出て行かなくてもすみます（民法605条）。

しかし，賃借人には登記請求権が認められていないことから，賃借人が登記をすることはなかなかできません。

ただ，それでは，賃貸人が賃貸している建物を人に売却することで容易に賃借人を立ち退かせることができることになってしまいます。

そこで，借地借家法では，賃借権の登記がなくても，**賃借人が建物の引渡しを受けていれば，その後に建物を取得した者に対抗できる**という特別ルールが設けられています（借地借家法31条）。

ケーススタディ17-2の答え

出て行く必要はありません（借地借家法31条）。

重要条文

＜借地借家法＞
第31条（建物賃貸借の対抗力等）
　建物の賃貸借は，その登記がなくても，建物の引渡しがあったときは，その後その建物について物権を取得した者に対し，その効力を生ずる。

合格ステップ 92

建物賃借権の対抗力 ……………………………… ランク A

建物賃借権は、賃借人が建物の引渡し（例えば、鍵の受領や家具等の搬入）を受けていれば対抗力が認められる。

宅建試験に「出る！」問題

A所有の甲建物につき、Bが一時使用目的ではなく賃料月額10万円で賃貸借契約を締結する場合において、Aが甲建物をCに売却したとき、甲建物の引渡しを受けて甲建物で居住しているBはCに対して賃借権を主張することができる。（2009-12-3改題）

解答：○（上記合格ステップ参照）

ウォーク問① 問32…(2)(4)　問76…(2)(4)　問108…(3)　問115…(1)　問118…(2)

---

4 造作買取請求権

賃貸契約が終了したら、自費で取り付けた設備を買い取ってもらう方法

BはAの所有する建物を賃借しました。Bは事務所として利用するにあたり、Aの承諾を得てフロアにエアコンを設置しました。その後、賃貸借が終了し建物をAに明け渡す際、BはAにエアコンを買い取るよう言えるでしょうか。（→解答は339頁）

ケーススタディ 17-3

建物の賃借人は、自分が借りている建物に畳を入れたり、エアコンを設置することがあります。このような、建物の利用価値を高める賃借人の所有する物のことを「造作」といいます。

造作は，本来賃借人が建物を明け渡すときに取り外す必要がありますが，建物から取り外された畳やエアコンはほとんど何の役にも立ちません。

そこで，借地借家法は，賃借人が賃貸人に造作を買い取ってもらうという造作買取請求権という制度を設けました（借地借家法33条）。

ここで，造作買取請求権が認められるためには，①**賃貸人の同意を得て建物に造作を取り付けた場合**か，②**造作を賃貸人から買い受けていた場合**のいずれかである必要があります。

そうすると，例えば賃借人が「エアコンを取り付けたいので，同意して欲しい」と言ってきても，賃貸人はエアコンを買い取ることがいやで，同意をしてくれない可能性があります。

そこで，借地借家法は，「**造作買取請求権を認めない旨の特約は有効である**」という規定を設けることで，造作を取り付けやすくしているのです（借地借家法37条参照）。

ケーススタディ17-3の答え

Bはエアコンを買い取るようAに言うことができます（借地借家法33条1項）。

📈 合格ステップ 93

反復チェック ／ ／ ／

ランク **A**

造作買取請求権

(1) 賃貸人の同意を得て建物賃借人が付加した造作（畳・建具など）については，建物賃借人は，賃貸借終了の時に賃貸人に対して，時価で買い取ることを請求することができる（造作買取請求権）。

(2) 造作買取請求権を認めない旨の特約は，有効である。

LEC東京リーガルマインド　2024年版出る順宅建士　合格テキスト ①権利関係　　339

宅建試験に「出る！」問題

1 賃貸人Aと賃借人Bとの間の居住用建物の賃貸借契約が締結された場合において、「Aは、Bが建物に造作を付加することに同意するが、Bは、賃貸借の終了時に、Aに対してその造作の買取りを請求しない」旨の特約は有効である。(1999-14-1)

解答：○（上記合格ステップ(2)参照）

ウォーク問① 問109…(4)　問115…(3)

5 転借人等の保護

(1) 賃貸借契約の終了と転貸借

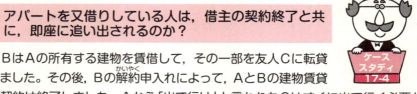

アパートを又借りしている人は、借主の契約終了と共に、即座に追い出されるのか？

BはAの所有する建物を賃借して、その一部を友人Cに転貸しました。その後、Bの解約申入れによって、AとBの建物賃貸借契約は終了しました。Aから「出て行け」と言われたCはすぐに出て行く必要があるのでしょうか。（→解答は341頁）

「賃貸借」のところで勉強したように、賃借人は、賃貸人の承諾を得れば、建物を転貸したり、賃借権を譲渡することができます。このうち、「転貸」の場合、賃貸人と賃借人との間の賃貸借契約の他に、賃借人と転借人との間の転貸借契約が結ばれることになります。

そして、転借人は、賃借人が賃貸人から借りている建物を使っているわけですから、理屈上は、賃貸借契約が終了すれば、転貸借契約も終了することになってしまいます。

【賃貸借契約の終了と転貸借】

しかし，それではあまりにも転借人の立場が不安定になってしまいますから，民法，借地借家法や判例によって，賃貸借契約が終了すれば，転貸借契約も終了するかどうかについて場合分けがなされています。

ケーススタディ17-4の答え

Cはすぐに出て行く必要はありません（借地借家法34条）。

合格ステップ 94

賃貸借契約の終了と転貸借　ランク A

賃貸借契約の終了原因	転借人への対抗
(1)期間満了・解約申入れ	賃貸人は，転借人に通知をしなければ，転借人に対抗できない。 →転貸借契約は，通知がされた日から6カ月を経過することによって終了する。
(2)合意解除	原則として転借人に対抗できない。 ただし，合意解除の当時，賃貸人が賃借人の債務不履行による解除権を有していたときは，転借人に対抗できる。
(3)債務不履行による解除	転借人に対抗できる。 →賃貸人は，債務不履行を理由に賃貸借契約を解除しようとする際，転借人に対して賃料を支払う機会を与える必要はない。

宅建試験に「出る!」問題

1 Aは，Bに対し建物を賃貸し，Bは，その建物をAの承諾を得てCに対し適法に転貸している場合において，Aが，Bとの賃貸借契約を合意解除しても，特段の事情がない限り，Cに対して，合意解除の効果を対抗することができない。(2011-7-3)

解答：○（上記合格ステップ(2)参照）

ウォーク問① 問103…(1)(3)(4) 問104…(3) 問110…(2)(3)(4) 問112…(2)(3)
問114…(4) 問117…(3)

（2）建物転借人の保護

賃貸人の承諾を得た転借人は，賃貸人と直接契約を結んでいるわけではありませんが，保護の必要性からすれば，賃借人とほとんど変わりません。

そこで，借地借家法では，転借人を賃借人と同様に保護することとしています。

合格ステップ 95

建物転借人の保護

ランク **A**

建物の賃貸人の承諾を得て賃借人から建物を転借した者は，以下のように建物賃借人と同様の保護が与えられている。

① 転借人の使用継続に対し，賃貸人が遅滞なく異議を述べなければ，賃貸借が法定更新される。
② 更新に関する正当事由の有無の判断は，転借人の事情も考慮する。
③ 賃貸借が期間満了により終了すると，転借人は賃貸人に対して造作買取請求権を行使できる。
④ 借地借家法の規定に反する特約で，転借人に不利なものは，原則として無効である。

宅建試験に「出る!」問題

Ａが，Ｂに対し期間２年と定めて賃貸した建物を，ＢはＣに対し期間を定めずに転貸し，Ａはこれを承諾した場合，ＡがＢに対する更新拒絶の通知をしたときでも，期間満了後Ｃが建物の使用を継続し，Ａがこれに対して遅滞なく異議を述べないと，ＡＢ間の契約は更新される。（1998-12-1）

解答：〇（上記合格ステップ①参照）

ウォーク問1 ▶ 問116…(4)

（３）居住用建物の賃借権の承継

賃借人が死亡した場合，その相続人は，賃借権を相続することができます。

それに対して，賃借人と事実上夫婦や養子などと同様の関係にあった者が賃借人と同居していても，それらの同居者は，賃借権を相続することはできません。

そこで，借地借家法は，そのような同居人を保護するための特別ルールを設けています(借地借家法36条)。

合格ステップ 96

反復チェック	/	/	/

内縁の妻等の建物賃借権 …………… ランク **B**

(1) 居住用建物の賃借人が死亡して相続人がいない場合は，婚姻届（又は，縁組届）を出していないが，事実上夫婦（又は，養親子）と同様の関係にあった同居者が，賃借人の権利・義務を承継する。

ただし，同居者が，建物賃借人が相続人なく死亡したことを知った時から１カ月以内に，賃貸人に対して承継をしない旨の意思を表示すれば，承継は起こらない。

(2) 同居者が賃借人の権利・義務を承継しない旨の特約は，有効である。

宅建試験に「出る!」問題

賃貸人Aと賃借人Bとの間の居住用建物の賃貸借契約が締結された場合において，Bが死亡し，その当時Bの相続人でない事実上の配偶者Cがこの建物で同居していたとき，Cは，当該建物の賃借権に限っては，相続人に優先してBの賃借人としての地位を承継する。（1999-14-2）

解答：×（上記合格ステップ(1)参照）

6 借賃増減額請求権

2問/10年

土地が値上がりした地区で，家賃を値上げる方法

BはAの所有する建物を賃借しました。その1年後，ビルの立っている土地周辺の地価が高騰してしまいました。そこでAは賃料を100万円から150万円にしたいと考えています。Aはどうすればよいでしょうか。（➡ 解答は本頁下）

ケーススタディ 17-5

賃貸借契約は比較的長い期間契約関係が続くことが多いです。その間には，「家賃が高すぎる」とか，「近所の家賃が値上がりしているのだから，自分も家賃の値上げに踏み切りたい」といったことを考えることがあります。

そこで，賃貸借契約の当事者には，賃料の増減額請求権が認められています（借地借家法32条）。

ケーススタディ17-5の答え

Aは借賃増減額請求権を行使して，将来に向かって賃料を150万円に変更するよう請求することができます（借地借家法32条）。

合格ステップ 97

家賃の増減額請求

(1) 建物の借賃が、①土地もしくは建物に対する租税その他の負担の増減、②土地もしくは建物の価格の上昇・下落その他の経済事情の変動、又は、③近傍同種の建物の借賃などに比較して不相当になったときは、契約の条件にかかわらず、**当事者は、将来に向かって、借賃の増減額を請求することができる。**
ただし、一定の期間借賃を増額しない特約がある場合は、その期間内は増額請求は認められない。

(2) 借賃の増額又は減額について当事者間の協議が調わないとき

建物の借賃の**増額**について当事者間に協議が調わないとき	その請求を受けた者は、増額を正当とする裁判が確定するまでは、**相当と認める額**の建物の借賃を支払うことをもって足りる。 →ただし、その裁判が確定した場合において、すでに支払った額に不足があるときは、その不足額に**年1割**の割合による支払期後の利息を付してこれを支払わなければならない。
建物の借賃の**減額**について当事者間に協議が調わないとき	その請求を受けた者は、減額を正当とする裁判が確定するまでは、**相当と認める額**の建物の借賃の支払いを請求することができる。 →ただし、その裁判が確定した場合において、すでに支払いを受けた額が正当とされた建物の借賃の額を超えるときは、その超過額に**年1割**の割合による受領の時からの利息を付してこれを返還しなければならない。

(3) 借地の場合も、同様の賃料増減額請求が認められる。

宅建試験に「出る!」問題

賃貸人Ａ（個人）と賃借人Ｂ（個人）との間の居住用建物の賃貸借契約が締結された場合において，家賃が，近傍同種の建物の家賃に比較して不相当に高額になったときは，契約の条件にかかわらず，Ｂは，将来に向かって家賃の減額を請求することができる。(2001-13-3)

解答：○（上記合格ステップ(1)参照）

ウォーク問1 問113…(1)(3) 問115…(2) 問167…(2)

7 特殊な建物賃貸借契約

（1）定期建物賃貸借

期間満了できっちり返してもらうための契約は？

Ａは所有する建物をＢに賃貸するにあたり，将来建物を自分で使いたくなった時には，速やかにＢに出て行ってもらえるようにしておきたいと考えています。この場合，一定期間が経過すれば終了し，更新が生じない借家契約を結ぶことはできないでしょうか。

（→解答は347頁）

ケーススタディ 17-6

契約期間の定めのある賃貸借契約を結んだ場合であっても，終了させるためには，更新拒絶の通知・正当事由が必要という厳しい条件が設けられ，契約期間が満了しても，更新されやすくなっています。

ただ，契約期間の定めのある賃貸借契約を結んだ場合，期間満了によって契約を終了させられるような賃貸借契約を結びたいと考える人も当然います。

そこで，契約の更新がない契約として，「定期建物賃貸借」

という便利な制度が設けられています。

ケーススタディ17-6の答え

このような借家契約も結ぶことができます(借地借家法38条)。

📈 合格ステップ 98

反復チェック	/	/	/

定期建物賃貸借 ·· ランク **A**

定期建物賃貸借(定期借家権)	
(1)期間	当事者が合意した期間(1年未満とすることもできる。)
(2)内容	契約の更新がない旨の特約を認める。
(3)方式	①(公正証書などの)書面又は電磁的記録によって契約する必要がある。※1 ②定期建物賃貸借をしようとするとき,賃貸人は,賃借人に対して,あらかじめ書面を交付(又は書面の交付に代えて,建物の賃借人の承諾を得て,当該書面に記載すべき事項を電磁的方法により提供)のうえ,賃貸借に更新がなく,期間の満了によって終了する旨を説明しなければならない。※1,2
(4)終了	賃貸人から (期間が1年以上の場合)期間満了の1年前から6カ月前までに賃借人への通知をする必要がある。※3 賃借人から (床面積が200m²未満の居住用建物である場合)転勤,療養,親族の介護その他のやむを得ない事情により,建物の賃借人が建物を自己の生活の本拠として使用することが困難となったときは,賃貸借の解約の申入れをすることができ,当該申入れの日から1カ月後に契約が終了する。
(5)借賃増減請求	定期建物賃貸借においては,借賃増減額請求に関する規定は,借賃の改定に係る特約がある場合には,適用しない。

※1　契約書面等と説明書面等は別の書面等であることを要する。
※2　賃貸人がこの説明をしなかった場合は,契約の更新がないこととする旨の特約は無効となる。
※3　1年前から6カ月前までの間に通知せず,この期間を経過した場合でも,その後賃貸人が通知すれば,その通知の日から6カ月後に賃貸借契約は終了する。

LEC東京リーガルマインド　2024年版出る順宅建士　合格テキスト　①権利関係　347

宅建試験に「出る!」問題

公正証書によって定期建物賃貸借契約を締結するときは,賃貸人は,賃借人に対し,契約の更新がなく,期間の満了により賃貸借は終了することについて,あらかじめ,その旨を記載した書面を交付して説明する必要はない。(2008-14-2)

解答：×（上記合格ステップ(3)参照）

ウォーク問① 問111…(1)(2)　問112…(4)　問114…(1)(3)　問115…(2)(4)
　　　　　　　問116…(1)(2)　問117…(4)

（2）取壊し予定建物の期限付き賃貸借

数年後に取壊すことが決まっている建物を貸したいが,どうすればいいのか?

　Aは所有する建物をBに賃貸したいと考えている。ところが,Aの建物がある土地は都市計画道路の決定により, 4～5年以内に買収され,建物は取り壊されることになっていました。Aは,取り壊しまでの間だけでもBに建物を貸したい場合,どうすればよいでしょうか。（➡ 解答は349頁）

ケーススタディ17-7

　土地区画整理事業等により一定期間経過後には確実に建物を取り壊さなければならない場合でも,その期間が経過するまでは,建物を有効に利用して収益を上げることができることが望ましいです。そこで,**法令又は契約により一定の期間を経過した後に建物を取り壊すべきことが明らかな場合において,建物の賃貸借をするときは,建物を取り壊すこととなる時に賃貸借が終了する旨を定めることができます**（借地借家法39条1項）。

　ただ,この特約は,建物を取り壊すべき事由を記載した**書面又は電磁的記録によってしなければなりません**（借地借家

法39条2項，3項）。

ケーススタディ17-7の答え

建物を取り壊すこととなる時に賃貸借が終了する旨を定め，Bに建物を貸せばよいです。

合格ステップ 99

取壊し予定建物の期限付き賃貸借 …… ランク B

(1) 取壊し予定建物の期限付き賃貸借とは，
  ① 法令（例えば，都市計画法，土地区画整理法，土地収用法）又は契約（例えば，土地賃貸人との間の建物収去・土地明渡しの特約）により，
  ② 一定期間経過後に建物を取り壊すべきことが明らかな場合において，建物を取り壊すことになる時に，建物賃貸借契約が終了する旨を定めた建物賃貸借をいう。
(2) 取壊し予定建物の期限付き賃貸借の特約は，**書面**又は電磁的記録によってしなければならない。

宅建試験に「出る！」問題

賃貸人Ａと賃借人Ｂとの間の居住用建物の賃貸借契約が締結された場合において，この建物が，その敷地の売却に伴い2年後に取り壊されることが明らかな場合に，「建物を取り壊すこととなる時に賃貸借が終了する」旨の特約をＡＢ間の賃貸借契約に定めるときは，公正証書によってしなければならない。（1999-14-3）

解答：×（上記合格ステップ(2)参照）

ウォーク問① 問126…(3)

MEMO

第18章 借地借家法②—借地

超頻出Aランク

学習のポイント

学習項目	'14	'15	'16	'17	'18	'19	'20(10月)	'20(12月)	'21(10月)	'21(12月)	'22	'23
1 借地借家法の適用範囲									★			
2 借地契約の存続期間等	★			★	★	★	★				★	★	★
3 借地権の対抗力	★		★		★		★	★		★		
4 借地権の転貸等と建物買取請求権	★						★					
5 その他の内容				★			★				★	
6 定期借地権等			★		★	★			★			★

「借地借家法」のうち,「借地」に関しては,過去10年で11回出題されています。借地は,その上に建物が建てられることが予定されていることから,建物賃貸借に比べると,やや内容的に複雑になっています。そこで,建物賃貸借との違いを意識しながら内容をおさえておきましょう。

何を学ぶか？ どこに着目するか？

何を学ぶか？

本章では，借地借家法のうち，借地について学んでいきます。借地は，借家とは異なる特徴があります。その特徴を理解した上で民法と異なった特別のルールを学習します。

借家と異なる特徴って？

借地借家法の借地に関する規定は，建物を建てる目的で土地を貸し借りする場合に適用されます。したがって，借地の場合，土地は貸主の所有物ですが，その上に建っている建物は借主の所有物であり，高価な財産の所有者が2人いるという点が借家とは異なる特徴です。

保護の目線は，やっぱり借主？

そのとおりです。借家同様，借主の長期使用を保護していますが，もう一点欠かせないのが借地上の建物の保護です。借地上の建物は借主の所有物です。その建物の経済的な価値を保護しようとする規定が多数見られます。

具体的にどんな違いがありますか？

例えば「承諾に代わる裁判所の許可」という制度があります。賃借権の譲渡については，貸主の承諾が必要です。この点について，借地においては，借家と異なり「承諾に代わる裁判所の許可」という制度があります。

合格への着眼点は？

まず，借地権設定者＝貸主，借地権者＝借主といった呼び名に慣れることです。次に借地上の借地権者の建物を譲渡したり，賃貸したりしますので，それを図示してイメージできるようにしましょう。

借地借家法の適用範囲

借地借家法では，建物や土地の賃貸借契約を締結するに当たって，**賃借人を保護する**ためのルールを定めています。

そして，借地借家法のうち，「借地」に関する部分については，**「建物の所有を目的とする地上権及び土地の賃借権」について適用されます**（借地借家法1条）。居住のためであろうと，商売を営むためであろうと，建物所有を目的とするならば借地借家法が適用されます。しかし，「一時使用目的」のために土地の賃貸借契約を結んだことが明らかな場合には，適用されない規定もあります（借地借家法25条）。

【借地借家法（借地）の適用範囲】

借地権設定者
（賃貸人）　　　賃貸借契約（建物所有目的）　　　借地権者（賃借人）　▶　借地借家法（借地）が適用される

合格ステップ 100

借地借家法の適用範囲 ……

(1) 「建物の所有を目的とする地上権及び土地の賃借権」については，原則として借地借家法が適用される。

(2) ただし，「一時使用目的」のために土地の賃貸借契約を結んだことが明らかな場合は，適用されない規定がある。

宅建試験に「出る！」問題

1 ゴルフ場経営を目的とする土地賃貸借契約については，対象となる全ての土地について地代等の増減額請求に関する借地借家法第11条の規定が適用される。(2013-12-1)

解答：×（上記合格ステップ(1)参照）

2 仮設建物を建築するために土地を一時使用として１年間賃借し，借地権の存続期間が満了した場合には，借地権者は，借地権設定者に対し，建物を時価で買い取るように請求することができる。(2012-11-4)

解答：×（上記合格ステップ(2)参照）

ウォーク問① ➡ 問123…(1)(2)　問124…(4)　問127…(2)

2 借地契約の存続期間等

（１）借地契約の終了と更新

借地借家法は，賃借人がなるべく長い期間土地を借りられるようにするための特別ルールを設けています。

🏆 合格ステップ 101

反復チェック / / /

借地契約の存続期間等 .... ランク A

(1) 契約期間・更新

契約期間	最長期間	制限なし
	最短期間	30年
更新	期間の定めがある場合	① 当事者の合意があれば更新される(合意による更新)。 →契約期間は,更新の日から10年以上(最初の更新の場合,20年以上)とする。 ② 借地権者が契約の更新を請求したときは,建物がある場合に限り,従前の契約と同一の条件で契約を更新したものとみなされる(請求による更新)。 ③ 借地権の存続期間が満了した後,借地権者が土地の使用を継続するときも,建物がある場合に限り,従前の契約と同一の条件で契約を更新したものとみなされる(法定更新)。 ④ ②③の場合でも,借地権設定者が遅滞なく正当事由ある異議を述べたときは,契約は更新されない。
	期間の定めがない場合	当事者が期間の定めをしなかった場合,存続期間は10年(最初の更新の場合,20年)となるので,存続期間は定められることになる。

(2) 正当事由の内容

①	借地権設定者及び借地権者が土地の使用を必要とする事情
②	借地に関する従前の経過
③	土地の利用状況
④	借地権設定者が提供する財産上の給付の申出

第18章 借地借家法②——借地

宅建試験に「出る!」問題

1 Aが，所有している甲土地を，建物所有目的を有するBに貸す場合，AB間の土地賃貸借契約の期間は，50年が上限である。(2008-13-1改題)

解答：×(上記合格ステップ(1)契約期間　参照)

2 借地権の存続期間が満了する際，借地権者の契約の更新請求に対し，借地権設定者が遅滞なく異議を述べた場合には，借地契約は当然に終了する。(2013-12-2)

解答：×(上記合格ステップ(1)参照)

ウォーク問[1] ▶ 問123…(3)　問125…(1)(2)(3)　問127…(3)(4)　問166…(4)

(2)存続期間満了前後に建物が滅失した場合の取扱い

　借地借家法のうち，「借地」に関する部分については，「建物の所有を目的とする地上権及び土地の賃貸借」について適用されます(借地借家法1条)。

　では，借地上の建物が取壊しなどにより滅失してしまった場合，借地契約は終了してしまうのでしょうか。この場合について，借地借家法では，借地権の存続期間が満了する前に建物が滅失し，建物を再築した場合のルールを定めています(借地借家法7条)。また，借地契約の更新後に建物が滅失した場合の解約等のルールを定めています(借地借家法8条)。

↗ 合格ステップ 102

| 反復チェック | / | / | / |

借地上の建物の滅失と建物の再築 …………… ランク **B**

(1)存続期間満了前に建物が滅失した場合における建物再築による期間の延長	①借地権の存続期間が満了する前に建物が滅失しても，借地契約は終了しない。 ②借地権者が残存期間を超えて存続すべき建物を築造したときは，その建物を築造するにつき借地権設定者の承諾がある場合に限り，借地権は，承諾があった日又は建物が築造された日のいずれか早い日から20年間存続する。 →ただし，残存期間がこれより長いとき又は当事者がこれより長い期間を定めたときは，その期間による。 ③借地権者が借地権設定者に対し残存期間を超えて存続すべき建物を新たに築造する旨を通知した場合，借地権設定者がその通知を受けた後2カ月以内に異議を述べなかったときは，原則として，借地権設定者の承諾があったものとみなされる。
(2)更新後に建物が滅失した場合の解約申入れ	借地権者は，借地契約の解約申入れをすることができる。 →この場合，解約申入れがあった日から3カ月を経過することにより，借地権は消滅する。

宅建試験に「出る!」問題

借地権の存続期間が満了する前に建物が滅失し，借地権者が残存期間を超えて存続すべき建物を建築した場合，借地権設定者が異議を述べない限り，借地権は建物が築造された日から当然に20年間存続する。(2013-12-4)

解答：✕（上記合格ステップ(1)②参照）

第18章 借地借家法②──借地

LEC東京リーガルマインド　2024年版出る順宅建士 合格テキスト ①権利関係　**357**

3 借地権の対抗力

借地上建物の登記は，土地のオーナーに勝てるのか？

Aさんは，建物を建てたいというBさんの希望を受けて自己の所有する土地を建物所有目的でBさんに賃貸しました。その後Bさんは土地に建物を立てて建物につきB名義の登記を備えました。しかし，Aさんはその土地をCさんに売却してしまいました。Cさんが，Bさんに対して「その土地から出て行け」と主張してきた場合，Bさんは出て行かなければならないでしょうか。（解答は359頁）

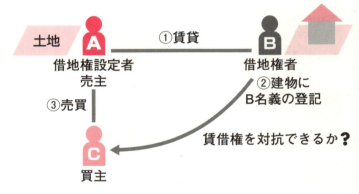

【借地権の対抗力】

この場合，Bさんが土地について賃借権の登記をしていれば出て行かなくてもすみます（民法605条）。

しかし，土地の賃借権を有する借地権者には登記請求権が認められていないことから，借地権者が土地について登記をすることはなかなかできません。

ただ，それでは，借地権設定者が賃貸している土地を人に売却することで容易に借地権者を立ち退かせることができ

ることになってしまいます。

そこで、借地借家法では、土地について賃借権の登記がなくても、**土地の上に借地権者が登記されている建物を所有するときは、これをもって第三者に対抗することができる**という特別ルールが設けられています（借地借家法10条1項）。

 プラスアルファ
賃借人が対抗力のある建物を所有している場合は、適法な転借人は自ら対抗力を備えていなくても、転貸人たる賃借人の賃借権を援用して、転借権を第三者に対抗することができます（判例）。

ケーススタディ18-1の答え

建物登記を備えているので出て行く必要はありません（借地借家法10条1項）。

合格ステップ 103

借地権の対抗力　ランク A

(1)借地権の対抗力	①借地権の登記 ②借地上の建物の借地権者名義の登記（表示に関する登記でもよい） →ただし、**配偶者名義や長男名義などの場合、第三者に対抗することができない。**
(2)登記された建物が滅失した場合	借地上の**借地権者名義の登記のある建物が滅失した場合**でも、借地権者が土地の上の見やすい場所に、以下の内容の掲示をすれば、第三者に対抗することができる。 ①建物を特定するために必要な事項 ②滅失があった日 ③建物を新たに築造する旨 →ただし、建物の滅失があった日から2年を経過した後にあっては、その前に建物を新たに築造し、かつ、その建物につき登記した場合に限る。

宅建試験に「出る!」問題

借地権者が借地権の登記をしておらず，当該土地上に所有権の登記がされている建物を所有しているときは，これをもって借地権を第三者に対抗することができるが，建物の表示の登記によっては対抗することができない。(2020(12月)-11-1)

解答：×（上記合格ステップ(1)②参照）

 ウォーク問① 問58…(1) 問61…(4) 問122…(1) 問124…(1)(2) 問125…(4)

4 借地権の転貸等と建物買取請求権

3問/10年

借地契約の期間満了，自分で建てた建物を買い取ってもらう方法

土地所有者Aは，Bに当該土地を賃貸して，Bはその土地にビルを建設しました。その後，30年間の期間を経て契約は終了しましたが，ビルはメンテナンスが行き届いていたのでまだ十分使えそうです。このような場合にもBはビルを壊し更地にしてAに返さなければならないのでしょうか。（→解答は361頁）

ケーススタディ 18-2

借家契約が終了した場合，賃借人は借りた建物を賃貸人に返還すればよいです。これに対して，借地契約が終了する場合，借りた土地を返還するのは当然ですが，土地上には，借地権者の建物が存在します。

そこで，借地権が期間満了により終了する場合に借地上の建物をなるべく取り壊さなくてすむように，借地権者が借地権設定者に建物を買い取ってもらうという**建物買取請求権**という制度が設けられています（借地借家法13条1項）。

講師からのアドバイス
この建物買取請求は，あくまでも期間満了により終了する場合であり，借地権者の債務不履行により解除された場合は認められません。

【借地契約の終了と建物買取請求権】

ケーススタディ18-2の答え

Bは建物を買い取ってもらうことができます。

また、第三者が借地上の建物を取得した場合において、借地権設定者が賃借権の譲渡又は転貸を承諾しないときは、その第三者は、借地権設定者に対し、建物買取請求権を行使することができます(借地借家法14条)。

【第三者の建物買取請求権】

ここで注意して欲しいのは、借地上の建物が売却されたり、競落される場合のように、**借地上の建物を譲渡するときは、原則として、賃貸人の承諾が必要**となります(民法87条類推)が、**借地上の建物を賃貸する場合には、土地の賃貸人の承諾は不要**である(判例)という点です。

前者の場合、借地権も合わせて譲渡する必要がありますので、借地権の譲渡・転貸に該当しますが、後者の場合には、借地権を合わせて譲渡する必要はないことから、そもそも借地権の譲渡・転貸に該当しないからです。

なお，借地権設定者が上記の承諾をしてくれない場合に備えて，「借地権設定者の承諾に代わる裁判所の許可」という制度が設けられています（借地借家法19条，20条）。

すなわち，借地上の建物が譲渡されたり，競落される場合において，第三者が賃借権を取得し，又は転借をしても借地権設定者に不利となるおそれがないにもかかわらず，借地権設定者がその賃借権の譲渡又は転貸を承諾しないときは，裁判所は，借地権設定者の承諾に代わる許可を与えることができます。

↗ 合格ステップ 104

反復チェック / / /

借地権の転貸等と建物買取請求権 ………… ランク A

(1) 借地上の建物の譲渡と賃貸

①借地上の建物を「譲渡」する場合	原則として，借地権設定者の承諾が必要である。
②借地上の建物を「賃貸」する場合	借地権設定者の承諾は不要である。

(2) 承諾に代わる裁判所の許可の申立権者と建物買取請求権

	裁判所の許可の申立権者	建物買取請求権の行使権者
①借地契約の更新がない場合 ※1	—	借地権者
②借地上の建物の譲渡の場合	借地権者	建物の譲受人
③借地上の建物の競落の場合	競落人 ※2	競落人

※1　借地権者の債務不履行により解除された場合は認められない。
※2　この申立ては，競落人が建物の代金を支払った後2カ月以内に限りすることができる。

宅建試験に「出る!」問題

AがBの所有地を賃借して，建物を建てその登記をしている場合において，Aがその建物をDに譲渡するとき，特別の事情のない限り，Aは，Dに対する敷地の賃借権譲渡についてBの承諾を得る必要がある。(1995-7-2)

解答：○（上記合格ステップ(1)①参照）

ウォーク問① 問104…(1)　問118…(1)　問119…(2)(4)　問120…(1)(2)　問121…(3)(4)
問128…(2)

5 その他の内容

(1) 転借人の保護

借家契約の場合と同様に，**借地契約の場合にも，借地権の転借人を保護する制度が設けられています**（借地借家法5条3項，6条，7条3項，13条3項，16条，19条7項など）。

(2) 賃料増減額請求

土地価格下落率の激しい地域で，賃料を値下げする方法

BはAから土地を賃借して契約から5年が経ちましたが，不動産バブルの崩壊で地価が大幅に下落してしまいました。現在支払っている賃料を割高に感じたBは賃料を下げて欲しいと考えています。Bはどうすればよいのでしょうか。（→解答は364頁）

借家契約の場合と同様に，**借地契約の場合にも，賃料増減額請求の制度が設けられています**（借地借家法11条1項）。

ケーススタディ18-3の答え

賃料減額請求をすることができます。

（3）借地条件の変更

借地条件の変更について当事者間に協議が調わない場合に，申立てにより，**裁判所がその借地条件を変更することができる**という制度が設けられています（借地借家法17条）。

【裁判所による借地条件の変更】

建物の種類，構造，規模又は用途を制限する旨の借地条件がある場合	借地条件の変更につき当事者間に協議が調わないときは，裁判所は，当事者の申立てにより，その借地条件を変更することができる。
増改築を制限する旨の借地条件がある場合	土地の通常の利用上相当とすべき増改築につき当事者間に協議が調わないときは，裁判所は，借地権者の申立てにより，その増改築についての借地権設定者の承諾に代わる許可を与えることができる。

6 定期借地権等

ケーススタディ18-4

更新のない借地権は設定できるのか？

A不動産会社は，飲食店経営者Bからレストランを経営するので土地を借りたい旨の申し出を受けました。Aは短期間で土地を返してもらえるのであれば貸してもいいと考えています。期間10年で更新がない借地権を設定できないでしょうか。（解答は366頁）

借地契約を結んだ場合，借地権者保護の観点から，契約期間が満了しても，更新されやすくなっています。

ただ，期間満了によって契約を終了させられるような借地契約を結びたいと考える人も当然います。

そこで，契約の更新がない契約として，「定期借地権」という便利な制度が設けられています。定期借地権には，①長期の定期借地権，②建物譲渡特約付借地権，③事業用定期借地権の３種類のものがあります。

（１）長期の定期借地権

存続期間を**50年以上**として借地権を設定する場合，契約の更新及び建物の築造による存続期間の延長がなく，建物買取請求をしないこととする旨を定めることができます（**長期の定期借地権**，借地借家法22条１項）。

この場合，その特約は，**書面又は電磁的記録によってしなければなりません**（借地借家法22条１項，２項）。

なお，この定期借地権は，用途を限定しておらず，事業用でも居住用でも構いません。したがって，事業用であっても存続期間を**50年以上**とすれば，**必ずしも公正証書でなくとも**かまいません。

（２）建物譲渡特約付借地権

借地権を設定する場合において，借地権を消滅させるため，その設定後30年以上を経過した日に借地権の目的である土地の上の建物を借地権設定者に相当の対価で譲渡する旨を定めることができます（**建物譲渡特約付借地権**，借地借家法24条）。

この場合，その特約は，**必ずしも書面による必要はありません**。

（３）事業用定期借地権

専ら事業の用に供する建物（居住の用に供するものを除く）の所有を目的とし，存続期間を10年以上50年未満として借

＋α プラスアルファ

建物譲渡特約により，借地権が消滅した場合において，その借地権者又は建物の賃借人でその消滅後建物の使用を継続しているものが請求をしたときは，請求の時に，その借地権者又は建物の賃借人と借地権設定者との間で期間の定めのない建物の賃貸借がされたものとみなされます（借地借家法24条２項）。

地契約を設定した場合，法定更新や建物買取請求権等の規定は適用されないことになっています（**事業用定期借地権**，借地借家法23条）。

事業用定期借地権の設定契約は，**公正証書**によってしなければなりません。

ケーススタディ18-4の答え

定期借地権の中の事業用定期借地権を設定することができます。

📈 合格ステップ105

| 反復チェック | / | / | / |

定期借地権等のまとめ ……………………… ランク **B**

	期間	目的	更新	建物の取扱い	書面等による契約
(1)定期借地権	50年以上	制限なし	なし	買取請求権なし	書面又は電磁的記録
(2)建物譲渡特約付借地権	30年以上	制限なし	なし	譲渡特約あり	不要
(3)事業用定期借地権	10年以上50年未満	もっぱら事業用（居住の用に供するものを除く）	なし	買取請求権なし	公正証書必要

宅建試験に「出る!」問題

Aが，Bに土地を賃貸し，Bがその土地上に建物を所有している。AB間の借地契約が，公正証書により10年の事業専用の目的で締結された場合には，Bは建物買取請求権を有しない。（2002-13-1）

解答：〇（上記合格ステップ(3)参照）

ウォーク問1 ▶ 問122…(4) 問123…(3)(4) 問126…(1)(2) 問128…(1) 問166…(2)

第19章 不法行為

超頻出 Aランク

学習のポイント

学習項目	'14	'15	'16	'17	'18	'19	'20(10月)	'20(12月)	'21(10月)	'21(12月)	'22	'23
1 不法行為とは	★					★		★	★			
2 使用者責任			★					★				
3 共同不法行為												
4 工作物責任									★			

「不法行為」の分野は，過去10年間で5回出題されています。

不法行為に関しては，難しい内容について問われることもありますが，近年では出題頻度が高くなっている項目ですから，基本的な内容についてはしっかりと押さえておく必要があります。

そして，本試験では，「使用者責任」「共同不法行為」「工作物責任」に関する問題が多いです。そこで，以下，これらの内容のアウトラインを説明します。

まず，使用者責任は，ある事業のために他人（被用者）を使用する者（使用者）は，その被用者が事業の執行について第三者（被害者）に加えた損害を賠償しなければならないというものです。

次に，共同不法行為は，2人以上の者が共同して不法な行為をして他人に損害を与えたときは，それらの者は各自連帯して被害者に対して損害を賠償する責任を負うというものです。

さらに，工作物責任とは，建物の壁がはがれて通行人にケガをさせてしまった場合のように，土地の工作物によって他人に損害を与えたときは，占有者（＝賃借人など）や所有者が責任を負うというものです。

何を学ぶか？ どこに着目するか？

何を学ぶか？

本章は，不法行為について学んでいきます。事故や事件などで損害を受けた被害者は，加害者に対して，生じた損害の賠償を請求することができます。宅地建物の取引によって損害を受けることもあります。少し複雑な事例も考えていきます。

不法行為って，何？

不法行為とは，わざと，あるいは不注意で他人に損害を与える行為をいいます。誰かに損害を与えてしまった場合，その損害を弁償する必要があります。これが不法行為に基づく損害賠償責任です。

誰かに損害を与えれば何でも不法行為？

誰かに損害を与えたとしても，その人の責任といえなければ不法行為にはなりません。民法は，わざと（故意），あるいは不注意で（過失）他人に損害を加えた場合など，一定の場合が不法行為であるとしています。

具体的には？

宅建士試験では，不法行為成立の一般的なルールのほか，特殊な不法行為として，「使用者責任」，「共同不法行為」，「土地の工作物責任」から出題されます。

合格への着眼点は？

まずは，不法行為一般の要件を覚えます。そのうえで，民法上の特殊な不法行為について勉強しましょう。どんな場合に，誰が，誰に対して損害賠償請求できるのかを押さえる必要があります。

1 不法行為とは

不法行為とは，**故意又は過失により他人に損害を与える行為**をいいます。例えば，自動車で人をはねてケガを負わせるとか，石を投げて人の家のガラスを割るようなことです。

不法行為が成立するためには，原則として，①故意又は過失によって，②違法な行為を行い，③それによって，④他人に損害を発生させたこと，が必要です（民法709条）。

不法行為が成立した場合，加害者は被害者に対して損害を賠償する義務を負います（民法709条）。この不法行為による損害賠償債務は，不法行為（損害発生）の時から遅滞になります（判例）。なお，被害者側に過失があったときは，裁判所は，これを考慮して，損害賠償の額を定めることができます（民法722条2項，判例）。

> **プラスアルファ**
> 被害者は，被害者が即死した場合でも，被害者に損害賠償請求権が発生し，相続人がこれを承継します（民法896条本文，判例）。また，被害者の父母，配偶者と子は，被害者の死亡による自己の精神上の苦痛に関し，自己の権利として損害賠償請求権を有します（民法711条）。

重要条文

＜民法＞

第709条（不法行為による損害賠償）
　故意又は過失によって他人の権利又は法律上保護される利益を侵害した者は，これによって生じた損害を賠償する責任を負う。

第710条（財産以外の損害の賠償）
　他人の身体，自由若しくは名誉を侵害した場合又は他人の財産権を侵害した場合のいずれであるかを問わず，前条の規定により損害賠償の責任を負う者は，財産以外の損害に対しても，その賠償をしなければならない。

第711条（近親者に対する損害の賠償）
　他人の生命を侵害した者は，被害者の父母，配偶者及び子に対しては，その財産権が侵害されなかった場合においても，損害の賠償をしなければならない。

↗合格ステップ 106

反復チェック / / /

ランク **A**

不法行為とは

(1) ①故意又は過失によって，②違法な行為を行い，③それによって，④他人に損害を発生させたときには，不法行為が成立し，加害者は被害者に対して損害を賠償する責任を負う。

(2) 被害者に過失があったときは，裁判所は，これを考慮して，損害賠償の額を定めることができる。

(3) 不法行為による損害賠償債務は，不法行為（損害発生）の時から遅滞になる。

(4) 不法行為による損害賠償の請求権は，次に掲げる場合には，時効によって消滅する（①と②のうち，どちらか一方が先に経過した時に時効によって消滅する）。

①被害者又はその法定代理人が損害及び加害者を知った時から3年間（人の生命又は身体を害する不法行為の場合は5年間）行使しないとき

②不法行為の時から20年間行使しないとき

宅建試験に「出る!」問題

1 不法行為による損害賠償の支払債務は，催告を待たず，損害発生と同時に遅滞に陥るので，その時以降完済に至るまでの遅延損害金を支払わなければならない。（2007-5-1）

　　　　　　　　　　　　　　解答：**O**（上記合格ステップ（3）参照）

---

2 人の生命又は身体を害する不法行為による損害賠償請求権は，被害者又はその法定代理人が損害及び加害者を知った時から5年間行使しない場合，時効によって消滅する。（2020（12月）-1-4）

　　　　　　　　　　　　　　解答：**O**（上記合格ステップ（4）①参照）

ウォーク問① 問129…(1)(4)　問130…(1)(3)(4)　問131…(4)　問132…(2)
　　　　　　　 問135…(3)(4)

2 使用者責任

(1) 使用者責任とは

> **従業員が仕事中に他人に損害を与えてしまった場合の会社の責任は？**
>
> A社の従業員が取引先Bとの交渉において，不法行為によりBに損害を与えてしまいました。この場合，A社がBに対して責任を負うのでしょうか。（→解答は373頁）

従業員を雇って事業を行っている者は，従業員が仕事上のミスで他人に損害を与えた場合，被害者に対して損害を賠償する義務を負うことになります（民法715条1項本文）。これを，**使用者責任**といい，この場合の**事業主のことを使用者**，従業員のことを**被用者**といいます。

この場合，使用者は，自分が行った加害行為ではなく被用者の行った加害行為について責任を負うことになりますが，使用者は被用者を使って事業の規模を拡大し，より多くの利益をあげているのですから，それに伴って生ずる損害についてもまた負担すべきです。また，被用者はお金をもっていないことも多いことから，被害者としては使用者に請求するほうが確実に賠償金を得ることができます。そこで，使用者責任が認められているのです。

(2) 使用者責任の成立要件

(a) 使用者と被用者との間に使用関係があること

使用関係が認められるためには，雇用関係等の契約関係まで必要とするものではなく，使用者と被用者との間に実質的な指揮監督関係があれば使用関係が認められます。

(b)加害行為が「事業の執行について」なされること

　行為の外形に対する第三者の信頼を保護する必要があります。そこで，被用者の職務執行行為のみならず，行為の外形から客観的に観察して**被用者の職務の範囲内の行為に属すると認められるもの**も，「事業の執行について」に該当します（判例）。

　もっとも，被害者が職務の範囲内の行為ではないことについて悪意又は重大な過失がある場合には，被害者の信頼を保護する必要はないから，「事業の執行について」にあたらず，使用者責任は成立しません（判例）。

(c)被用者に不法行為が成立すること

　使用者責任が認められるためには，**被用者について不法行為が成立**すること，つまり被用者の故意又は過失による加害行為によって他人に損害を与えたことが必要です。

(d)使用者に免責事由がないこと

　使用者が被用者の選任及びその事業の監督について相当の注意をしたとき，又は，相当の注意をしても損害が生ずべきであったことを立証したときは，免責されます（民法715条1項但書）。もっとも，この免責を認めた判例はほとんどありません。

(3)使用者責任の効果

(a)使用者に対する損害賠償請求

　使用者責任が成立する場合，被害者は，損害の賠償を使用者に対して請求することができます。また，使用者責任が成立する場合は被用者にも不法行為が成立していますから，被害者は，被用者に対して損害の賠償を請求することもできます。

　そして，被用者が負う損害賠償債務と使用者が負う損害賠償債務とは，連帯債務の関係に立ちます。

(b)求償の範囲

　使用者が被害者に損害を賠償した場合，使用者は**被用者**

に対して求償をすることができます（民法715条３項）。では，その求償の範囲はいかなる範囲で認められるのでしょうか。

民法715条３項は求償の範囲を限定していません。しかし，使用者は被用者を使って事業の規模を拡大し，より多くの利益をあげているにもかかわらず，損害が生じた場合にその負担を被用者に全額転嫁できるとしたのでは，あまりにも使用者の利益を保護することになってしまいます。そこで，使用者の被用者に対する求償の範囲は，被用者の業務内容，加害行為の態様などに照らし，損害の公平な分担という見地から信義則上相当と認められる限度で認められます（判例）。

なお，被用者が第三者に対してその損害を賠償した場合にも，被用者は，損害の公平な分担という見地から相当と認められる額について，使用者に対して求償することができます（いわゆる「逆求償」，判例）。

ケーススタディ19-1の答え

従業員の行為についてＡ社に使用者責任が成立し，Ａ社はＢに対して損害賠償責任を負います。

重要条文

＜民法＞
第715条（使用者等の責任）

1　ある事業のために他人を使用する者は，被用者がその事業の執行について第三者に加えた損害を賠償する責任を負う。ただし，使用者が被用者の選任及びその事業の監督について相当の注意をしたとき，又は相当の注意をしても損害が生ずべきであったときは，この限りでない。
2　使用者に代わって事業を監督する者も，前項の責任を負う。
3　前２項の規定は，使用者又は監督者から被用者に対する求償権の行使を妨げない。

第19章　不法行為

↗ 合格ステップ 107

反復チェック／／／

使用者責任

ランク **A**

(1) 使用者は，被用者が**事業の執行**につき第三者に加えた損害を賠償する責任を負う。

(2) 使用者責任が成立するには，**被用者に不法行為責任**が成立することが必要である。

(3) 使用者責任が成立すれば，被害者は，**使用者にも**損害賠償を請求することができる。

(4) 被害者に損害を賠償した使用者は，信義則上相当と認められる限度で被用者に**求償**することができる。

宅建試験に「出る!」問題

1 Aは，宅地建物取引業者Bに媒介を依頼して，土地を買ったが，Bの社員Cの虚偽の説明によって，損害を受けた場合，Aは，Cの不法行為責任が成立しなければ，Bに対して損害の賠償を求めることはできない。（1994-7-1）

解答：〇（上記合格ステップ(2)参照）

2 被用者Bの行った不法行為について使用者Aに使用者責任が成立し，Aは，被害者Dに対して事故によって受けたDの損害の全額を賠償した。この場合，Aは，被用者であるBに対して求償権を行使することはできない。（2013-9-2改題）

解答：×（上記合格ステップ(4)参照）

ウォーク問① ▶ 問131…(2)　問132…(4)　問133…(1)(4)　問134…(3)

3 共同不法行為

複数の衝突事故に巻き込まれた場合，通行人のケガの責任は誰が負うのか？

Aの運転する自動車とBの運転する自動車とが双方の不注意により衝突し，通行人Cが巻き添えになってケガを負った場合，CはA・B双方に対してどのように不法行為責任を追及できるでしょうか。
(解答は本頁下)。

本ケースのように，数人が共同して他人に損害を与えた場合(このような場合を，**共同不法行為**といいます)，それらの者が損害の**全額**につき**連帯**して損害賠償義務を負うことになります(民法719条1項前段)。

ケーススタディ19-2の答え

共同不法行為が成立すれば，Cは，AとBのどちらにも損害の全額を賠償請求できます。

合格ステップ 108

共同不法行為 ランク **A**

数人が**共同の不法行為**により他人に損害を与えた場合，それらの者は**連帯**して被害者に損害賠償の責任を負う。

宅建試験に「出る!」問題

Aが，その過失によってB所有の建物を取り壊し，Bに対して不法行為による損害賠償債務を負担した場合において，不法行為がAの過失とCの過失による共同不法行為であった場合，Aの過失がCより軽微なときでも，Bは，Aに対して損害の全額について賠償を請求することができる。（2000-8-2）

解答：○（上記合格ステップ参照）

ウォーク問① 問129…(3) 問130…(2) 問132…(3) 問136…(3)

4 工作物責任

借りているアパートの外壁が剥れて通行人がケガをした場合の責任は，誰が負うのか？

Aが所有する建物をBが占有していました。Bは建物を占有するにあたり，損害防止に必要な対策をしてましたが，外壁が剥れて通行人のCがケガを負ってしまいました。この場合，誰がどのような責任を負うのでしょうか。（解答は377頁）

ケーススタディ 19-3

例えば，本ケースのように，土地の工作物が他人に損害を与えた場合，誰がどのような責任を負うのでしょうか。

この場合，被害者は，外壁を造った者が故意・過失によって瑕疵（欠陥）を生じさせたことを証明できればいいですが，これを証明するのはなかなか大変です。

そこで，**土地の工作物**（例：建物，塀）の設置・保存の瑕疵のため他人に損害が生じた場合は，誰が瑕疵を作りだしたか，それが故意・過失によるものであるかは関係なく，まず**第一次的に占有者**が責任を負うこととされています。

そして，占有者が損害を防止するのに必要な対策をしたと

いうことを証明したときは、**第二次的に所有者**が責任を負います（民法717条1項但書）。この所有者の責任はどんなに注意を払っていても、責任を負わなければならないという「**無過失責任**」です。なお、占有者又は所有者は、損害の原因をつくり出した者（例えば、外壁を造った者）の故意・過失を証明すれば、求償することができます（民法717条3項）。

ケーススタディ19-3の答え

一次的に占有者Bが、二次的に所有者Aが、Cに対して損害賠償の責任を負います。

合格ステップ 109

工作物責任

ランク **B**

(1) 土地の工作物の設置・保存の瑕疵によって、他人に損害を生じさせた場合、**まず、その工作物の占有者**が損害賠償の責任を負う。
(2) 土地の工作物の占有者が、損害の発生を防止するのに必要な注意をしていたときは、工作物の**所有者**が損害賠償の責任を負う。

宅建試験に「出る！」問題

AがBとの請負契約によりBに建物を建築させてその所有者となり、その後Cに売却した場合において、Cはこの建物をDに賃貸し、Dが建物を占有していたところ、この建物の建築の際におけるBの過失により生じた瑕疵により、その外壁の一部が剥離して落下し、通行人Eが重傷を負ったとき、Cは、損害の発生を防止するため必要な注意をしていたときでも、瑕疵ある土地の工作物の所有者として、Eに対して不法行為責任を負うことがある。（1996-6-3）

解答：〇（上記合格ステップ(2)参照）

ウォーク問① ▶ 問135…(1)(2)

MEMO

第20章 請負

学習のポイント

学習項目	'14	'15	'16	'17	'18	'19	'20(10月)	'20(12月)	'21(10月)	'21(12月)	'22	'23
1 請負とは												★
2 請負人の契約不適合責任	★			★		★						★
3 注文者の解除権						★						

　「請負」の分野は、過去10年間で4回出題されています。17年・19年の本試験のように、まるまる1問の形式で出題されることもあります。

　請負契約は、例えば、大工さんに建物の建築を依頼したような場合が典型例です。そして、建物を建築するという仕事を請け負った大工さん（＝請負人）は、その建築した建物に何らかの欠陥があった場合には責任を負わなければなりません。これを「請負人の担保責任」といいますが、宅建士試験においては、請負人がどのような責任を負わなければならないかという内容を中心におさえておけば十分です。

何を学ぶか？ どこに着目するか？

何を学ぶか？

本章では，請負について学んでいきます。請負契約の成立要件，請負契約の解除等について学習します。

請負って？

例えば，家を建てる場合，建築業者に建築を依頼します。この場合，建築業者は家を建てるという仕事を完成させ，依頼者はそれに対してお金を払うという契約を結びます。これが請負契約です。

報酬はいつ払ってもらえるの？

完成した建物を引き渡すのと引き換えに支払ってもらえます。依頼者は仕事の完成品に報酬を支払うことになります。つまり，仕事の完成が先ということです。

サボってばかりの請負人には何が言えるの？

依頼者は，仕事の完成前であれば，いつでも請負契約を解除することができます。また，仕事完成後に引き渡された目的物が，契約の内容に適合しないときも，契約を解除できる場合があります。

合格への着眼点は？

まずは，請負契約とはどのような契約なのかをイメージできるようにします。そのうえで，契約当事者の権利義務が何なのかという点を確実に習得しましょう。次章で学習する委任との違いを意識すると，出題の狙いが明確になるはずです。

1 請負とは

請負とは，当事者の一方がある仕事を完成させることを約束し，他方がこれに対して報酬を支払うことを約束することによって成立する契約のことをいいます（民法632条）。この場合，仕事を依頼する者を注文者，それを引き受けた者を請負人といいます。請負契約の成立により注文者は報酬を支払う義務を負い，請負人は，仕事を完成させ，完成した物を引き渡す義務を負うことになります。建築の請負などは請負契約の代表例です。

そして，請負は，仕事の完成が目的であるから，注文者は，請負人が仕事を完成するまでは報酬を支払う必要はありません（民法633条，624条1項）。すなわち，**仕事の完成と報酬の支払いは同時履行の関係には立たないのです**（仕事の完成が先）。

ただし，**請負の目的物の引渡しと報酬の支払いは同時履行の関係に立ちます。**

すなわち，請負人が仕事を完成させたが，まだ目的物を注文者に引き渡していない場合，注文者は請負人に対する報酬の支払いを拒むことができるのです。

請負目的物の所有権の所在は請負人が材料の全部又は主要部分を提供した場合には，特約がない限り，完成された目的物はいったん請負人のものとなり，引渡しによって注文者のものとなります（判例）。しかし，目的物の完成前に請負代金の全額が支払われた場合には，特別の事情がない限り，目的物は完成と同時に注文者のものとなります（判例）。

2 請負人の契約不適合責任

注文住宅で欠陥発見！注文者はどんな請求ができるのか？

AはB建設会社に平屋建て建物の建築を請け負ってもらうことにしました。Bの作業員が作業し建物が完成したものの，基礎工事に使用したコンクリートの質が悪く，建物全体が傾いてしまいました。Aにどのような請求が認められるでしょうか。（解答は本頁下）

講師からのアドバイス
通知期間等も売買の場合と同様であり，注文者は，不適合を知った時から1年以内に通知しなければ修補の請求等を追及できなくなります。

請負によって完成した物に欠陥があった場合，以下のように請負人の契約不適合責任を追及することができます。

請負人の担保責任は，売買契約における**売主の契約不適合責任とほぼ同じ内容**です。

ケーススタディの答え

ケーススタディにおいて，AはB建設会社に対して以下の4つをすることができます（民法559条，562条～564条）。
① 建物の修補請求
② 損害賠償請求
③ 請負契約の解除
④ 報酬の減額請求

しかし，建物の欠陥が，Aの供した材料の性質又はAの指図によって生じた場合にまでAがB建設会社に対して責任追及をするのは不当なので，この場合にはAはB建設会社に対して上記①～④のいずれをすることもできません。ただし，

この場合でもB建設会社が，Aの供した材料やAの指図が不適当であることを知りながらそれをAに告げなかったのであれば，AはB建設会社に対して①～④をすることができます（民法636条）。

Aが①～④をなしうる期間には制限があり，Aが建物の欠陥を知ってから1年以内にB建設会社にその旨を通知する必要があります（民法637条1項）。

3 注文者の解除権

注文者には特別な解除権があります。

すなわち，そもそも請負の仕事は注文者のためになされるものであるから，契約成立後に，注文者の都合により仕事を完成させる必要がなくなったような場合には，仕事を続行することは注文者にとっても社会にとっても無用です。

そこで，**注文者**は，仕事の「**完成前**」であれば，請負人が受ける**損害を賠償**して，請負契約を**解除**することができるのです（民法641条）。

請負

(1) 請負の目的物の引渡しと報酬の支払いは同時履行の関係に立つ。
(2) 引き渡された請負の目的物が契約の内容に適合しない場合，売買契約における買主同様に，注文者は，請負人に対して契約不適合責任を追及することができる（合格ステップ38参照）。

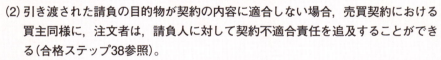

宅建試験に「出る!」問題

　AがBに対して建物の建築工事を代金3,000 万円で注文し，Bがこれを完成させた。請負契約の目的物たる建物が契約内容に適合しておらず，そのために契約をした目的を達成できない場合，Aは原則として請負契約を解除することができる。(2006-6-3改題)

解答：○（上記合格ステップ(2)参照）

ウォーク問1 問137…(3)　問158…(2)(3)

第21章 委任

学習のポイント

学習項目	'14	'15	'16	'17	'18	'19	'20(10月)	'20(12月)	'21(10月)	'21(12月)	'22	'23
1 委任契約とは									★			
2 委任者と受任者の権利・義務							★					
3 委任契約の終了							★		★		★	

　「委任」の分野は、過去10年で3回、出題されています。出題内容がほぼ一定していることから、得点を狙いやすい分野であるといえます。

　委任とは、例えばAさんが、その所有する土地の管理を知り合いのBさんに委託するような場合に結ばれる契約をいいます。

　この場合に、本試験では、委託を受けたBさんはどのような態度で事務を処理する必要があるのかといった点や、AさんやBさんがその委託契約を解除したいと考えた場合の取り扱いなどを理解できているかどうかなどが問われています。「委任者・受任者の権利・義務」や「委任契約の終了」の項目で勉強する内容です。

　ここでは、合格ステップに記載されている内容をしっかりとおさえたうえで、過去の本試験問題を解いておけば十分です。

何を学ぶか？ どこに着目するか？

 何を学ぶか？

本章では，委任について学んでいきます。宅建業者が仕事として行う「代理」も「媒介」も，依頼者と結ぶ契約は委任契約です。基本的な内容を学習します。

委任って？

裁判をするときは弁護士，登記をするときは司法書士にその仕事を頼みに行きます。このように，何らかの事務処理を誰かに頼むことを，委任といいます。頼む人を「委任者」，引き受けた人を「受任者」といいます。

委任契約はボランティアって本当？

そうです。委任契約は，特別な約束をしない限り報酬請求はできません。この原則は普通の発想とは大きく異なりますので注意が必要です。

ある人に委任したんですけど，どうも信頼おけなくて……

委任は，委任者と受任者の人間的な信頼関係から成り立っています。そこで，委任契約は，委任者からでも，受任者からでも，どちらからでも自由に解除できることになっています。相手を信頼できなくなったのであれば契約の解除をすればよいのです。

合格への着眼点は？

委任はこれまで勉強してきた契約とは少し色合いが違います。人間的な信頼関係が根本にあるという特徴を意識しながら学習しましょう。

1 委任契約とは

委任契約とは、他人に契約等の法律行為をすることを委託する（頼む）ことです。委任契約において、**頼む人を委任者**、**頼まれる人を受任者**といいます。そして、委任契約も当事者の意思表示のみで成立します。なお、法律行為以外の事務処理を頼むことを「**準委任**」といい、委任に関する民法の規定が準用されます（民法656条）。

2 委任者と受任者の権利・義務

委任契約における委任者と受任者の権利・義務は以下のようになります。

【委任者と受任者の権利・義務】

	委任者	受任者
報酬	特約がない限り、受任者に報酬を支払う義務はない。	特約がない限り、委任者に報酬を請求することはできない。
費用	事務処理にかかる費用（かかった費用）を受任者に渡す（払う）義務がある。	事務処理に必要な費用（家を買う場合の手付金等）をあらかじめ委任者に請求することができる（費用前払い請求権）。
注意義務	————	報酬の有無にかかわらず委任者の信頼にこたえるため、善良な管理者の注意をもって、委任された事務を処理しなければならない（善管注意義務）。自己のためにするのと同一の注意義務ではない。
その他	委任者は、受任者に過失なく事務処理につき損害が生じたときには、損害賠償をする義務がある。	①受任者は、委任者の請求があったときや、委任が終了したときは、委任事務に関する報告をする必要がある。 ②受任者が、委任者に引き渡すべき金銭等を自分のために消費したときは、その消費した日以後の利息を払わなければならず、損害が発生したときは、その賠償をしなければならない。

3 委任契約の終了

委任契約はどのような場合に終了するかを図にすると，以下のようになります（委任契約の終了原因は，任意代理の代理権の消滅原因とほぼ同じ）。

なお，受任者は，委任契約が終了しても，急迫な事情がある場合には，委任事務を継続して処理しなければなりません（民法654条）。

【委任契約の終了】

	死亡	後見開始	破産	解除※
委任者	○	✕	○	○
受任者	○	○	○	○

○…委任契約が終了する　✕…委任契約が終了しない
※　この場合の解除は，何の理由がなくても，いつでもすることができる。もっとも次に掲げる場合には，解除した者は，解除にやむを得ない事由があるときを除いて，相手方に生じた損害を賠償する必要がある（民法651条2項）。
①相手方に不利な時期に委任を解除したとき
②委任者が受任者の利益（専ら報酬を得ることによるものを除く）をも目的とする委任を解除したとき。

合格ステップ 111

委任

(1) 受任者は，特約がない限り，委任者に報酬を請求することはできない。
(2) 受任者は，善良な管理者の注意をもって，委任された事務を処理しなければならない（報酬の有無にかかわらない）。
(3) 委任契約は，各当事者がいつでも解除することができる。
(4) 受任者又は委任者が死亡した場合，委任契約は終了する。

宅建試験に「出る!」問題

1 Aが，A所有の不動産の売買をBに対して委任する場合において，Bが当該物件の価格の調査など善良な管理者の注意義務を怠ったため，不動産売買についてAに損害が生じたとしても，報酬の合意をしていない以上，AはBに対して賠償の請求をすることができない。(2002-10-3)

解答：✕（上記合格ステップ(2)参照）

2 Aは，その所有する土地について，第三者の立入り防止等の土地の管理を，当該管理を業としていないBに対して委託した。Bが有償で本件管理を受託している場合で，Bが死亡したときは，本件管理委託契約は終了し，Bの相続人は，当該契約の受託者たる地位を承継しない。(1997-9-4)

解答：○（上記合格ステップ(4)参照）

ウォーク問① 問139…(2)(3)　問140…(2)　問154…(ア)

MEMO

第22章 債権譲渡

ここも出る Bランク

学習のポイント

学習項目	'14	'15	'16	'17	'18	'19	'20(10月)	'20(12月)	'21(10月)	'21(12月)	'22	'23
1 債権譲渡とは			★						★			
2 債権譲受人の債権行使の条件									★			
3 債権譲渡制限の特約	★		★		★				★			

債権譲渡は，過去10年間で4回出題されています。

債権譲渡とは，ある人に対する債権を他人に譲渡することをいいます。例えば，AさんがBさんに車を100万円で売却し，1年後にBさんがAさんに代金を支払うという契約を結んだ後に，Aさんが急に資金が必要となったので，AさんがBさんに対して持っている100万円の債権をCさんに80万円で買ってもらうことがあります。この場合，Bさんに対して「100万円支払え」といえる債権がAさんからCさんに譲り渡されていますので，債権譲渡があったことになります。このとき，Bさんからすれば，100万円の代金をAさんに支払えばよいのか，Cさんに支払えばよいのかはっきりとさせてもらう必要があります。そこで，民法は，債権を譲り受けたCさんがBさんに債権の譲受けを対抗するためには，債権を譲渡したAさんがBさんに通知をするか，Bさんが債権譲渡について承諾をする必要があるとしています。

何を学ぶか？どこに着目するか？

何を学ぶか？

本章では，債権譲渡について学んでいきます。債権譲渡の全体像，債権が二重に譲渡された場合の解決方法等を学習していきます。

債権譲渡って，何？

誰かに対する請求権，すなわち「債権」を誰かに売ることです。債権は目に見える物ではないため，「売る」というイメージはつかみにくいと思います。とりあえず，債権という物があると考えてイメージしましょう。

そんなこと勝手にされたら，債務者は誰に支払えばいいかわからなくなりませんか？

そのとおりです。だから，債権者は，債権を譲渡したなら，債務者にその旨を通知しなければならないことになっています。

ほかに問題はありますか？

債権も物と同じように譲渡できる，ということは，二重に譲渡することも可能になるということです。したがって，土地や建物の二重譲渡と同様の問題が生じます。

合格への着眼点は？

債権譲渡は難解な分野です。出題頻度も高くないので，宅建士試験では深入りする必要はありません。

1 債権譲渡とは

債権譲渡とは、ある人に対する債権を他人に譲渡することをいいます。

例えば、Aが3年後に返済してもらう約束でBに1,000万円を貸した場合、1年後に商売がうまくいかなくなって資金繰りにいきづまったとしても、3年経つまではBから貸したお金を回収することはできません。このような場合、AはCにBから1,000万円を回収する権利を800万円で売ることで(多少損はしますが)すぐに現金を手に入れることができます。

ここで、債権譲渡は、債権を譲渡しようとする人(譲渡人)と債権を譲り受けようとする人(譲受人)との間の契約によって成立します。

そして、既に発生している債権のみならず、将来発生する債権であっても、発生原因や金額などによって具体的に特定することができれば譲渡することができます(民法466条の6第1項、判例)。

2 債権譲受人の債権行使の条件

債務者に対する条件と債権の二重譲渡が行われた場合とに分けて考えましょう。

(1) 債務者に対する条件

債権譲渡は債務者の知らないところで、譲渡人と譲受人の間の意思表示のみで行われますから、債務者は譲渡人と譲受人の双方に二重に支払う危険があります。

そこで、譲受人が債務者に債権を行使して支払いを受けるための条件(対抗要件)として、**譲渡人から債務者への通知**

又は債務者の承諾が必要なのです（民法467条1項）。

この場合，譲受人から通知があっても本当に譲渡があったかどうかわかりませんから，通知は譲渡人がしなければなりません。また，譲受人は譲渡人に代位して通知をすることもできません（判例）。もっとも，譲受人が譲渡人を代理して通知することはできます。これに対して，債務者の承諾は譲渡人・譲受人のどちらにしても構いません（判例）。

【債務者に対する条件】

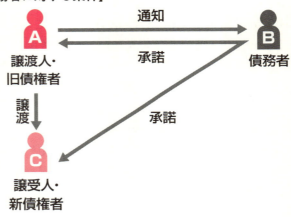

（2）債権の二重譲渡が行われた場合

> **二重譲渡の債権の優劣を決める方法は？**
>
> AはBに対する債権をCに譲渡しその旨をBに通知しました。その後，AはDにも当該債権を譲渡しその旨をBに通知しました。この場合に当該債権につき，CとDのどちらが優先的に債権を行使できるでしょうか。なお，通知にはともに確定日付があるものとします。
>
> （→解答は396頁）

AからC，AからDへと二重に債権の譲渡がなされた場合

には、CとDの優劣はどのようにして決するのでしょうか。

【債権の二重譲渡】

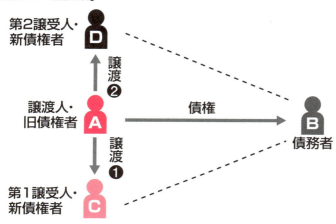

　債権の譲受人が、債権者であることを、債務者にのみ主張するには、通知・承諾で足りますが、債権の二重譲渡がなされた場合の譲受人間の優劣は、譲渡人から債務者への**確定日付のある通知又は確定日付のある債務者の承諾**の有無で決せられます（民法467条2項）。確定日付を要求したのは、旧債権者と債務者が結託して、通知・承諾の日時をごまかすおそれがあるからです。

　いずれも**確定日付のある通知である場合の優劣**は、その**通知の到達の先後**で決せられます（確定日付そのものの先後ではありません）。そして、一方で債権譲渡が行われ、他方でその債権が差し押さえられた場合には、「債権譲渡の通知」と「差押え命令の送達」のうちいずれか先に到達したほうが優先します。また、確定日付のある通知が同時に債務者のもとに到達した場合や、到達の日時の先後が不明の場合、各譲受人はそれぞれ債権の全額について債務者に請求することができ、債務者は弁済を拒むことはできません（判例）。そして、債務者が供託した場合、各譲受人は、自己の有する債

講師からのアドバイス

確定日付とは一定の公的機関が証書の作成日付をしたものです。具体的には「内容証明郵便」や「公正証書」をさします。

権額に応じて，供託金額を按分した額の供託金還付請求権をそれぞれ分割取得します(判例)。

ケーススタディ22-1の答え

債権譲渡についてＣ・Ｄに関する確定日付のある通知の到達のうち早い方の債権者が優先します。

3 債権譲渡制限の特約

債権譲渡制限特約は，債権の譲受人に対抗できるか？

債権者Ａと債務者Ｂとの間で債権につき債権譲渡を制限する特約がありました。ＡからＣがこの債権を譲り受けた場合，どのような効力が生じるのでしょうか。
（➡解答は397頁）

債権は原則として自由に譲渡することができます(民法466条1項本文)。

よって，上記のような特約があったとしてもＡＣ間の債権譲渡は有効であり，Ｃが債権を取得します(民法466条2項)。しかし，Ｃが特約の存在につき悪意または重過失であった場合は，ＢはＣからの支払請求を拒絶してＡに支払うことができます(民法466条3項)。つまりＢは債権者であるＣへの支払いを拒絶して，すでに債権を失ったＡに対して弁済をすることができるのです

ケーススタディ22-2の答え

CはAから債権を取得しBに支払請求をすることができますが，Cが特約の存在につき悪意又は重過失であった場合はBに対して請求しても支払いを拒絶される可能性があります。

合格ステップ 112

反復チェック ／ ／ ／

債権譲渡 ランク

(1) 債権譲渡の内容	① 債権は，原則として，譲渡することができる。 ② 当事者が**債権譲渡を制限する特約**をした場合でも，債権譲渡は有効である。 →ただし，悪意・重過失の譲受人からの請求を債務者は拒絶することができる。
(2) 債務者への対抗要件	譲渡人による債務者への通知又は債務者の承諾
(3) 第三者への対抗要件	① 確定日付のある通知・承諾がある者とない者の場合 →確定日付のある通知・承諾がある方が優先する。 ② ともに確定日付のある通知・承諾がなされた場合 →通知が到達した時又は承諾の日時の前後によって決する。 ③ 確定日付のある通知が同時に到達した場合 →各譲受人は，それぞれ債務者に全額請求できる。
(4) 注意点	① 債務者への通知は譲渡人が行う。 →譲受人が譲渡人を代理して通知することはできるが，代位して通知することはできない。 ② 承諾は，譲受人・譲渡人いずれに対して行ってもよい。

宅建試験に「出る！」問題

1 AがBに対して代金債権を有しており，Aがこの代金債権をCに譲渡した。AB間の代金債権には譲渡制限特約があり，Cがその特約の存在を知らないことにつき重大な過失がある場合には，Cはこの代金債権を取得することはできない。（2011-5-1改題）

解答：✕（上記合格ステップ(1)②参照）

2 Aは，Bに対して有する貸付金債権をCに対して譲渡した。しかし，Aが貸付金債権をDに対しても譲渡し，Cへは確定日付のない証書，Dへは確定日付のある証書によってBに通知した場合で，いずれの通知もBによる弁済前に到達したとき，Bへの通知の到達の先後にかかわらず，DがCに優先して権利を行使することができる。（2003-8-3）

解答：〇（上記合格ステップ(3)①参照）

ウォーク問① 問141　問142　問143…(1)(3)(4)

第23章 相殺

学習のポイント

学習項目	'14	'15	'16	'17	'18	'19	'20(10月)	'20(12月)	'21(10月)	'21(12月)	'22	'23
1 相殺とは												
2 相殺の要件			★		★							★
3 相殺の方法												
4 相殺の効果												

「相殺」の分野は，過去10年間で3回出題されています。

相殺に関しては，どのような場合に相殺することができるのかという「相殺の要件」に関する問題が出題されたことがありますが，情報量が多い割に出題頻度は高くないところですから，時間をかけて勉強する必要はありません。問題演習をしていて間違えたときにテキストを読み返すぐらいで十分です。

しかし，保証・連帯債務の項目では，相殺に関する内容が出題されているので，「相殺」という制度がどのようなものであるかという程度は理解しておいたほうがよいです。

相殺とは，債務者が債権者に対して有している債権と債権者に対する債務を対当額において消滅させる制度をいいます。ここでは，相殺がなされると債務者などが弁済をしたのと同様の効力を有すると理解しておくとよいでしょう。

何を学ぶか？ どこに着目するか？

 何を学ぶか？

本章は，相殺について学びます。相殺の要件や，方法，効果の基本的事項を学んでいきます。

相殺って，何？

簡単にいうと「貸し借りなしにする」ことです。

具体的には？

Aから100万円を借りているBが，Aに100万円を貸しました。Aから100万円返してもらい，その100万円をその場でAに返すのはいかにも無駄です。そこで，AB どちらかが，「相殺する。」といえば，それだけで二人の債務は消滅することになります。

相殺できないことってありますか。

不法行為があった場合，被害者であれば相殺できますが，悪意による不法行為の加害者は相殺できません。このような「加害者は相殺できない。」という知識は宅建士試験でも出題されています。

合格への着眼点は？

相殺については，相殺とはそもそもどのような制度なのかを大まかにつかんだうえで，その要件を軽く整理しておけば十分です。難解な分野なので，深入りする必要はありません。

1 相殺とは

法律で認められている「帳消し」

長年の友人であるAから100万円を借りていたBは，ある日，自らが所有する自動車をAに100万円で売りました。このような場合，A，Bがそれぞれ相手方に100万円を請求すると，時間も費用も無駄になると考えたAはどのような方法をとることができるでしょうか。
（→解答は402頁）

A，Bが別々に相手方に100万円を請求するのでは，面倒くさいし費用が無駄になってしまいます。そこで，Aさんは，「**相殺**」をすることによって，Aさんの貸金債権100万円で100万円の代金債務をチャラ（帳消し）にすることができます。

相殺とは，債権者と債務者とが相互に同種の債権・債務を有する場合に，その債権と債務とを対当額において消滅させる（帳消しにする）一方的意思表示をいいます（民法505条1項）。

そして，相殺するAの債権を**自働債権**といい，相殺されるBの債権を**受働債権**といいます。

【自働債権・受働債権】

100万円の貸金債権（自働債権）
100万円の代金債権（受働債権）

A 相殺をする者　　B 相殺をされる者

ケーススタディの答え

Aは，Bに対して有する100万円の貸金債権と，BがAに対して有する100万円の代金債権を相殺することができます。

2 相殺の要件

相殺の要件は，「相殺適状」にあることと，法律上「相殺が禁止される場合」にあたらないことです。

(1) 相殺適状にあること

相殺をするには，**相殺に適した状態にあることが必要です**（**相殺適状**）。具体的には，以下のようになります。

① **債権が有効に存在し，対立していること**（民法505条1項本文）

ただし，**自働債権が時効によって消滅している場合も，その消滅以前に相殺適状にあったときは相殺することができます**（民法508条）。

【自働債権の時効消滅】

 ← 自働債権（時効によって消滅） →

相殺をする者　　受働債権　　相殺をされる者

② **双方の債権が同種の目的を有すること**（民法505条1項本文）

例えば，金銭債権と引渡し債権を相殺することはできません。なお，**履行地が同一であることは必要ではありません**（民法507条前段）。

③**双方の債権が弁済期にあること**(民法505条1項本文)

　相殺をするには，**自働債権が弁済期にある**ことが必要です。というのは，弁済期がまだきていない債権を自働債権として相殺することを許すならば，相手方は期限前に債務を弁済させられるのと同じことになるからです(民法136条1項参照)。なお，**受働債権**は，弁済期が到来していない場合でも，期限の利益の放棄等をして，弁済期を現実に到来させたうえで，相殺することが可能です(判例)。

④**性質上「相殺を許す債務」であること**(民法505条1項但書)

　例えば，労務の提供を目的とする債務同士は現実の履行を必要とし，相殺することはできません。

(2)法律上相殺が禁止される場合

①当事者が相殺禁止・制限の特約をしたとき。

　なお，この特約は，第三者がこれを知り，又は重大な過失によって知らなかったときに限り，その第三者に対抗することができる(民法505条2項)。

②受働債権が不法行為によって生じたときで，以下(あ)(い)のうちのいずれかの要件を充たす場合はその債権を受働債権とする相殺はできません(民法509条)。

　(あ)　悪意による不法行為に基づく損害賠償の債務である場合

　(い)　人の生命又は身体の侵害による損害賠償の債務である場合((あ)の場合を除く)

　(あ)の場合は不法行為の誘発を防止するために相殺が禁止され，(い)は不法行為の被害者に現実の救済を与える必要から相殺が禁止されます。

　これらの債権を自働債権とする相殺は問題なく認められます。被害者が望むのであれば相殺を認めても問題はないからです。

③受働債権が、差押禁止債権のとき（民法510条）

扶養料・俸給・恩給・扶助料等の債権は、現実に債権者に弁済しなければ意味がありませんので、これらが受働債権のときは、相殺は許されません。

④受働債権が、差押えを受けたとき（民法511条）

この場合、差押え後に取得した自働債権による相殺の効果を主張することは許されません。

3 相殺の方法

相殺の意思表示には、**条件又は期限をつけることはできません**（民法506条1項）。

4 相殺の効果

相殺の意思表示によって、双方の債務はその対当額において消滅します。例えば、100万円の債権と60万円の債権を相殺した場合、60万円の債権が消滅し、40万円の債権が残ります。

そして、相殺は、**相殺適状になった時にさかのぼって効力が生じます**（民法506条2項）。「相殺の意思表示をした時」から効力が生じるのではない点に注意です。

LEC東京リーガルマインド

**「万全の試験対策がしたい！」の声に応えます！
充実のラインナップ続々登場！**

テキスト＋過去問学習の次は実戦的な演習を！

出る順宅建士シリーズ
一問一答 ○×1000肢問題集

最新の出題傾向を踏まえた、LECオリジナル問題1000肢収録
持ち運びに便利なコンパクトサイズ＆見やすいレイアウト
購入者特典として、収録問題をスマホで解けるアプリ付き！
2024年1月刊行予定（参考：2023年版　1,900円+税）

出る順宅建士シリーズ
過去30年良問厳選模試

LECが30年以上にわたり蓄積した過去問データの中から
"良問"を"厳選"して収録！
さらに、本試験と同じ出題形式で50問×6回分に編集し、
基礎、中級、上級の3段階にレベル分けした実戦型模試。
2024年2月刊行予定（参考：2023年版　2,500円+税）

出る順宅建士シリーズ
当たる！直前予想模試

近年の出題傾向に対応した、オリジナルの予想模試を4回分収録
宅建士試験本番のイメージトレーニングに有効！
WEB上にて無料採点サービスを実施
購入者特典として、各模試の解説講座をWEB視聴可能！
2024年6月刊行予定（参考：2023年版　1,600円+税）

直前期の総仕上げは、模擬試験にチャレンジしよう！中面をチェック！

書籍の詳細はLEC宅建士ホームページへ　　LEC　宅建士書籍 🔍

PRESENT

アンケートにお答えいただくと、宅建士試験の学習に役立つ特典をプレゼント！

実施期間：2023年10月1日〜2024年8月15日まで

特典1 宅建士模試 無料体験版
- 前年度の宅建士模試に法改正を反映させたものを体験版としてご提供いたします
- 詳しい解答解説、平均点・正答率等がわかる詳細データ付き
- 2024年4月初旬発送予定　以降順次発送

特典2 2024年度宅建士模試 20%OFFクーポン
- 宅建士模試のご案内と一緒に割引クーポンをお届けします
- 2024年6月初旬発送予定　以降順次発送

特典3 ［最新情報］法改正資料
- 2024年本試験に出題される最新法改正情報をお届けします
- 2024年8月下旬発送予定

■左面のQRコードから必要事項をご入力いただき、ご登録をお願いします。
■上記特典は入力いただいたご住所へ発送します。

第24章 民法 ― その他の問題点①

学習のポイント

学習項目	'14	'15	'16	'17	'18	'19	'20(10月)	'20(12月)	'21(10月)	'21(12月)	'22	'23
1 地役権							★	★				
2 地上権											★	
3 相隣関係				★			★			★		★
4 留置権												
5 先取特権												
6 質権				★								

　ここでは、宅建士試験において出題頻度の低い分野について勉強します。民法の分野について本試験では、普段ほとんど勉強していない、あるいはまったく勉強したことのない内容について問われることがあります。民法は条文数が多く、また判例についても出題されますから、本試験で出題される内容を完璧におさえておくことは不可能といえます。

　ただ、定期的に出題されているわけではなくても、過去の本試験で出題されたことがある分野、あるいは宅地や建物の取引を行うにあたり知っておいたほうがよい分野については、本試験で出題される可能性がありますので、一通りは目を通しておいた方が良いです。

何を学ぶか？　どこに着目するか？

 何を学ぶか？

所有権や抵当権以外にも，物に関連する権利（物権）があります。本章では，これまで取り上げた権利以外に，民法上で認められている物権を紹介します。

物に対する権利がそんなにたくさんあるとは知りませんでした。具体的には？

 例えば，周りを隣人の敷地に囲まれて道路に出ることができない土地があったとします。このような場合，隣人の土地を通るために「通行地役権」というものを設定することができます。

抵当権の他に債権を担保する権利はあるの？

 例えば，時計を修理してもらったのに修理代金を払わなければ時計は返してもらえませんよね。時計屋さんには，修理代金を払ってもらうまでは時計の返却を拒める，「留置権」という担保権があります。

合格への着眼点は？

 細かい内容に深入りする必要のない分野です。出題頻度も非常に低い項目なので，それぞれの制度の大まかなイメージをもてるようにしておけば十分でしょう。

1 地役権

（1）地役権とは

袋地で土地を活用する方法

Aはある土地を所有しています。その土地は三方が崖に囲まれ，残る一方もBが所有する土地に面しています。Aが自分の土地から道路に出るためにはどうすれば良いでしょうか。
（→解答は本頁下）

この場合，AさんはBさんの土地を通行させてもらえれば都合がいいです。このようなときのために地役権は認められています。つまり，**地役権**とは，ある土地（**要役地**）の便益のために，他の土地（**承役地**）を利用することができる権利をいいます。地役権は，公序良俗に反しない限りどのような内容でもかまいません（民法280条）。したがって，例えば，眺望のため建物を建てないといった内容でもよいのです（必ずしも承役地は要役地の隣でなければならないわけではありません）。

ケーススタディ24-1の答え

地役権の設定を受け，Bの土地を通行できます。

地役権も時効取得できます。

地役権の時効取得につき，「継続的に行使され」（民法283条）の意味が問題となります。「継続的に行使され」といえるためには，承役地上に通路が開設され，その開設は要役地所有者によってなされることが必要です（判例）。承役地所有者が通路を開設した場合，通行地役権を時効によって取得することはできません。

【地役権】

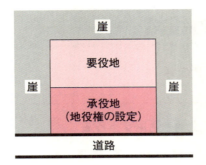

(2)地役権の性質

(a) 地役権は、個人のためでなく、要役地の便益となるものでなければなりません。例えば、植物採集をするため土地の利用を認めることは、人の便益のためにすぎないので認められません。

(b) 地役権は、原則として要役地の譲渡や移転に伴って移転します（民法281条1項本文）。また、**要役地から分離して地役権のみを譲渡することはできません**（民法281条2項）。

(c) 地役権は要役地全体に成立します。したがって、要役地の共有者の1人は、その持分についてその土地のために存在する地役権を消滅させることはできません（民法282条1項）。また、**要役地の共有者の1人が時効で地役権を取得したときは、他の共有者もその地役権を取得します**（民法284条1項）。

2 地上権

個人の土地の下に鉄道を通すことはできるのか？

A社は地下鉄を敷設する計画を立てています。原則として公道の下に敷設することになっていますが,一部区間ではどうしてもBの土地の下を通さなければなりませんでした。A社はどうすれば地下鉄を敷設できるでしょうか。（→解答は本頁下）

地上権とは,他人の土地上に建物等の工作物や竹木を所有することを目的として設定される権利をいいます（民法265条）。地上権は,土地の表面だけでなく,地下や空間にも設定することができます（民法269条の2）。例えば,地下鉄やモノレール等です。

ケーススタディ24-2の答え

地上権を設定することで地下鉄を敷設できます。

【地上権と賃借権との比較】

	地上権	賃借権
権利の性格	物に対する権利(物権)	人に対する権利(債権)
対抗力	地上権の登記(地主は登記に協力する義務あり)	賃借権の登記(賃貸人は登記に協力する義務なし)
	※建物所有を目的とする場合,土地上の建物の登記があればよい	
譲渡・転貸	地主の承諾の有無を問わず,譲渡・転貸可能	原則として譲渡・転貸には賃貸人の承諾が必要
地代・賃料	地代は要素ではない(ただし,定期の地代を支払うべきときは,引き続き2年以上その支払を怠ると地上権の消滅を請求される)	賃料は要素

3 相隣関係

> **隣人が接近したバルコニーを付けてきた時，できることはあるのか？**
>
> Aは都内のあるマンションに居住していましたが，隣にBがバルコニーつきのビルを建設しました。Aのマンションの窓とBのマンションのバルコニーは隣り合い，0.85mしか離れていません。プライバシー侵害を恐れたAは，Bに対し，何か請求できるでしょうか。（→ 解答は411頁）

所有権も，近隣の人々の迷惑にならないよう，限界があります。以下，代表的なものを挙げます。

① 土地の所有者は，(a)(b)(c)の目的のために必要な範囲内で，隣地を使用することができます（民法209条1項）。なお，その隣地の**住家**に立ち入るためには，その住家の居住者の**承諾**を得なければなりません（民法209条1項但書）。

(a) 境界又はその付近における障壁，建物その他の工作物の築造，収去又は修繕
(b) 境界標の調査又は境界に関する測量
(c) 隣地から伸びてきた枝の切取り

隣地の使用について，使用の日時，場所及び方法は，隣地の所有者及び隣地を現に使用している者（賃借人等）のために損害が最も少ないものを選ばなければなりません（民法209条2項）。

② **袋地**（公道に通じていない土地）の所有者は，公路に至るために他人の土地を通行することができます。ただし，通行の場所及び方法は，他人の土地にとって最も損害の少ないものにしなければなりません。この場合，通行

権を有する者は，通行地の損害に対して償金を支払う
のが原則です（民法210～212条）。なお，土地の分割に
よって公道に通じない土地が生じたときは，その土地の
所有者は，公道に至るために他の分割者の所有地のみ
を通行することができ，この場合は，通行権を有する者
は，償金を支払う必要はありません（民法213条1項）。

③土地の所有者は，隣地の竹木の**枝**が境界線を越える場
合は，その竹木の所有者に，その**枝を切除させることが
できます**（民法233条1項）。

隣地の竹木の枝が境界線を越える場合，**次の(a)(b)(c)**
のときには，土地の所有者は，その**枝を切り取ることが
できます**（民法233条3項）。

(a)竹木の所有者に枝を切除するよう催告したにもかか
わらず，竹木の所有者が相当の期間内に切除しない
とき

(b)竹木の所有者を知ることができず，又はその所在を
知ることができないとき

(c)急迫の事情があるとき

隣地の竹木の**根**が境界線を越えるときは，その**根を切り
取ることができます**（民法233条4項）。

④他人の宅地を見通すことのできる窓又は縁側（ベランダ
を含む。）を境界線から1m未満の距離に設ける場合は，
目隠しを付けなければなりません（民法235条1項）。

ケーススタディ24-3の答え

バルコニーに目隠しを設置するよう請求できる場合があります。

4 留置権

（1）留置権とは

修理したものの，修理代金を支払ってもらえない場合，できることはあるのか？

時計屋さんのAさんは，Bに頼まれて時計の修理をしたが未だ修理代金は払われていません。にもかかわらずBは時計を返すよう求めています。AさんはBに対し何が言えるでしょうか。（➡解答は本頁下）

留置権とは，他人の物の占有者が，その物に関して生じた債権の弁済を受けるまでその物の返還を拒んで，債務者の弁済を間接的に強制する権利のことをいいます（民法295条）。

ケーススタディ24-4の答え

Aさんは修理代金が支払われるまで時計を留置して返還を拒むことができます。

その他にも，建物について必要費や有益費を支出した場合は，建物賃借人は，建物賃貸借契約終了後でも，費用が償還されるまで，建物の返還を拒むことができます。

なお，占有が不法行為によって始まった場合，留置権は成立しません（民法295条2項）。例えば，時計を盗んだ者が，自らその時計を修理しても，留置権は認められません。

（2）主な判例

敷金返還請求権について，これを保全するために家屋を留置することはできません。敷金返還請求権は建物を明け

渡したときに発生するものだからです。

　また，造作買取請求権が行使された場合，造作代金請求権というのは，造作について生じた債権であり，建物について生じた債権ではないから，建物についての留置権の成立は認められません。

　これに対し，建物買取請求権が行使されると，建物について留置権が成立し，借地権者であった者は建物のみならず，その敷地の返還も拒むことができます。

5 先取特権

強制執行された債務者から，滞納された賃料を回収する方法とは？

　AはBに建物を賃貸しましたが，Bは借金苦に陥り賃料を滞納しています。その後，ある債権者CがBの建物内の動産に強制執行をしました。AはCの強制執行で得られた配当から滞納している賃料を回収する手段はないでしょうか。（→解答は414頁）

ケーススタディ24-5

　先取特権とは，法律に決められた特殊な債権をもつ者が，他の債権者より優先的に債務者の財産から支払いを受けることのできる権利のことをいいます。これは，債務者の総財産から支払いを受けられる一般先取特権と，特定の動産からだけ支払いを受けられる動産先取特権，特定の不動産からだけ支払いを受けられる不動産先取特権とに分類されます。一般先取特権は，共益費用，雇用関係，葬式費用及び日用品供給の債権について発生します（民法306条）。

　不動産に関する物権は，登記をしなければ第三者に対抗することができないのが原則です（民法177条）。しかし，一般先取特権について登記をすることは実際上期待すること

ができません。そのため，例外として，一般先取特権は不動産について登記をしていなくても，一般債権者に対抗することができるのです(民法336条本文)。

動産先取特権は，不動産の賃貸借や動産の保存・売買等の債権について発生します(民法311条)。

不動産先取特権は，不動産の保存・工事及び売買の債権について発生します(民法325条)。

不動産先取特権を，第三者に対抗するためには，登記が必要です。

また，同じ不動産に登記された数個の権利がある場合，その権利の優劣は，登記の前後によって決まるのが原則です。しかし，抵当権設定登記の後に行われた抵当不動産への保存行為や工事は，その不動産の価値を維持・増加するものです。そこで，例外として，登記した不動産保存及び工事の先取特権は，その登記の前後を問わず抵当権(及び不動産質権)に優先することになります(民法339条，361条)。

ケーススタディ24-5の答え

先取特権を行使して優先弁済を受けることができます。

6 質権(しちけん)

保証金を担保に，融資を受けられるのか？

AはBからビルを賃借し，その際，1億円の保証金を支払い保証金預り証の交付を受けました。その後，Aは資金繰りが厳しくなってしまいましたが，保証金の返還は契約満了時です。Aは保証金預り証を利用して融資を受ける方法はないでしょうか。(→解答は415頁)

質権とは，債権者がその債権の担保として債務者又は第三者（物上保証人）から受け取ったものを自分のところに留めておいて，弁済を間接的に強制して，もし弁済がないときは，その物から優先的に弁済を受けることのできる権利をいいます（民法342条）。質権が成立するには，当事者の合意に加えて，物等の引渡しが必要です（**要物契約**，民法344条）。

また，対抗要件は，動産質権については占有，不動産質権については登記です。

ケーススタディ24-6の答え

預り証を質入し（債権質），これを担保に融資を受けることができる。

【担保物権の性質】

性質の名称		性質の内容
付従性	▶	被担保債権が成立しなければ，担保物権も成立しない。被担保債権が消滅すれば，担保物権も消滅する
随伴性	▶	被担保債権が移転すれば，担保物権も移転する
不可分性	▶	被担保債権について，全部の弁済がなされるまで，目的物全部について権利を行使できる
物上代位性	▶	目的物が売られたり，滅失したりして，他の請求権（代金債権・保険金請求権等）が生じた場合には，担保物権の効力はそれらにも及ぶ

	留置権	不動産先取特権	質権	抵当権※
付従性	○	○	○	○
随伴性	○	○	○	○
不可分性	○	○	○	○
物上代位性	なし	○	○	○

※ 元本確定前の根抵当権については，付従性・随伴性がない。

MEMO

第25章 民法 ― その他の問題点②

学習のポイント

学習項目	'14	'15	'16	'17	'18	'19	'20(10月)	'20(12月)	'21(10月)	'21(12月)	'22	'23
1 買戻し										★		
2 贈与契約							★					
3 交換契約												
4 使用貸借		★							★		★	
5 消費貸借・寄託												
6 債権者代位権	★											
7 詐害行為取消権												
8 不当利得												

　ここでは,「第24章　民法―その他の問題点①」と同様に, 出題頻度の低い分野について勉強します。前述した通り, 民法の分野について本試験で出題される内容を完璧におさえておくことは不可能です。

　ただ, 第24章と同様, 定期的に出題されているわけではなくても, 過去の本試験で出題されたことがある分野, あるいは宅地や建物の取引を行うにあたり知っておいた方が良い分野については, 本試験で出題される可能性があるので, 一通りは目を通しておきましょう。

何を学ぶか？ どこに着目するか？

何を学ぶか？

本章では，売買や賃貸借といった，よく交わされる契約以外の契約について紹介しています。

具体的にはどんな契約があるの？

ここでも，日常生活では当たり前のこととして行われていることが多いです。例えば，誰かに物をプレゼントをする場合は贈与契約，無料で物を貸し借りする場合は使用貸借契約といった具合です。

消費貸借契約って？

友人から昼食代として1,000円借りた場合，借りた1,000円札は昼ご飯代に使ってしまいます。後日，別の1,000円札を返します。このように，借りた物は使ってしまって同等の物を返すことを「消費貸借」というのです。

使用貸借も消費貸借も土地や建物については関係ないのでは？

たしかに土地や建物に関する使用貸借契約の数は多くはないでしょう。しかし，住宅ローンは銀行等の金融機関との間で結ぶ金銭消費貸借契約です。消費貸借契約は，マイホーム取得の場面ではよくある契約です。

合格への着眼点は？

第24章と同様，深入りする必要はありません。本章の内容に目を通す程度に止めておきましょう。

1 買戻し

（1）買戻しとは

買戻しとは，売買契約をするに際して，後日売主が，買主が払った代金等を返還して，売買契約を解除する旨を特約することをいいます（民法579条前段）。買戻しは形式的には売買ですが，実質的には借金の担保の手段として用いられます。すなわち，売却代金を得るという形をとって借金をし，後日それを返還することによって不動産を戻すことにすれば，貸す側としては借金を回収できない場合でも，目的物の所有権を得ることができ，安心できるのです。

そして，買戻しの目的物は，**不動産**に限られます。

また，買戻しに際しては，売主は**売却代金及び契約の費用**を返還すればよく，（別段の意思表示がない限り）**利息を支払う必要はありません**（民法579条後段）。買主は，買戻しがなされるまでの間は目的物を使用収益することができますので，その上利息を請求できるとすると，利益の二重取りになってしまうからです。

（2）買戻しの注意点

買戻し特約をしておけば，転売されても買い戻せるのか？

買主Aと売主Bとの間で買戻特約つき不動産売買がなされましたが，Aが第三者Cに不動産を譲渡してしまいました。Bは不動産の買戻しをCに実行できるでしょうか。（→解答は420頁）

買戻しの特約は，売買契約と同時にしなければならず（民法579条前段），この特約を**売買契約と同時に（付記）登記**す

ると，**第三者に対抗することができます**（民法581条1項）。すなわち，買主が不動産を第三者に譲渡して第三者が登記をしても，売主はその第三者に対し買戻権を実行することができるのです。また，買戻しの期間は，**10年**を超えることができず，それを超えて定めても10年に短縮されます（民法580条1項）。期間を定めた場合には，後でこれを伸長することもできません（民法580条2項）。**期間を定めない場合は，5年以内**に買い戻さなければなりません（民法580条3項）。

ケーススタディ25-1の答え

契約時に買戻しの特約の登記があれば，Bは不動産の買戻しを実行できます。

2 贈与契約

1問 10年

プレゼントすると言った口約束，どこまで有効なのか？

ある日，機嫌がよかった宝石商のAは自己の所有する高価な宝石を，かねてから心を寄せるBにあげると口約束しました。その口約束の直後，Aは宝石をあげることが惜しくなりました。さて，Aは口約束を解除することができるでしょうか。（→解答は421頁）

ケーススタディ 25-2

贈与とは，**ただで物を相手方にあげる**ことです。贈与契約も，契約の成立に書面は不要ですが，**書面によらない贈与**は，各当事者（贈与者・受贈者）が解除することができます。贈与では，軽々しく口約束して後で悔やむことが多いからです（民法550条本文）。ただし，書面によらない贈与契約をした場合でも，**履行が終わった部分については解除することができません**（民法550条但書）。「履行が終わった」とは，動産

の場合は「引渡し」の終了であり，不動産の場合は「引渡し」又は「登記の移転」のどちらか一方(又は両方)の終了です。

　贈与者は，贈与の目的である物又は権利を，贈与の目的として特定した時の状態で引き渡し，又は移転することを約したものと推定します(民法551条)。

　なお，負担付贈与については，贈与者は，その負担の限度で，契約不適合責任を負います。

ケーススタディ25-2の答え

履行が終わっていないので，解除できます。

3 交換契約

物々交換も契約として有効なのか？

姉のAは，妹のBが去年ミラノで買ったハーフコートを以前から気に入り手に入れたいと考えていますが，Bからもらうのは気が引けます。しかし，Aは，お金をつぎ込み銀座で買ったジャケットやシルクのスカーフなど服は沢山あっても，金銭的余裕はありません。AがBのコートを手に入れるためにはどのような契約をすればよいでしょうか。
(→解答は422頁)

交換とは，**物と物を交換すること**です。

交換契約は，両当事者の意思表示の合致のみによって成立します(民法586条1項)。

交換契約には，売主の契約不適合責任等，売買に関する規定が準用されます(民法559条本文)。

ケーススタディ25-3の答え

自分の服とBのコートとを交換する交換契約を結ぶことができます。

4 使用貸借

（1）使用貸借とは

家族にタダで貸す方法とは？

Aは都内に土地を所有していて，息子のBが同土地上に自宅を建てたいと考えています。Aは土地を貸しても良いと考えていますが，親子なので賃料をとる気はありません。AはBとどのような契約を結べばよいでしょうか。（➡ 解答は本頁下）

使用貸借とは，**物をただで貸し借りすること**をいいます。当事者間に親族関係等，緊密な関係がある場合に締結されることが多いです。なお，使用貸借には借地借家法の適用がありません。

ケーススタディ25-4の答え

土地の使用貸借契約を結ぶことができます。

（2）使用貸借の特徴

使用貸借の場合，借主は，目的物の保管・保存に**必要な通常の費用**は自ら負担しなければなりません。その他の必要費・有益費は，一定の基準で償還請求が認められます（民法595条，583条2項）。

また，使用借権には，**第三者への対抗力は認められません**。

借主が死亡した場合，使用貸借は終了します（民法597条3項）。使用貸借は，当事者間の緊密な関係に基づく以上，相続の対象とはならないのです。

　当事者が使用貸借の期間を定めたときは，使用貸借は，その期間が満了することによって終了します（民法597条1項）。

　当事者が使用貸借の期間を定めなかった場合において，使用及び収益の目的を定めたときは，使用貸借は，借主がその目的に従い使用及び収益を終えることによって終了します（民法597条2項）。

　また，当事者が使用貸借の期間を定めなかった場合において，その定めた使用及び収益の目的に従い借主が使用及び収益をするのに足りる期間を経過したときは，貸主は契約を解除することができます（民法598条1項）。

　当事者が使用貸借の期間並びに使用及び収益の目的を定めなかったときは，貸主は，いつでも契約の解除をすることができます（民法598条2項）。

　借主は，いつでも契約の解除ができます（民法598条3項）。

消費貸借・寄託

（1）消費貸借契約

> **借金は，どんな契約なのか？**
>
> 　Aはマイホームを購入することになり，B銀行から購入費用5,000万円を年利3％で借りました。これはどのような契約でしょうか。（→ 解答は424頁）

　消費貸借とは，物を借りてそれを使ってしまい，そのものではなく別の同種同量の物を返すことをいいます。お金を

借りたりする場合が良い例です。無利息と利息付きのものがあります。

ケーススタディ25-5の答え

消費貸借契約(587条)にあたります。

（2）寄託契約

寄託契約とは，物を保管してもらう契約のことをいいます。

受寄者は，**有償の場合，善良な管理者の注意**をもって，**無償の場合，自己の財産に対するのと同一の注意**をもって，受寄物を保管する責任があります(民法400条，659条)。

6 債権者代位権

（1）債権者代位権とは

金銭債権の債務者が自分の債権を取り立てようとしない場合，その金銭債権の債権者は債権を回収できません。そこで，**債務者の財産を確保し自己の債権を保全するため，債権者が代わって債務者の権利を行使することができます**(民法423条1項本文)。これを**債権者代位権**といいます。

（2）主な要件

> **債権者が債務者に代わって債務者の権利を行使する方法 その1**
>
> Aは地主のBから宅地を賃借しました。しかし自宅を同地上に建てようすると，既にC所有のバラック建物が建っています。Aは対抗要件を具備しておらず，貸主のBも妨害除去を請求しようとしません。この建物を収去させるためにAはどうすればよいでしょうか。（➡ 解答は426頁）

ケーススタディ 25-6

（a）被保全債権が履行期にあること

債権者の債権が履行期にない場合，債権者代位権を行使することができません。

ただし，債務者の債権の消滅時効の完成を阻止する等の行為（保存行為）を代位して行う場合には，履行期の前であっても，債権者代位権を行使することができます（民法423条2項）。

（b）一身専属権でないこと

債務者の権利が，債務者の**一身に専属する権利**（行使するかどうかを本人の自由な意思に委ねるべき権利）であるとき，又は差押えを禁じられた権利であるときは，債権者代位権を行使することはできません（民法423条1項但書）。

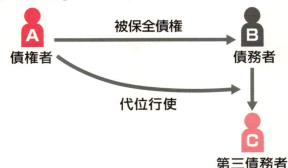

（ｃ）無資力要件

　債権者代位権が認められるためには，原則として債務者が債務を弁済するだけの資力を有していないこと（**無資力要件**）が必要です。ただ，債務者が有する登記請求権や所有権に基づく妨害排除請求権等を債権者が代わって行使することが認められています（民法423条の７及び判例，債権者代位権の転用）。この場合，無資力要件は必要ありません。

ケーススタディ25-6の答え

　Bの有する妨害排除請求権をAは代位行使して建物を収去させることができます。

7 詐害行為取消権

債権者が債務者に代わって債務者の権利を行使する方法 その2

Bは事業の資金繰りが苦しくなり，Aから事業用資金を借り受けました。しかし，その後，いよいよ資金繰りに行き詰まってしまいました。Bは唯一の資産の土地が差し押さえられないよう息子のCに事情を話して土地を贈与し，さらに，Cは全く事情を知らないDに転売しました。債権者であるAはC，Dに対し詐害行為取消権を主張できるでしょうか。（→ 解答は428頁）

【詐害行為取消権】

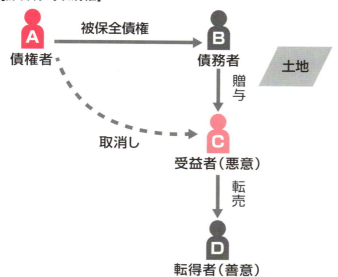

ケーススタディ25-7の答え

　Aは，悪意であるCに対しては詐害行為取消権を主張できますが，善意であるDに対しては主張できません。

(1)意義

　詐害行為取消権とは，債務者がその責任財産を減少する行為をした場合に，債権者がその行為を取り消して，逸出した財産の回復を図ることを内容とする権利です(民法424条1項本文)。

(2)要件・法的性質

(a)債権者側の要件

　被保全債権は金銭債権で，かつ詐害行為の前の原因に基づいて生じたものである必要があります(民法424条3項)。

(b)債務者側の要件

　まず客観面では，詐害行為取消権の対象となる債務者の行為が，財産権を目的とする行為であることが必要です(民法424条2項)。そして債務者の行為によって責任財産が減少し，債務者が総債権者に完全な弁済のできない無資力状態に陥っていることが必要で，これは詐害行為時及び取消権行使時の双方で必要となります。

　次に主観面では債務者の詐害意思が必要ですが，債権者を害することの認識で足り，債権者を害する意欲は不要です(民法424条1項本文)。

(c)受益者・転得者の要件

　取消権行使の相手となる受益者又は転得者が債権者を害することにつき悪意であることが必要です(民法424条1項但書，424条の5)。

(3) 行使の方法と範囲

詐害行為取消権は，債権者が自己の名で裁判によって行使します（民法424条1項本文）。行使の範囲は，債権者の債権額の範囲に限定されます（民法424条の8）。

(4) 効果

詐害行為取消権を行使した効果は債務者及びそのすべての債権者に対して及びます（民法425条）。

8 不当利得

(1) 不当利得

> **売買契約を解除した場合の目的物返還請求権の根拠は？**
>
> AはBとB所有の土地について売買契約を結び，Aは代金を支払いました。しかし，期限になってもBが土地を引き渡さないのでAは売買契約を解除しました。Aは代金の返還をBに請求できるでしょうか。（➡ 解答は本頁下）

法律上の原因がないのに得た利得を**不当利得**といい，そのために損失を被った者は，利得を得た者に対して，その利得の返還を請求することができます（民法703条，704条）。これを「**不当利得返還請求権**」といいます。

> **ケーススタディ25-8の答え**
>
> Bの代金所持は解除により法律上の原因を欠くので，Aは不当利得返還請求により，Bに対し代金返還を請求できます。

(2) 不法原因給付

不法な原因に基づいて給付をした者は，その返還を請求

することができません(**不法原因給付**,民法708条)。例えば,Aさんが B さんに賭博で負けて,お金を払ったような場合,賭博は公序良俗に反しますから,契約は無効ですが(民法90条),AさんはBさんに対して,不当利得返還請求をすることができません。なぜなら,もしこれを認めてしまうと,公序良俗に反する行為をした者に法律上の保護を与えることになってしまうからです。

　他方で,債権者の差押えを免れる目的で行った財産隠匿行為(仮装譲渡)は,当然には,不法原因給付にはあたりません(判例)。

重要項目索引

ア

悪意	18
遺言	165
遺産分割と登記	191
意思能力	42
一括競売	237
委任契約	387
違約金	112
違約手付	123
遺留分	168
請負	381
受取証書	135

カ

解除	116
解除権不可分の原則	119
解除と登記	188
買戻し	419
解約手付	123
改良行為	84
確定期限	62, 108
仮登記	209
元本の確定	243
管理組合	290
管理組合法人	291
管理行為	273, 287
管理者	290
危険負担	131
期限	16
寄託契約	424
規約	292

規約共用部分	284
規約敷地	290
求償権	143, 263, 267, 373, 377
共同申請主義	215
共同抵当	223
共同不法行為	375
強迫	22
共有	271
共用部分	284
虚偽表示	24
極度額	243, 261
金銭債務	114
区分建物の登記	305
兄弟姉妹	156
軽微変更	287
契約自由の原則	36
契約不適合責任（売主の担保責任）	147
検索の抗弁権	255
原状回復義務	120
限定承認	163
顕名	76
権利能力	42
権利に関する登記	206
権利部	197
更改	264
交換	421
工作物責任	376
公序良俗	35
更正の登記	201
合筆の登記	203
抗弁権の援用	253

LEC東京リーガルマインド　2024年版出る順宅建士 合格テキスト ①権利関係　431

個人根保証契約 ……………… 261

混同 ……………… 264

サ

債権 ……………… 105

債権者代位権 ……………… 424

債権者平等の原則 ……………… 221

債権証書 ……………… 135

債権譲渡 ……………… 393

債権譲渡制限の特約 ……………… 396

催告権 ……………… 42, 92

催告の抗弁権 ……………… 255

債務 ……………… 105

債務不履行 ……………… 106

詐害行為取消権 ……………… 427

詐欺 ……………… 17

先取特権 ……………… 413

錯誤 ……………… 29

敷金 ……………… 327

敷地権 ……………… 290

敷地利用権 ……………… 289

事業用定期借地権 ……………… 365

時効 ……………… 55

時効の援用 ……………… 70

時効の完成猶予 ……………… 65

時効の更新 ……………… 65

時効の利益の放棄 ……………… 72

自己契約 ……………… 85

質権 ……………… 414

自働債権 ……………… 401

借地権者 ……………… 353

借地権設定者 ……………… 353

借地借家法 ……………… 333, 353

借賃増減額請求権 ……………… 344

集会 ……………… 294

重大変更 ……………… 287

従物 ……………… 225

重要な錯誤 ……………… 29

主登記 ……………… 207

受働債権 ……………… 401

取得時効 ……………… 55

取得時効と登記 ……………… 189

主物 ……………… 225

受領権者としての外観を有する者
……………… 136

小規模滅失 ……………… 300

条件 ……………… 15

使用者責任 ……………… 371

使用貸借 ……………… 422

承認 ……………… 67

消費貸借 ……………… 423

消滅時効 ……………… 61

証約手付 ……………… 123

所有権の保存の登記 ……………… 208

親権者 ……………… 44

申請主義 ……………… 214

申請情報 ……………… 218

心裡留保 ……………… 34

随伴性 ……………… 224, 252

制限行為能力者 ……………… 41

成年後見人 ……………… 47

成年被後見人 ……………… 46

絶対効 ……………… 261, 264

善意 ……………… 19

専有部分 ……………… 283

相殺 ……………… 401

相殺適状 ……………… 402

造作買取請求権 ……………… 338

相続 ……………… 155

相続欠格 ……………… 157

相続と登記 ··············· 190
相続の承認 ··············· 162
相続の放棄 ··············· 162
相続人 ··················· 156
相続分 ··················· 159
相続放棄と第三者 ········· 192
相対効 ··················· 264
双方代理 ················· 86
贈与 ····················· 420
相隣関係 ················· 410
損害賠償額の予定 ········· 112
損害賠償額の予定としての手付 123
損害賠償請求 ············· 112

タ

大規模滅失 ··············· 300
対抗問題 ················· 177
第三者の弁済 ············· 138
代襲相続 ················· 156
代物弁済 ················· 142
代理 ····················· 75
建替え決議 ··············· 302
建物買取請求権 ··········· 360
建物区分所有法 ··········· 283
建物譲渡特約付借地権 ····· 365
建物の合体の登記 ········· 204
建物の合併の登記 ········· 204
建物の区分の登記 ········· 204
建物の分割の登記 ········· 204
単純承認 ················· 163
地役権 ··················· 407
地上権 ··················· 409
嫡出子 ··················· 156
長期の定期借地権 ········· 365
直系尊属 ················· 156

賃借権の譲渡 ············· 322
賃貸借契約 ··············· 313
賃料増減額請求 ······ 344, 363
追認権 ··················· 44
定期借地権 ··············· 364
定期建物賃貸借 ··········· 346
定型約款による契約 ······· 14
抵当権 ··················· 221
抵当権順位上昇の原則 ····· 225
抵当権設定者 ············· 221
抵当権消滅請求 ··········· 232
抵当権の順位の譲渡 ······· 241
抵当権の順位の変更 ······· 242
抵当権の順位の放棄 ······· 241
抵当権の譲渡 ············· 240
抵当権の処分 ············· 240
抵当権の放棄 ············· 240
抵当不動産の第三取得者
················· 70, 139, 232
手付金 ··················· 123
転貸 ····················· 322
転抵当 ··················· 242
転得者 ··················· 26
同意権 ··················· 44
登記記録 ················· 197
登記原因証明情報 ········· 218
登記識別情報 ············· 218
登記簿 ··················· 197
動機の錯誤 ··············· 30
同時履行の抗弁権 ········· 109
取消権 ··············· 44, 92
取消しと登記 ············· 186
取壊し予定建物の期限付き賃貸借
················· 348

LEC東京リーガルマインド　2024年版出る順宅建士　合格テキスト　①権利関係　433

ナ

任意代位 ……………………… 143
任意代理 ……………………… 83
根抵当権 ……………………… 242
根保証契約 ……………………… 261

ハ

配偶者 ……………………… 156
配偶者居住権 ……………………… 170
廃除 ……………………… 157
背信的悪意者 ……………………… 182
被相続人 ……………………… 155
被担保債権 ……………………… 221
非嫡出子 ……………………… 156
必要費 ……………………… 316
被保佐人 ……………………… 49
被補助人 ……………………… 51
表意者 ……………………… 29
表見代理 ……………………… 93
表示に関する登記 ……………………… 202
表題登記 ……………………… 202
表題部 ……………………… 197
付加一体物 ……………………… 225
不確定期限 ……………………… 62, 108
不可分債務 ……………………… 266
付記登記 ……………………… 207
復代理 ……………………… 100
付従性 ……………………… 223, 250
負担部分 ……………………… 263
復旧 ……………………… 299
物上代位 ……………………… 226
物上保証人 ……………………… 70, 222
不当利得 ……………………… 429
不法原因給付 ……………………… 429

不法行為

不法行為 ……………………… 369
不法占拠者 ……………………… 180
分割債務 ……………………… 266
分割債務関係の原則 ……………………… 262
分筆の登記 ……………………… 203
分別の利益 ……………………… 257
変更行為 ……………………… 273, 287
変更の登記 ……………………… 200
弁済 ……………………… 135
弁済による代位 ……………………… 143
法定共用部分 ……………………… 284
法定敷地 ……………………… 290
法定代位 ……………………… 143
法定代理 ……………………… 83
法定地上権 ……………………… 236
保佐人 ……………………… 50
補充性 ……………………… 255
保証債務 ……………………… 247
補助人 ……………………… 51
保存行為 ……………………… 84, 273, 287

マ

自ら競落 ……………………… 233
未成年者 ……………………… 43
無権代理 ……………………… 89
滅失の登記 ……………………… 202
黙示の更新 ……………………… 320
持分 ……………………… 271

ヤ

有益費 ……………………… 316
養子 ……………………… 156
要式主義 ……………………… 214
要物契約 ……………………… 415

ラ

履行期 ……………………… 108

履行遅滞 …………………… 107

履行不能 …………………… 107

利用行為 …………………… 84

留置権 ……………………… 412

連帯債務 …………………… 262

連帯保証 …………………… 258

ローン特約 ………………… 118

出る順—第1巻 合格ステップ索引

1	契約の成立	17
2	詐欺による意思表示	21
3	強迫による意思表示	24
4	虚偽表示	28
5	錯誤	33
6	心裡留保	35
7	制限行為能力を理由とする 取消し等	43
8	未成年者	45
9	成年被後見人	48
10	被保佐人・被補助人	52
11	取得時効の要件	60
12	消滅時効の起算点・期間	64
13	時効の完成猶予・更新事由	69
14	時効の援用権者	71
15	代理の要件	77
16	代理行為のトラブル	80
17	代理人の行為能力	83
18	自己契約・双方代理	87
19	任意代理権の消滅原因	89
20	無権代理	91
21	相手方保護の制度	95
22	無権代理と相続(1)	99
23	無権代理と相続(2)	100
24	復代理人の選任	102
25	債務不履行の種類・要件	107
26	履行遅滞の時期	108
27	同時履行の抗弁権	111
28	損害賠償額の予定	113

29	金銭債務の特則	115
30	解除権発生の要件等	120
31	解除の効果	122
32	手付解除	125
33	手付解除と債務不履行解除	128
34	危険負担	131
35	受領権者としての外観を 有する者への弁済	137
36	第三者の弁済	140
37	弁済による代位	144
38	売主の契約不適合責任	151
39	相続人	158
40	相続分	160
41	相続の承認・放棄	164
42	遺言の特徴	167
43	遺留分	169
44	配偶者居住権	172
45	対抗問題	185
46	取消し・解除・時効と登記	192
47	登記記録	198
48	表示に関する登記	206
49	権利に関する登記	208
50	所有権の保存の登記	209
51	仮登記	213
52	登記手続きに関する原則と 例外	216
53	抵当権の目的物	223
54	抵当権の付従性	224

55	抵当権の効力 ……………… 227
56	抵当目的物の使用・収益・処分 ……………………… 229
57	第三取得者による弁済 … 232
58	抵当権消滅請求 …………… 233
59	自ら競落 …………………… 233
60	抵当権に対抗することができない建物賃借人の保護 ……… 235
61	法定地上権・一括競売 … 239
62	根抵当権 …………………… 244
63	保証債務の成立 …………… 249
64	保証債務の付従性 ………… 252
65	補充性 ……………………… 256
66	連帯保証の性質 …………… 260
67	連帯保証の絶対効 ………… 261
68	連帯債務 …………………… 265
69	共有物の使用・持分 ……… 272
70	共有物の管理等 …………… 276
71	共有物の分割請求 ………… 278
72	専有部分と共用部分 ……… 285
73	共用部分の所有形態等 … 286
74	共用部分の管理と変更 … 287
75	敷地利用権の処分 ………… 289
76	管理組合法人 ……………… 292
77	規約の設定・変更・廃止 · 293
78	集会の招集 ………………… 295
79	占有者の扱いと集会の決議の効力 …………………… 298
80	義務違反者に対する措置 · 299
81	大規模復旧について ……… 301
82	建替え ……………………… 303
83	区分建物の表題登記 …… 306
84	敷地権の表示の登記 …… 307

85	民法と借地借家法の関係 …………………………… 314
86	賃貸人・賃借人の権利・義務 …………………………… 318
87	転貸・賃借権の譲渡の要件 …………………………… 324
88	転貸・賃借権の譲渡の効果 …………………………… 326
89	敷金 ………………………… 330
90	借地借家法の適用範囲 … 333
91	借家契約の存続期間等 … 335
92	建物賃借権の対抗力 ……… 338
93	造作買取請求権 …………… 339
94	賃貸借契約の終了と転貸借 …………………………… 341
95	建物転借人の保護 ………… 342
96	内縁の妻等の建物賃借権 · 343
97	家賃の増減額請求 ………… 345
98	定期建物賃貸借 …………… 347
99	取壊し予定建物の期限付き賃貸借 …………………… 349
100	借地借家法の適用範囲 … 353
101	借地契約の存続期間等 … 355
102	借地上の建物の滅失と建物の再築 …………………… 357
103	借地権の対抗力 …………… 359
104	借地権の転貸等と建物買取請求権 ………………………… 362
105	定期借地権等のまとめ … 366
106	不法行為とは ……………… 370
107	使用者責任 ………………… 374
108	共同不法行為 ……………… 375
109	工作物責任 ………………… 377
110	請負 ………………………… 383

索引

合格ステップ索引

LEC東京リーガルマインド　2024年版出る順宅建士 合格テキスト ①権利関係　　437

| 111 | 委任 ………………………… | 388 |
| 112 | 債権譲渡 ………………… | 397 |

★法改正点は本試験に頻繁に出題されています。
　法改正情報は2024年8月末公開予定です。
※詳しくは本書巻頭に記載のインターネット情
　報提供サービスをご覧下さい。

出る順宅建士シリーズ

2024年版 出る順宅建士 合格テキスト　❶権利関係

1988年5月24日	第1版	第1刷発行
2023年12月15日	第37版	第1刷発行

編著者●株式会社　東京リーガルマインド
　　　　LEC総合研究所　宅建士試験部

発行所●株式会社　東京リーガルマインド
　　　　〒164-0001　東京都中野区中野4-11-10
　　　　　　　　　アーバンネット中野ビル
　　　　LECコールセンター　☎0570-064-464
　　　　　　　　受付時間　平日9：30〜20：00/土・祝10：00〜19：00/日10：00〜18：00
　　　　　　　　※このナビダイヤルは通話料お客様ご負担となります。
　　　　書店様専用受注センター　TEL 048-999-7581 / FAX 048-999-7591
　　　　　　　　受付時間　平日9：00〜17：00/土・日・祝休み
　　　　www.lec-jp.com/

カバーデザイン●ブルーデザイン有限会社
本文イラスト●髙橋　雅彦
印刷・製本●情報印刷株式会社

©2023 TOKYO LEGAL MIND K.K., Printed in Japan　　　　ISBN978-4-8449-4801-8
複製・頒布を禁じます。
本書の全部または一部を無断で複製・転載等することは，法律で認められた場合を除き，著作者及び出版者の権利侵害になりますので，その場合はあらかじめ弊社あてに許諾をお求めください。
なお，本書は個人の方々の学習目的で使用していただくために販売するものです。弊社と競合する営利目的での使用等は固くお断りいたしております。
落丁・乱丁本は，送料弊社負担にてお取替えいたします。出版部（TEL03-5913-6336）までご連絡ください。

LEC宅建士 受験対策書籍のご案内

受験対策書籍の全ラインナップです。
学習進度に合わせてぜひご活用ください。

INPUT テキスト
自分に合うテキストを選ぼう

基礎からよくわかる！ 宅建士 合格のトリセツ シリーズ

法律初学者タイプ
・イチから始める方向け
・難しい法律用語が苦手

↓

★イラスト図解
★やさしい文章
★無料動画多数

基本テキスト
A5判 好評発売中
- フルカラー
- 分野別3分冊 ＋別冊重要論点集
- インデックスシール
- 無料講義動画45回分

【読者アンケート特典】
① キャラふせんセット
② スマホ対応一問一答DL

※キャラふうせんセットは数に限りがございます。

試験範囲を全網羅！ 出る順宅建士 シリーズ

万全合格タイプ
・学習の精度を上げたい
・完璧な試験対策をしたい

↓

★試験で重要な条文・判例を掲載
★LEC宅建士講座公式テキスト

合格テキスト（全3巻）
❶ 権利関係
❷ 宅建業法
❸ 法令上の制限・税・その他

A5判 2023年12月発刊

超速合格タイプ
・短期間で合格したい
・法改正に万全に備えたい

どこでも宅建士 とらの巻
A5判 2024年5月発刊
- 暗記集『とらの子』付録

↓合格は問題集で決まる↓
─── OUTPUT ───

過去問題集	一問一答問題集	直前対策
分野別なので弱点補強に最適	学習効果が高く効率学習ができる	本試験の臨場感を自宅で体感

厳選分野別過去問題集

A5判 好評発売中
- 分野別3分冊
- 全問収録本格アプリ
- 無料解説動画30回分
- 最新過去問DL

頻出一問一答式過去問題集

A5判 好評発売中
- 分野別3分冊
- 全問収録本格アプリ
- 最新過去問DL

当たる！直前予想模試

B5判 2024年6月発刊
- 無料解説動画4回分
- 最新過去問DL
- 無料採点サービス

ウォーク問過去問題集(全3巻)

B6判 2023年12月発刊
- 令和5年度試験問題・解説を全問収録

一問一答○×1000肢問題集

新書判 2024年1月発刊
- 赤シート対応
- 全問収録本格アプリ

過去30年良問厳選模試 [模試型] 6回分＆最新過去問

A5判 2024年3月発刊
- セパレート問題冊子
- 最新過去問全問収録

要点整理本
読み上げ音声でいつでもどこでも要点をスイスイ暗記

逆解き式！最重要ポイント555
B6判 2024年4月発刊
- 赤シート対応
- 読み上げ音声DL

※デザイン・内容・発刊予定等は、変更になる場合がございます。予めご了承ください。

基礎から万全！「合格のトレーニングメニュー」を完全網羅！

プレミアム合格フルコース 全78回

スーパー合格講座 (34回×2.5h)	出た順必勝 総まとめ講座 (12回×2.5h)	とにかく6点アップ！ 直前かけこみ講座 (2回×2h)
分野別！コレだけ演習 総まとめ講座 (3回×3.5h)	究極のポイント300 攻略講座 (3回×2h)	全日本宅建公開模試 基礎編(2回) 実戦編(3回)
マスター演習講座 (15回×2.5h)	試験に出るトコ 大予想会 (3回×2h)	ファイナル模試 (1回)

※講座名称は変更となる場合がございます。予めご了承ください。

受講形態

通学クラス / **通信クラス**

各受講スタイルのメリット

通学 各本校での生講義が受講できます。講師に直接質問したい方、勉強にリズムを作りたい方にオススメ！

通信 Web通信動画はPC以外にもスマートフォンやタブレットでも視聴可能。シーンに応じた使い分けで学習効率UP。

内容

「スーパー合格講座」では合格に必要な重要必須知識を理解・定着させることを目標とします。講師が、難しい専門用語を極力使わず、具体例をもって分かりやすく説明します。「分野別！これだけ演習総まとめ講座」ではスーパー合格講座の分野終了時に演習を行いながら総まとめをします。WebまたはDVDでの提供となりますので進捗にあわせていつでもご覧いただけます。「マスター演習講座」では、スーパー合格講座で学んだ内容を、○×式の演習課題を実際に解きながら問題の解き方をマスターし、重要知識の定着をさらに進めていきます。「出た順必勝総まとめ講座」は、過去の本試験問題のうち、合格者の正答率の高い問題を題材にして、落としてはならない論点を実際に解きながら総復習します。最後に、「全日本公開模試・ファイナル模試」で本試験さながらの演習トレーニングを受けて、その後の直前講座で実力の総仕上げをします。

対象者

・初めて宅建の学習を始める方
・何を勉強すればよいか分からず不安な方

● 受講料

受講形態	一般価格(税込)
通信・Web動画＋スマホ＋音声ＤＬ	165,000円
通信・DVD	187,000円
通学・フォロー(Web動画＋スマホ＋音声ＤＬ)付	187,000円

詳細はLEC宅建サイトをご覧ください
⇒ https://www.lec-jp.com/takken/

学習経験者専用のインプットと圧倒的な演習量を備えるリベンジコース

再チャレンジ合格フルコース

学習経験者専用コース

全58回

合格ステップ完成講座 （10回×3h）	総合実戦答練 （3回×4h）	全日本宅建公開模試 ファイナル模試 （6回）
ハイレベル合格講座 （25回×3h）	直前バックアップ 総まとめ講座 （3回×3h）	免除科目スッキリ 対策講座 （2回×3h）
分野別ベーシック答練 （6回×3h）	過去問対策 ナビゲート講座 （2回×3h）	ラスト1週間の 重要ポイント見直し講座 （1回×3h）

※講座名称は変更となる場合がございます。予めご了承ください。

受講形態

通学クラス / 通信クラス

● **各受講スタイルのメリット**

 通学 各本校での生講義が受講できます。講師に直接質問したい方、勉強にリズムを作りたい方にオススメ！

 通信 Web通信動画はPC以外にもスマートフォンやタブレットでも視聴可能。シーンに応じた使い分けで学習効率UP。

内容 「合格ステップ完成講座」で基本的なインプット事項をテンポよく短時間で確認します。さらに、「ハイレベル合格講座」と2種類の答練を並行学習することで最新の出題パターンと解法テクニックを習得します。さらに4肢択一600問（模試6回＋答練9回）という業界トップクラスの演習量があなたを合格に導きます。

対象者
・基礎から学びなおしてリベンジしたい方
・テキストの内容は覚えたのに過去問が解けない方

● **受講料**

受講形態	一般価格(税込)
通信・Web動画＋スマホ＋音声ＤＬ	154,000円
通信・DVD	176,000円
通学・フォロー（Web動画＋スマホ＋音声ＤＬ）付	176,000円

詳細はLEC宅建サイトをご覧ください
⇒ https://www.lec-jp.com/takken/

あなたの実力・弱点が明確にわかる！
公開模試・ファイナル模試成績表

ご希望の方のみ模試の成績表を送付します（有料）。

LECの成績表はココがすごい！

その① 正解率データが一目で分かる「総合成績表」で効率的に復習できる！
その② 自己分析ツールとしての「個人成績表」で弱点の発見ができる！
その③ 復習重要度が一目で分かる「個人成績表」で重要問題を重点的に復習できる！

■総合成績表

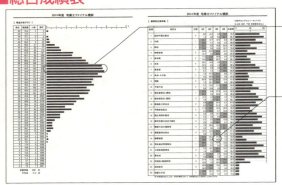

宅建士試験は競争試験です。
最も人数が多く分布している点数のおよそ2～3点上が合格ラインとなります。
復習必要度aランクの肢はもちろん、合否を分けるbランクの肢も確実にしましょう。

ひっかけの肢である選択肢3を正解と判断した人が半数近くもいます。
ひっかけは正解肢よりも前にあることが多いです。早合点に注意しましょう。

■個人成績表

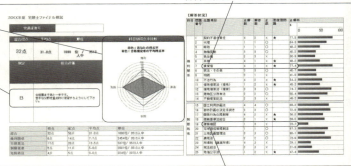

分野別の得点率が一目でわかるようにレーダーチャートになっています。

現時点での評価と、それを踏まえての今後の学習指針が示されます。

全受験生の6割以上が正解している肢です。
合否に影響するので復習が必要です。

全受験生のほとんどが間違った肢です。
合否には直接影響しません。深入りは禁物です。

講座及び受講料に関するお問い合わせは下記ナビダイヤルへ

LECコールセンター
☎ **0570-064-464** （平日9:30～20:00　土・祝10:00～19:00　日10:00～18:00）

※このナビダイヤルは通話料お客様ご負担となります。
※固定電話・携帯電話共通（一部のPHS・IP電話からもご利用可能）。

夏以降の学習の指針に!

2024 宅建実力診断模試 1回

高い的中率を誇るLECの「宅建実力診断模試」を、お試し価格でご提供します。まだ学習の進んでいないこの時期の模試は、たくさん間違うことが目的。弱点を知り、夏以降の学習の指針にしてください。

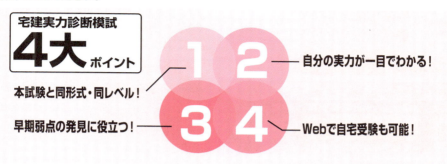

宅建実力診断模試 4大ポイント
1. 本試験と同形式・同レベル！
2. 自分の実力が一目でわかる！
3. 早期弱点の発見に役立つ！
4. Webで自宅受験も可能！

ねらい 本試験で自分の力を十分に発揮するためには、本試験の雰囲気や時間配分に慣れる必要があります。LECの実力診断模試は、本試験と全く同じ形式で行われるだけでなく、その内容も本試験レベルのものとなっています。早い時期に本試験レベルの問題に触れることで弱点を発見し、自分の弱点を効率よく克服しましょう。

試験時間 **2時間（50問）**
本試験と同様に50問の問題を2時間で解いていただきます。試験終了後、詳細な解説冊子をお配り致します（Web解説の方はWeb上での閲覧のみとなります）。また、ご自宅でWeb解説（1時間）をご覧いただけます。

対象者 **2024年宅建士試験受験予定の全ての方**
早期に力試しをしたい方

● **実施スケジュール（予定）**
6/12（水）〜6/23（日）

● **実施校（予定）**

スケジュール・受講料・実施校など
詳細はLEC宅建ホームページをご覧下さい。

　LEC宅建　　検索

新宿エルタワー・渋谷駅前・池袋・水道橋・立川・町田・横浜・千葉・大宮・梅田駅前・京都駅前・四条烏丸・神戸・難波駅前・福井南・札幌・仙台・静岡・名古屋駅前・富山・金沢・岡山・広島・福岡・長崎駅前・佐世保駅前・那覇

※現時点で実施が予定されているものです。実施校については変更の可能性がございます。
※実施曜日、実施時間については学校によって異なります。お申込み前に必ずお問合せください。

● **出題例**

実力診断模試　問31

【問 31】　宅地建物取引業者Aが、Bの所有する宅地の売却の媒介の依頼を受け、Bと専属専任媒介契約（以下この問において「媒介契約」という。）を締結した場合に関する次の特約のうち、宅地建物取引業法の規定によれば、無効となるものはいくつあるか。
ア　媒介契約の有効期間を6週間とする旨の特約
イ　Aがその業務の処理状況を毎日定時に報告する旨の特約
ウ　媒介契約の有効期間が満了した場合、Bの更新拒絶の申出がなければ、媒介契約は自動的に更新したものとみなされるとする旨の特約
エ　当該宅地を国土交通大臣が指定する流通機構に登録しないこととする旨の特約
1　一つ
2　二つ
3　三つ
4　四つ

解答　2　（ア：有効、イ：有効、ウ：無効、エ：無効）

LEC Webサイト ▷▷▷ www.lec-jp.com/

🖱 情報盛りだくさん！

資格を選ぶときも，
講座を選ぶときも，
最新情報でサポートします！

▷ **最**新情報
各試験の試験日程や法改正情報，対策講座，模擬試験の最新情報を日々更新しています。

▷ **資**料請求
講座案内など無料でお届けいたします。

▷ **受**講・受験相談
メールでのご質問を随時受付けております。

▷ **よ**くある質問
LECのシステムから，資格試験についてまで，よくある質問をまとめました。疑問を今すぐ解決したいなら，まずチェック！

▷ **書**籍・問題集（LEC書籍部）
LECが出版している書籍・問題集・レジュメをこちらで紹介しています。

🖱 充実の動画コンテンツ！

ガイダンスや講演会動画，
講義の無料試聴まで
Webで今すぐCheck！

▷ **動**画視聴OK
パンフレットやWebサイトを見てもわかりづらいところを動画で説明。いつでもすぐに問題解決！

▷ **W**eb無料試聴
講座の第1回目を動画で無料試聴！気になる講義内容をすぐに確認できます。

スマートフォン・タブレットから簡単アクセス！ ▷▷▷

自慢のメールマガジン配信中！（登録無料）

LEC講師陣が毎週配信！ 最新情報やワンポイントアドバイス，改正ポイントなど合格に必要な知識をメールにて毎週配信。

www.lec-jp.com/mailmaga/

LEC E学習センター

新しい学習メディアの導入や，Web学習の新機軸を発信し続けています。また，LECで販売している講座・書籍などのご注文も，いつでも可能です。

online.lec-jp.com/

LEC電子書籍シリーズ

LECの書籍が電子書籍に！ お使いのスマートフォンやタブレットで，いつでもどこでも学習できます。
※動作環境・機能につきましては，各電子書籍ストアにてご確認ください。

www.lec-jp.com/ebook/

LEC書籍・問題集・レジュメの紹介サイト **LEC書籍部** www.lec-jp.com/system/book/

- LECが出版している書籍・問題集・レジュメをご紹介
- 当サイトから書籍などの直接購入が可能（＊）
- 書籍の内容を確認できる「チラ読み」サービス
- 発行後に判明した誤字等の訂正情報を公開

＊商品をご購入いただく際は，事前に会員登録(無料)が必要です。
＊購入金額の合計・発送する地域によって，別途送料がかかる場合がございます。

※資格試験によっては実施していないサービスがありますので，ご了承ください。

LEC 全国学校案内

＊講座のお問合せ，受講相談は最寄りのLEC各校へ

LEC本校

■ 北海道・東北

札 幌本校　☎011(210)5002
〒060-0004 北海道札幌市中央区北4条西5-1　アスティ45ビル

仙 台本校　☎022(380)7001
〒980-0022 宮城県仙台市青葉区五橋1-1-10　第二河北ビル

■ 関東

渋谷駅前本校　☎03(3464)5001
〒150-0043 東京都渋谷区道玄坂2-6-17　渋東シネタワー

池 袋本校　☎03(3984)5001
〒171-0022 東京都豊島区南池袋1-25-11　第15野萩ビル

水道橋本校　☎03(3265)5001
〒101-0061 東京都千代田区神田三崎町2-2-15　Daiwa三崎町ビル

新宿エルタワー本校　☎03(5325)6001
〒163-1518 東京都新宿区西新宿1-6-1　新宿エルタワー

早稲田本校　☎03(5155)5501
〒162-0045 東京都新宿区馬場下町62　三朝庵ビル

中 野本校　☎03(5913)6005
〒164-0001 東京都中野区中野4-11-10　アーバンネット中野ビル

立 川本校　☎042(524)5001
〒190-0012 東京都立川市曙町1-14-13　立川MKビル

町 田本校　☎042(709)0581
〒194-0013 東京都町田市原町田4-5-8　MIキューブ町田イースト

横 浜本校　☎045(311)5001
〒220-0004 神奈川県横浜市西区北幸2-4-3　北幸GM21ビル

千 葉本校　☎043(222)5009
〒260-0015 千葉県千葉市中央区富士見2-3-1　塚本大千葉ビル

大 宮本校　☎048(740)5501
〒330-0802 埼玉県さいたま市大宮区宮町1-24　大宮GSビル

■ 東海

名古屋駅前本校　☎052(586)5001
〒450-0002 愛知県名古屋市中村区名駅4-6-23　第三堀内ビル

静 岡本校　☎054(255)5001
〒420-0857 静岡県静岡市葵区御幸町3-21　ペガサート

■ 北陸

富 山本校　☎076(443)5810
〒930-0002 富山県富山市新富町2-4-25　カーニープレイス富山

■ 関西

梅田駅前本校　☎06(6374)5001
〒530-0013 大阪府大阪市北区茶屋町1-27　ABC-MART梅田ビル

難波駅前本校　☎06(6646)6911
〒556−0017 大阪府大阪市浪速区湊町1-4-1
大阪シティエアターミナルビル

京都駅前本校　☎075(353)9531
〒600-8216 京都府京都市下京区東洞院通七条下ル2丁目
東塩小路町680-2　木村食品ビル

四条烏丸本校　☎075(353)2531
〒600-8413　京都府京都市下京区烏丸通仏光寺下ル
大政所町680-1　第八長谷ビル

神 戸本校　☎078(325)0511
〒650-0021 兵庫県神戸市中央区三宮町1-1-2　三宮セントラルビル

■ 中国・四国

岡 山本校　☎086(227)5001
〒700-0901 岡山県岡山市北区本町10-22　本町ビル

広 島本校　☎082(511)7001
〒730-0011 広島県広島市中区基町11-13　合人社広島紙屋町アネクス

山 口本校　☎083(921)8911
〒753-0814 山口県山口市吉敷下東 3-4-7　リアライズⅢ

高 松本校　☎087(851)3411
〒760-0023 香川県高松市寿町2-4-20　高松センタービル

松 山本校　☎089(961)1333
〒790-0003 愛媛県松山市三番町7-13-13　ミツネビルディング

■ 九州・沖縄

福 岡本校　☎092(715)5001
〒810-0001 福岡県福岡市中央区天神4-4-11　天神ショッパーズ
福岡

那 覇本校　☎098(867)5001
〒902-0067 沖縄県那覇市安里2-9-10　丸姫産業第2ビル

■ EYE関西

EYE 大阪本校　☎06(7222)3655
〒530-0013　大阪府大阪市北区茶屋町1-27　ABC-MART梅田ビル

EYE 京都本校　☎075(353)2531
〒600-8413　京都府京都市下京区烏丸通仏光寺下ル
大政所町680-1　第八長谷ビル

【LEC公式サイト】www.lec-jp.com/

スマホから簡単アクセス！

LEC提携校

＊提携校はLECとは別の経営母体が運営をしております。
＊提携校は実施講座およびサービスにおいてLECと異なる部分がございます。

■ 北海道・東北

八戸中央校【提携校】　☎0178(47)5011
〒031-0035　青森県八戸市寺横町13　第1朋友ビル　新教育センター内

弘前校【提携校】　☎0172(55)8831
〒036-8093　青森県弘前市城東中央1-5-2　まなびの森　弘前城東予備校内

秋田校【提携校】　☎018(863)9441
〒010-0964　秋田県秋田市八橋鯲沼町1-60　株式会社アキタシステムマネジメント内

■ 関東

水戸校【提携校】　☎029(297)6611
〒310-0912　茨城県水戸市見川2-3092-3

所沢校【提携校】　☎050(6865)6996
〒359-0037　埼玉県所沢市くすのき台3-18-4　所沢K・Sビル　合同会社LPエデュケーション内

東京駅八重洲口校【提携校】　☎03(3527)9304
〒103-0027　東京都中央区日本橋3-7-7　日本橋アーバンビル　グランデスク内

日本橋校【提携校】　☎03(6661)1188
〒103-0025　東京都中央区日本橋茅場町2-5-6　日本橋大江戸ビル　株式会社大江戸コンサルタント内

■ 東海

沼津校【提携校】　☎055(928)4621
〒410-0048　静岡県沼津市新宿町3-15　萩原ビル　M-netパソコンスクール沼津校内

■ 北陸

新潟校【提携校】　☎025(240)7781
〒950-0901　新潟県新潟市中央区弁天3-2-20　弁天501ビル　株式会社大江戸コンサルタント内

金沢校【提携校】　☎076(237)3925
〒920-8217　石川県金沢市近岡町845-1　株式会社アイ・アイ・ピー金沢内

福井南校【提携校】　☎0776(35)8230
〒918-8114　福井県福井市羽水2-701　株式会社ヒューマン・デザイン内

■ 関西

和歌山駅前校【提携校】　☎073(402)2888
〒640-8342　和歌山県和歌山市友田町2-145　KEG教育センタービル　株式会社KEGキャリア・アカデミー内

■ 中国・四国

松江殿町校【提携校】　☎0852(31)1661
〒690-0887　島根県松江市殿町517　アルファステイツ殿町　山路イングリッシュスクール内

岩国駅前校【提携校】　☎0827(23)7424
〒740-0018　山口県岩国市麻里布町1-3-3　岡村ビル　英光学院内

新居浜駅前校【提携校】　☎0897(32)5356
〒792-0812　愛媛県新居浜市坂井町2-3-8　パルティフジ新居浜駅前店内

■ 九州・沖縄

佐世保駅前校【提携校】　☎0956(22)8623
〒857-0862　長崎県佐世保市白南風町5-15　智翔館内

日野校【提携校】　☎0956(48)2239
〒858-0925　長崎県佐世保市椎木町336-1　智翔館日野校内

長崎駅前校【提携校】　☎095(895)5917
〒850-0057　長崎県長崎市大黒町10-10　KoKoRoビル　minatoコワーキングスペース内

沖縄プラザハウス校【提携校】　☎098(989)5909
〒904-0023　沖縄県沖縄市久保田3-1-11　プラザハウス　フェアモール　有限会社スキップヒューマンワーク内

※上記は2023年11月1日現在のものです。

書籍の訂正情報について

このたびは，弊社発行書籍をご購入いただき，誠にありがとうございます。
万が一誤りの箇所がございましたら，以下の方法にてご確認ください。

1 訂正情報の確認方法

書籍発行後に判明した訂正情報を順次掲載しております。
下記Webサイトよりご確認ください。

www.lec-jp.com/system/correct/

2 ご連絡方法

上記Webサイトに訂正情報の掲載がない場合は，下記Webサイトの
入力フォームよりご連絡ください。

lec.jp/system/soudan/web.html

フォームのご入力にあたりましては，「Web教材・サービスのご利用について」の
最下部の「ご質問内容」に下記事項をご記載ください。

- ・対象書籍名（○○年版，第○版の記載がある書籍は併せてご記載ください）
- ・ご指摘箇所（具体的にページ数と内容の記載をお願いいたします）

ご連絡期限は，次の改訂版の発行日までとさせていただきます。
また，改訂版を発行しない書籍は，販売終了日までとさせていただきます。

※上記「2 ご連絡方法」のフォームをご利用になれない場合は，①書籍名，②発行年月日，③ご指摘箇所，を記載の上，郵送にて下記送付先にご送付ください。確認した上で，内容理解の妨げとなる誤りについては，訂正情報として掲載させていただきます。なお，郵送でご連絡いただいた場合は個別に返信しておりません。

送付先：〒164-0001 東京都中野区中野4-11-10 アーバンネット中野ビル
　　　　株式会社東京リーガルマインド 出版部 訂正情報係

- ・誤りの箇所のご連絡以外の書籍の内容に関する質問は受け付けておりません。
　また，書籍の内容に関する解説，受験指導等は一切行っておりませんので，あらかじめ
　ご了承ください。
- ・お電話でのお問合せは受け付けておりません。

講座・資料のお問合せ・お申込み

LECコールセンター 📞 0570-064-464

受付時間：平日9:30～20:00/土・祝10:00～19:00/日10:00～18:00

※このナビダイヤルの通話料はお客様のご負担となります。
※このナビダイヤルは講座のお申込みや資料のご請求に関するお問合せ専用ですので，書籍の正誤に関するご質問をいただいた場合，上記「2 ご連絡方法」のフォームをご案内させていただきます。